ROMA UNDERGROUND

El lado oculto del Imperio

ROMA UNDERGROUND

El lado oculto del Imperio

Paco Álvarez

edaf

www.edaf.net

MADRID - MÉXICO - BUENOS AIRES - SANTIAGO
2025

Título original: *Roma Underground*, por Paco Álvarez

Diseño de portada: Manuel García Pallarés

Maquetación y diseño de interior: Diseño y Control Gráfico, S.L.

Editorial Edaf, S.L.U.
Jorge Juan, 68,
28009 Madrid, España
Teléf.: (34) 91 435 82 60
www.edaf.net
edaf@edaf.net

Ediciones Algaba, S.A. de C.V.
Calle 21, Poniente 3323 - Entre la 33 sur y la 35 sur
Colonia Belisario Domínguez
Puebla 72180, México
Teléf.: 52 22 22 11 13 87
jaime.breton@edaf.com.mx

Edaf del Plata S.A.
Chile 2222
Buenos Aires - Argentina
edafdelplata@gmail.com
fernando.barredo@edaf.com.mx
Teléf.: +54 11 4308-5222 / +54 9 11 6784-9516

Edaf Chile S.A.
Huérfanos 1178 Oficina 501
Santiago - Chile
comercialedafchile@edafchile.cl
Teléf.: +56 9 4468 0539/+56 9 4468 0537

Mayo de 2025

ISBN: 978-84-414-4418-8
Depósito legal: M-4277-2025

PRINTED IN SPAIN IMPRESO EN ESPAÑA

COFÁS

Papel 100 % procedente de bosques gestionados de acuerdo con criterios de sostenibilidad.

A Samuel, mi primer nieto.

A Juan, Leo y Mía, que con Samuel conforman
ya la siguiente generación, la siguiente Historia,
aún por escribir, de mi familia.

Que todos los dioses nos sean propicios
y nos guarden a todos.

Sumario

PRAEFATIO

Roma Underground es un paseo por las oscuras calles de la noche romana, allí donde no llega la luz del Imperio, allá donde viven los marginales: delincuentes, trabajadores que no llegan a fin de mes, prostitutas, esclavos o los simplemente pobres. Allí donde la Historia se escribe en minúsculas. Aquí no hay mosaicos, ni obras de arte, ni palacios, ni vino del bueno, ni libros de poemas o banquetes. El humor, a veces sardónico, a veces brutal, siempre canalla, es la única luz en una vida de picaresca, una luz que nos muestra la cara oculta de Roma, aquella de la que los historiadores no suelen escribir, pero que se ha colado entre las rendijas de los epigramas, de las comedias, de los epitafios, de las pintadas... Lo curioso es que esa *Roma Underground*, ese mundo, se parece también mucho al nuestro. Es un mundo con carestía, inflación, alcohol, sexo, superstición, pobres que no llegan al fin de semana, personas que aspiran a trabajar para el Estado, aunque eso suponga alistarse en la Legión. Personas que buscan las respuestas en vino y subvenciones, criminales que saben que el Estado no es capaz de perseguirlo todo... o que, en el fondo, al Gobierno no le importa..., políticos corruptos que se creen inmunes. El espejo de Roma a veces nos devuelve algo perturbadoramente parecido a la cara oculta de nuestro mundo, allí donde la realidad no se parece a los anuncios... El sol no luce siempre en nuestro Imperio. Sumérgete en *Roma Underground*... ¿Te atreves?

Esta es la historia de los romanos sin Historia, esta es la historia de los romanos con mucho cuento, con mucho sueño y con poco dinero. No todo son mármoles y relumbrón. No todo son emperadores y grandes frases grabadas en bronce. La inmensa mayoría de lo que fue Roma no sale en los libros, bueno, no sale en los grandes libros. En los libros serios no cabe una túnica remendada.

Los libros sobre Roma siguen componiendo un género que siempre está de moda, yo aún diría más: son libros que nunca pasan de moda. Ensayos y novelas sobre el Imperio romano se escriben y se publican en todos los idiomas todos los meses, series o películas sobre Roma las hay desde siempre y las seguirá habiendo, los roma-adictos necesitamos leer más, saber más, comprender más, ver más. Necesitamos más Roma. Dentro de las publicaciones sobre Roma y sobre la Historia, las hay más sesudas y afortunadamente también menos solemnes. Este libro, aun manteniendo el rigor histórico, propone, como los demás del autor, que soy yo, mantener un tono más entretenido que pretencioso, ojalá que hasta curioso, en el que el escenario se explica y se desparrama a los ojos del lector de manera natural y sin burbujas, de manera simple y llana, como una conversación con un amigo, a veces con referencias cinematográficas o musicales que apoyan el ejemplo descrito. A veces no. A veces un párrafo es más soso o triste, espero que los menos y desde aquí pido disculpas. En cualquier caso, no hace falta saber Historia para leer este libro, ni mucho menos hay que saber de Historia de Roma, pero puede que después de leerlo tengas más ganas de conocer más cosas sobre Roma, a poder ser, entretenidas o chocantes. Esa es la idea y la intención, hacer afición. Atraer a más lectores al proyecto de ser de nuevo un Imperio (Romano). ¿Es broma?

Los amigos lectores que me conocéis de otros libros, sabéis que siempre intento comparar cosas de la época clásica con la nuestra, buscando aquello en lo que, curiosamente, no hemos cambiado tanto. Pues en este tema no es que haya alguna similitud, es que no hemos evolucionado lo bastante. La inmensa mayoría de la sociedad, por mucha red social, mucho colchón solidario y mucha tontería que tengamos ahora, vive en el umbral de la supervivencia. Y no me refiero al tercer mundo ni a absurdos países bárbaros donde tapan a las mujeres y cuelgan a los homosexuales de las grúas, me refiero a nuestro bonito primer mundo, donde mucha gente se queda por el camino, donde hay millones y millones de personas que duermen en la calle o no llegan a tener nada mientras muy pocos no saben en qué gastar su pasta y se compran redes sociales, fabrican coches ineficientes y llenan el espacio de basura.

Hay quien dirá: ya, pero al menos hoy no hay esclavos… ¿Seguro? En algunos países los hay, y en los nuestros, también. ¿Has visto los drogadictos o la trata de blancas? Y con relación a los espectáculos sangrientos, puede que no vayamos al anfiteatro, pero es porque en nuestras teles 8k y supermegaguays de 180 pulgadas tenemos todo el gore y la sangre que queramos, cuanto más realista, mejor, al alcance de todos. ¿Porno? A un click. ¿Crímenes? Cada noche. ¿Corrupción? Tenemos hasta eurodiputados comprados por Putin, por no hablar de lo que pasa en casa. No me digas que no somos primitivos. Somos unos antiguos. Es que no ha cambiado nada, es que no hay nada nuevo bajo el sol… Dos mil años no es nada. Por eso nos atrae tanto Roma, porque amigo, Somos Romanos.

Ven conmigo a la Roma under, a la Roma Cruda, y te lo explico…

Paco Álvarez (el romano)
Tarraco, Ocuri, Complutum, Gades, Budia, Matrice
MMXXV
MMDCCLXXVIII A.U.C.

Introductio

Cuando hablamos o pensamos en Roma, normalmente pensamos en la Roma clásica, bueno en la idea que tenemos de la Roma clásica, una idea que va transformándose y elaborándose a través de las pelis y series y también a través de lo que leemos sobre esa Roma en la que Trajano partía el bacalao.

En esas pelis, libros y series, raro es que el prota pise una boñiga de buey mientras vuelve a casa tras cenar opíparamente en casa del pijo de Marcus Cecilius Plastinus, ni nadie al entrar a las letrinas se encuentra en el váter de al lado a su arrendador al que debe tres mensualidades, tres. Es más, en los libros nadie va al baño, salvo para mostrarnos su cuerpo brillante y desnudo al salir de la bañera mientras sus esclavas/os le tapan con una toalla que ya querrían tener las suites del Ritz...

El caso es que la realidad no es, no era, la que nos cuentan. La mayor parte de Roma es más de comedia de Plauto, de sátira y metida de pata, que de lujo, sexo y brillantina, más de ir borracho por culpa de un vino malísimo que te has tomado en el termopolio, que de ir con la toga impoluta a dar el discurso que salvará a la República... Lo normal es que lo que compres en el bonito termopolio pompeyano te siente fatal y te pases la noche vomitando. La Roma de verdad seguro que olía más, y no olía mejor. En las pelis no hay moscas. La Roma de verdad seguro que era un sitio, si no peligroso, complicado, donde llegar a cumplir cuarenta años era un privilegio y la inmensa mayoría de sus habitantes subsistían de día en día, en el borde de irse todos a la mierda, en vez de disfrutar de banquetes donde se sirvan tripas de jabalí fritas en grasa de uro con miel...

Hay una Roma que no se ve, una Roma que no ha dejado muchas veces ni tan siquiera registro arqueológico. Una Roma que está escondida debajo de tanta leyenda, lujo, riqueza y ficción, una Roma Underground, con perdón por el barbarismo, una ciudad que no se ve a simple vista, ni en las pelis y series, ni en la mayoría de los libros, ni en las fuentes. Una Roma que tal vez no ha dejado huella ni discursos o frases históricas, pero que componía la inmensa mayoría de la ciudadanía. Algunos con algo de dinero, para vino básicamente, pero, sobre todo, muchos pobres.

Algunos quisieron escapar de este destino, como una liberta casada que nos menciona de pasada Juvenal, que huyó con su amante, que era empleado del tesoro y que ambos se marcharon con una pequeña fortuna, pero que su sueño no duró mucho, porque fueron detenidos en un hotelazo en Baiae, donde habían hecho una escala antes de huir a un país sin extradición... La historia la conté en *Crónica Rosa Rosae*, pero podría tener otros protagonistas. Todos los romanos querían huir de su clase, de su destino, de su suburbio, de su barrio insalubre, de tener que buscar dónde te inviten a cenar o dónde y cómo conseguir un plato de comida caliente...

Hay algunos libros buenos que ya le procuran dar carácter y forma a estos romanos que se esconden en los pliegues de la Historia con mayúsculas. Yo solo quiero sumar mi punto de vista para describir a los millones de romanos que pasaron sin pena ni gloria. Quiero dar a probar la Roma Cruda.

En el museo de Cuenca, hay una teja, o un ladrillo plano, grande, en el que se ha conservado la huella del zapato de un legionario. No sabemos nada de él, bueno, sabemos que calzaba un 42, pero ni sabemos cómo se llamaba, ni por qué pisó el barro fresco, ni de qué legión era o qué hacía por la bella Cuenca. De ese legionario quiero hablar, a ese anónimo soldado quiero darle voz, junto con tantos romanos de los que lo único que conocemos es tal vez su nombre apuntado en una lápida que por casualidad ha sobrevivido. La mayoría de las veces, ni eso. Unos huesos anónimos. Quiero hablar de los que no han hecho ruido (*strepitus*) en la Historia, aunque a lo mejor fueron muy ruidosos en vida.

También en esto nos parecemos a los romanos. Difícilmente dejaremos huella en la Historia, salvo que imitemos al legionario de Cuenca... Como decía la peli de Díaz Yanes, *Nadie hablará de nosotras cuando hayamos muerto*. Así que más nos vale dar guerra y pasarlo bien mientras tenemos carrete. *Carpe diem*. Agarra el día. Si la vida son dos días, pídete el viernes y el sábado. *Carpe vinum*.

Ave lector, te saludo...

Vive, juega, bebe y sumérgete conmigo en la *Roma Underground*...

I

Buceando donde cubre... Las fuentes

«El autor solo escribe la mitad del libro. De la otra mitad debe ocuparse el lector».

Joseph Conrad
Principios s. XX

«La historia es maestra de la vida y testigo de los tiempos».

Marco Tulio Cicerón
Finales s. I

¿Habéis ido alguna vez a Londres? El *tube*, como llaman coloquialmente al *London Underground*, al metro, es una ciudad en sí misma. La gente que ves en los vagones (*mind the gap*), en los pasillos y en las escaleras, además de ser mogollón y multitud, es un poco distinta a la que hay arriba, no sé si peor o mejor, pero distinta. En el metro puedes encontrarte a un tío vestido de pirata, a Alicia discutiendo con el sombrerero loco, a veinte mil millones de inmigrantes de todos los rincones del planeta que no hablan inglés ni pretenden aprenderlo, a gente con gorra, con turbante, con cresta, sin cresta, policías, trabajadores despistados que no saben dónde están ni les importa... No verás por aquí a ningún Lord, a ningún actor famoso; Hemingway nunca estuvo aquí, ni mucho menos Lady Di.

Además, el metro de Londres es un lío. Las líneas se desdoblan y no paran en los mismos sitios... Por mucho plano que tengas, también hay que tener suerte. Mucha suerte. Tengo un amigo, pongamos que se llama Claudio, que vivió varios años en Londres sin llegar a salir del metro ni una sola vez en la estación en la que quería bajarse. Hay que decir que Claudio tampoco tenía muchas luces, pero... El metro, el London Underground, es un mundo aparte. Hay escaleras demasiado largas que bajan demasiado profundas, hay carteles publicitarios de otras décadas...

En la antigüedad, no había metro, no, pero sí había "underground", no sé si me explico o se me entiende, pero queda mucho libro para intentarlo, así que vamos a empezar por algún sitio, por ejemplo por aquí mismo. Lo que pretendo decir es que la inmensa mayoría de los romanos, los de la Roma de verdad, son personas cuyo rastro normalmente no es visible en las fuentes tan chulas que tenemos para hablar de Historia y de Césares y de lo que mola el Derecho Romano, del mismo modo que el Londres profundo, el Londres under, no sale en las postales ni en las guías de turismo. Y de Roma, me temo que lo que conservamos es muy parecido a una guía turística, a una serie de panfletos que nos cuentan la vida de los que mandan, de la gente con pasta y de lo bonico que era todo. Discursos guays, libros guapos, mansiones con pinturas y mosaicos, monumentacos y obras de arte...

Pero para encontrar la Roma Underground hay que iniciar la búsqueda buceando en las fuentes que nos cuenten lo que nadie quiere contar y lo que no interesa contar a nadie. La ropa sucia se lava en casa, con lo que muchas veces no conoceremos la historia de aquél a quien buscamos, tal vez solo un atisbo, una mirada, un momento de lo que fue su vida. Sus nombres no salen en inscripciones monumentales, se escriben en *ostraca*, en trozos de vajilla rotos, en trozos de madera conservados por azar, en maldiciones escritas en plomo o como mucho en epitafios no muy grandes, que las lápidas costaban pasta y cuanto más grande la esquela, más cara cuesta.

Sobre las fuentes escritas, las narraciones de los historiadores antiguos o lo que nos ha llegado, los que me conocéis o leísteis *Crónica Rosa Rosae*, ya sabéis lo que opino. Para no repetirme, intentaré "decillo" de otra manera. Lo que llamamos fuentes históricas es más literario, más literatura que fuente, que Historia y porque haya sido, teóricamente, escrito hace tiempo, no por ello es verdaderamente verdad. Y eso suponiendo que lo que nos ha llegado como escrito en la antigüedad no esté, digamos, mejorado, actualizado, amañado...

La Sátira, el único género literario originalmente romano podría ser una fuente fidedigna salvo porque precisamente es una sátira. Es casi el antecedente de los monólogos de humor. No sirven para ver más que lo que devuelve un espejo exagerado y crítico, a veces más o menos humorístico sobre la sociedad romana. Desde Lucilio en el siglo II hasta Petronio (si Petronio de verdad existió, asunto discutible). El *Satyricon* y cualquier novela y sátira, será exprimida en estas páginas, pero a veces no encontraremos tampoco nada. Al menos no lo que quieren enseñarnos. El zumo que destila es a veces demasiado agrio como para beberse sin filtro. El sarcasmo y la burla son típicos del carácter romano, socarrón y canalla, en contraposición con la "gravedad" que consideramos propia de los romanos pijos y ricos, de los tíos con toga que se sientan graves y sesudos en el Senado. Nuestros romanos under son ácidos como Gollum chupando un limón y rápidos como Forrest Gump en los sanfermines, en sus críticas y sornas. La sátira es una crítica, a veces más gruesa, a veces más amable, de la sociedad que retrata, pero es una caricatura, una gracieta y no olvidemos que hay un refrán romano que dice que *potius amicum quam dictum perdidi*, prefiero perder un amigo que no decir una gracieta. A los romanos les iba el humor ácido, agrio. Si hubieran conocido el tequila, habrían hecho suyo el dicho ese de que "si la vida te da limones, pide tequila y sal".

La acción de buscar en las fuentes históricas a la gente *under* de Roma, se parece a una labor detectivesca cutre, una novela policiaca con cada una de las diferentes fuentes actuando como distintos testigos beodos; cuando varios testigos con distintos puntos de vista o de distintas épocas corroboran expectaciones, hipótesis o asunciones que se hacen al hablar de los que nadie habla, de lo que hacían los romanos por la noche por ejemplo, entonces parece que la hipótesis está más cerca de ser verdad, pero no necesariamente lo es. Por eso confinarse a un solo género literario antiguo, por ejemplo, buscar únicamente lo que los historiadores romanos dicen sobre los pobres y obviar lo que dicen los novelistas antiguos o los humoristas como Marcial, Luciano de Samosata, Persio o Juvenal, sería perder información muy valiosa sobre lo que ocurría en la Roma Underground... Hay que buscar en los rincones de muchos libros, en los márgenes de las comedias de Plauto, en las historietas marginales de la maravillosa *El Asno de Oro* de Apuleyo, en las sobras de la cena del *Satyricon*, en muchos epigramas de Marcial, en los ecos de las *Sátiras* de Juvenal...

También hay que bucear a pulmón en los historiadores clásicos. Cuando, por ejemplo, Suetonio en *Los Doce Césares* nos cuenta que Calígula sufría de insomnio, que nunca descansaba más de tres horas por la noche y que incluso esas tres horas se las pasaba luchando con pesadillas, parece que en ese párrafo no nos estuviera contando nada sobre el romano normal, el de la calle, pero creo que sí, que lo hace por comparación; lo que señala de Calígula, lo que hace a Calígula raro y excéntrico es precisamente que en los romanos normales, la gente sin mala conciencia, no padece de insomnio o de pesadillas; se espera de un romano que pueda controlar su noche, su sueño, igual que debe controlar el día. Calígula es raro hasta de noche; el tipo no duerme y el que no puede dormir, todavía decimos que es porque no tiene la conciencia tranquila:

> «Nunca descansaba más de tres horas por la noche e incluso esas horas no estaba tranquilo, sino aterrorizado por imágenes inexplicables, como cuando vio una criatura marina que le hablaba. Por lo tanto, pasaba gran parte de la noche aburrido en la cama y después daba largos paseos por los pórticos y periódicamente clamaba por la luz del sol y esperaba ansioso su llegada».

La noche es "el lado oscuro". La gente que sale solo de noche no tiene una sola idea buena. La gente honrada está exhausta de buscarse la vida todo el día o de trabajar de sol a sol, como para andar por ahí vagando de noche. La razón por la que la noche tiene tan mala fama, que es hasta cuando los vampiros salen de sus ataúdes, es porque bajo el manto de la noche los jóvenes, siervos y los pobres escapan de los vigilantes ojos de sus padres, amos o empleadores y es cuando le sacan provecho al asunto. Si Calígula no duerme, es que es malo. Lo de esperar con ansia la luz del sol, el amanecer, creo que sí era común para la mayoría de romanos, que también sabían lo que era aburrirse por la noche. Lo veremos en el capítulo sobre Roma la Nuit.

Para estudiar a la gente normal de la antigua Roma, aunque haya que ir mucho *under the ground*, bajo tierra, resultan estar más presentes en sus objetos hallados por la arqueología que en los escritos de la literatura. También podemos encontrar a los romanos under en muchos lugares inesperados: en las muchas pintadas de Pompeya, en muchas lápidas de gente del montón..., en cualquier trozo de cerámica..., en las "postales" de Vindolanda. Si en las fuentes serias encontrábamos las vidas de los césares, lo fácil sería pensar que en las comedias de Plauto, las sátiras de Juvenal o Persio, el *Satyricon* de Petronio, los epigramas de Marcial, novelas variadas o incluso algunos textos de Séneca nos serían retratados los romanos del montón, pero no, no es tan sencillo; estamos hablando de sátiras, de humoristas, de versiones que por principio están deformadas, es como si quisiéramos describir la sociedad de los primeros años ochenta citando todo el rato a Martes y 13...

Marcial dice que sus epigramas son retratos de Roma, incluso hace decir a la musa: «Tú adereza con la sal romana tus graciosos libritos: que la vida reconozca y lea en ellos sus propias costumbres», y yo creo que sí, que vale, que muchos de estos textos, especialmente los de Marcial, son espejos ácidos en los que se refleja la sociedad romana de su siglo, pero aunque espejos, pueden ser cóncavos o convexos.

La ciudad, Roma, con un millón de habitantes, tiene que ser una ciudad habitable; no es posible, como se dice muchas veces, que sus edificios tendieran a caerse o a incendiarse continuamente. La gente puede ser pobre, pero no tonta, no vivirían allí. El negocio inmobiliario, por ejemplo, existe porque hay demanda y oferta, nadie alquila un piso que tiene muchas posibilidades de derrumbarse. Aunque puede suceder que se derrumbe, cuando pasa, se convierte en noticia, se pone por escrito y, a veces, esa noticia sobrevive y nos llega. También nos han llegado a través de los siglos edificios de pisos en Ostia en pie y algunos pocos restos de *insulae* en Roma construidos hace dos mil años que si han sobrevivido veinte siglos, a lo mejor es que no eran tan enclenques, tan proclives a caerse encima de sus habitantes. A esos romanos, a los que vivían en pisos pequeños, con problemas para pagar el alquiler, es a los que queremos encontrar. También me gustaría saber si alguno de los edificios de pisos de Malasaña, por ejemplo, van a durar veinte siglos…

Para encontrar a los romanos de verdad, a los que no salen en las pelis o salen solo de figurantes (Romano número 24), no nos basta leer sátiras y libritos humorísticos, hay que mancharse las manos, hay que excavar en el suelo o en lo profundo, en las partes que no suelen considerarse importantes, que no suelen ser históricas de las fuentes. Hay que buscar al plebeyo, a la plebe en todo el sentido de la palabra. Al populacho.

Muchas veces al hablar de Roma se distingue entre Patricios y Plebeyos. La verdad es que es una diferencia muy antigua, pero que no tiene mucho sentido en el final del siglo I, la época de la que quiero hablar principalmente, en pleno apogeo del Imperio. Este libro trata sobre la *plebs*, el populacho, los romanos del montón, oye, que a lo mejor eran los de verdad y no la imagen que tenemos de romanos con toga, triclinios, orgías y montones de esclavos. Originalmente al principio de los tiempos, los patricios eran los *patres*, los padres (sí, como los reyes). Estos *patres* eran, se supone, las familias primigenias que habían formado la primitiva Roma. La última familia admitida como patricia fue la de los Claudios, que se sumó a la fiesta en el 504 a. C., poquicos años después de haberse promulgado la República Romana. El tema es que los patricios, nobles aristócratas pijos, eran como muy snobs y eso, pero no necesariamente ricos o tampoco una clase aristocrática diferente, aparte de en el morro que le echaban, a la de los plebeyos, al menos en la época que tratamos, más o menos el año 100, cuando lo que vale es el dinero más que el apellido. Los romanos decían: *Assem habeas, assem valeas*. Si tienes un as, vales un as; tanto tienes, tanto vales. Me temo que esa valoración sigue en vigor todavía.

Los plebeyos tenían, por ejemplo, derecho al comercio, cosa que no tenían los patricios. Para cuando el Imperio estaba en su sazón, el nombre "patricio" era un genérico que se aplicaba a cualquier principal, porque ya no quedaba nadie de las familias originales, ni Claudios oye, y eso que estos Claudios eran de verdad, no como mi amigo… Los patricios originales son un poco como los nobles ingleses, extravagantes y de las mejores familias, pero no necesariamente ricos. A lo mejor empobrecidos tras siglos de impuestos y guerras civiles y más decadentes que los nuevos ricos que son al final los que parten la badana, o en este caso el pudding.

En cambio, en Roma, plebeyos son la inmensa mayoría de los ciudadanos, pero los plebeyos también pueden ser senadores, basta con que tengan un millón de sextercios en propiedades en Italia (una pasta) y pueden ser magistrados pretores o incluso cónsules. El caso es que las simplificaciones que indican o señalan que los patricios eran la clase alta y los plebeyos los demás, no sirven. Son falsas como la falsa moneda. Y menos para la época clasicota. Y nos faltaría mencionar la clase ecuestre, los caballeros, que eran plebeyos pero más chulos, tenían derecho a llevar en la toga una franja púrpura estrecha (*angusticlavius*), y un calzado y anillo especial, para que se supiera que molaban mucho. Pompeyo, por ejemplo, era un caballero de los más guays, que tenía derecho incluso a que su caballo oficial de caballero se lo pagara el Estado. Evidentemente, de estos caballeros descienden todos los caballeros, hasta Don Quijote, aunque ya no vayamos a caballo. Me acuerdo que Marx, ya sabéis cuál, decía eso de: «disculpen si les llamo caballeros, pero es que no les conozco lo suficiente». Luego Pompeyo se hizo senador, por lo que pudo ampliar la franja de su ropa hasta utilizar la *laticlavia*, ancha, que era la que usaban tooodos los senadores. *Angustus* quiere decir "estrecho" y evidentemente, cuando se pasan angustias, se pasan estrecheces. En cambio *Latus* significa ancho, amplio, abundante, como el "latifundista" señor que no pasa estrecheces ni angustias en su enooorme finca o fincas.

Así pues, dentro de la plebe, puede haber gente riquísima, como sucede ahora, que no necesariamente el marqués es millonario..., y gente paupérrima, como sucede ahora, que la riqueza está mal repartida del todo... Los ricos cada vez son más ricos y los pobres cada vez somos... más.

Pues en la Roma clásica, pasaba parecido. Y sobre los no ricos, sobre los normales, en teoría es más difícil encontrar vestigios de su paso por esta vida. No existen inscripciones en los arcos de triunfo, pero sí tenemos, por ejemplo, la pintada que dejó una niña en la pared de su casa en Complutum, en la moderna Alcalá de Henares. Varia, su nombre, aparece escrito a media altura en dos de las paredes conservadas de la maravillosa Casa de Los Grifos. Varia seguramente era una niña rica, pero por ser mujer y menor de edad, solo una niña, creo que forma parte por derecho propio de esta Roma Undergroud, de la Roma Cruda que normalmente no vemos…, aunque la imagen de una niña de hace 1.700 años, garabateando su nombre en la pared del jardín, sea más evocadora y más simpática que todos los edictos de los césares.

No sabemos nada de esta niña, de Varia. Ni siquiera sabemos si de verdad existió, solo tenemos un nombre garabateado a la altura de los ojos de una niña, en un par de paredes de una casa que se derrumbó hace un montón de años. ¿Estaba practicando su nombre recién aprendido en la escuela del pórtico? ¿Estaba dejando constancia de que ese cuarto era el suyo? No sabemos más. ¿Qué fue de Varia cuando su casa se incendió? Solo podemos imaginárnosla el día que dejó constancia de su nombre, contenta, dejando para la Historia una prueba de que existió, de que jugó, rió y lloró, de que tuvo la suerte de, seguramente, tener una educación y vivir unos cuantos años en una época en que la mortandad infantil era enorme incluso entre las mejores familias. Incluso en Roma. Para las mujeres la principal causa de muerte sin duda era también el parto. Madre e hijos pequeños estaban en peligro constate de todo tipo de enfermedades e infecciones. En la época del apiretal, la cristalmina y los antibióticos, nos cuesta creer que cualquier enfermedad pudiera ser mortal de necesidad, pero un simple corte con un alambre podía suponer la muerte, que siempre estaba sentada junto a la puerta, sobre todo de los más pequeños y de las mujeres.

A veces lo que nos queda no es ni un nombre, es un esqueleto, como el del crucificado encontrado en Cambridgeshire, Reino Unido, en 2021. No sabemos cómo se llamaba ni las razones que le llevaron a ser condenado a una muerte tan horrible como la crucifixión, pero el clavo todavía incrustado en su talón, no nos deja ninguna duda…: este muchacho murió crucificado. Incluso es posible que antes de morir recibiera una buena paliza, ya que sus huesos mostraban signos de heridas y lesiones previas. En cualquier caso, este hombre del siglo IV recibió sepultura, lo que quiere decir que a alguien le importaba, que alguien sufrió por su ejecución y que se encargó de que después enterraran sus restos. Aunque el crucificado de Cambridge no fuera importante para la Historia con mayúsculas, quiero creer que alguien lo amó en su época, que a alguien le importó su terrible muerte. Aunque el polvo de los siglos nos iguale a todos, el hecho de que fuera enterrado, hizo que el cuerpo de este señor, habiendo sido declarado culpable de vaya usted a saber qué crimen, sobrevivió todos estos siglos y que la excepcionalidad de su ejecución (y que nadie le sacara el clavo de su talón derecho) han hecho que sea singularizado y estudiado. Sobre los demás enterramientos de ese cementerio romano en el pueblo perdido de Fenstanton, Britania, no sabemos nada porque son similares entre sí. Este es diferente por cómo murió. A lo mejor era un criminal, o simplemente un esclavo huido..., no sabemos su historia, pero mola imaginarla.

Lo llamamos esqueleto 4926, y apareció enterrado a no mucha profundidad. Menos de dos metros. A lo mejor era invierno, la tierra estaba dura y no le habían pagado suficiente al sepulturero. Sabemos que tenía entre 25 y 35 años, que probablemente murió antes del año 360, que medía algo menos de 1,80 m, un tipo alto; que sus huesos dan testimonio de haber recibido heridas en vida y seguramente muestras de haber estado encadenado... Fue enterrado sobre una tabla y con 12 clavos de hierro como único ajuar, sin contar el que atraviesa su talón, de más de 5 cm. Junto al clavo había otra herida, un primer intento fallido, de atravesar su hueso durante la ejecución. Normalmente los clavos utilizados en la crucifixión, si llegaban a emplear clavos, eran retirados después. Lo normal era simplemente atar al reo a los tablones con cuerdas. Incluso esos clavos eran considerados amuletos o restos con poderes mágicos de algún modo. Lo curioso es que al esqueleto 4926, enterrado en este pequeño rincón del Imperio, probablemente un cruce de caminos en el que tal vez había un mesón, no le retiraron el clavo número 13 y le enterraron con doce más.

En esa época, todos los habitantes libres del Imperio eran ciudadanos romanos de pleno derecho desde el 212 y los ciudadanos no podían ser crucificados, así que a lo mejor no era ciudadano; por otra parte, Constantino en el 337 proclamó un edicto según el cual los ciudadanos reos de traición sí que podían ser crucificados... Esto deja dos hipótesis sobre nuestro desconocido: o bien era un esclavo, a los que todavía podía crucificarse, o bien fue condenado por traición.

Con estos datos y con los huecos que tenemos, nos da como para inventarse una historia de por qué este chavalote de un metro ochenta, en la flor de su vida (un poco mayor para su siglo) había sufrido, había sido encadenado, apaleado y finalmente crucificado. Esto te lo coge el maestro Posteguillo y te hace una saga de cincuenta mil páginas y cuatro tomos gordotes... Sin embargo no sabemos más de este crucificado, del esqueleto 4926. Por eso es tan importante, creo, hablar de los que no pasaron a las páginas de la Historia pero que formaron parte de la vida de alguien, tuvieron madre, tal vez padre conocido, quién sabe si mujer e hijos, compañeros, vecinos, amigos, cómplices, amantes, quién sabe...

En cualquier caso, nuestro hombre tal vez fue crucificado ahí mismo, en el cruce de caminos, para servir de ejemplo a los viandantes, y enterrado por un alma piadosa en el pequeño cementerio (aparecieron los enterramientos de cuarenta adultos y cinco niños), en este mesón de cruce que con el tiempo dio origen a una pequeña aldea... que nunca pasó de aldea. En el momento de las excavaciones en 2017, se estaba planificando construir allí unas cuantas casas para ampliar la oferta de viviendas de Fenstanton, Cambridgeshire. Antes, sobre el cementerio romano olvidado, había una lechería con *vaques* y todo. Por lo menos, este señor vivió unos cuantos años, casi la media de esperanza de vida de su época, pero hay muchos en la antigüedad, demasiados, que no sobrevivieron ni a su infancia.

Las pruebas las tenemos en los miles de enterramientos infantiles romanos conservados, ante los cuales siempre se le rompe a uno el alma. Se calcula (por las estimaciones más pesimistas) que hasta el 40 por ciento de los niños en Roma morían antes de cumplir el primer año, esto es cuatro de cada diez, una barbaridad... Y hasta la mitad de los infantes fallecían antes de cumplir 10 años. Si sobrevivías hasta tu adolescencia, podías alcanzar los 30 años o más de esperanza de vida media... Curiosamente, en algunas necrópolis romanas se han encontrado muy pocos restos de niños. Los bebés de menos de siete meses podían ser inhumados en el interior de las ciudades, a diferencia de los adultos que eran normalmente incinerados y enterrados fuera de la zona urbana, fuera del *pomerium*, que era la zona consagrada. También sabemos que a los niños normalmente no se les incineraba. Juvenal en sus *Sátiras* nos lo confirma cuando dice que «es un impulso natural lo que nos mueve a llanto cuando nos cruzamos con el séquito funeral de una doncella o cuando enterramos a un adolescente demasiado joven para arder en la pira». Lo normal de puertas afuera de la casa de cada cual es que el fallecimiento de un niño, especialmente de un bebé, se llevara con entereza y resignación. Eran cosas que pasaban. El enterramiento en zonas privadas, en la propia casa, convertía el suceso terrible en algo del entorno doméstico y, aunque terriblemente doloroso, era por desgracia muy habitual. Hay muchos epitafios de mujeres que señalan los partos que habían tenido en total y el número de hijos que habían dejado sobre la tierra, es decir, vivos y los que habían perdido por el camino, tan duro era el tema. En cualquier caso, y aunque se hicieran los duros ante los extraños o estuviera mal visto llevar luto por un niño, sabemos que los padres y madres romanos lo pasaban terriblemente mal y que lo sentían seguramente tanto como lo sentimos hoy. La prueba son los epitafios tremendamente tristes donde se conservan lápidas de enterramientos infantiles, los ajuares funerarios de los niños más ricos o si no, detalles más simples pero que nos conmueven todavía hoy, como el enterramiento doméstico de un bebé de meses en Complutum, inhumado junto con su biberón y su sonajero...

No sabemos más que el hecho de que sus padres le lloraron y le enterraron con todo el cariño y ajuar del que fueron capaces. En enterramientos de niños más ricos, aparecen muñecas articuladas como las nancys, redecillas de oro para el pelo, comida y vajilla, como en el enterramiento de Clermont Ferrand, Francia, donde el niño fue inhumado con todo eso y hasta con su mascota, para que siguieran juntos en el otro mundo... El caso es que estos bebés de hace miles de años, de los que no sabemos casi nada, se merecen al menos ser recordados con cariño para ellos y con nuestra simpatía por sus padres. Compartimos su dolor dos mil años después. Un dolor que nos hace muy parecidos a través del tiempo. Ya hablaremos más de la difícil carrera de la vida y la supervivencia de los bebés y los niños que, como los de hoy, también jugaban, reían y se portaban mal…

Hay una lápida romana que habla de un bebé que solo vivió "nueve suspiros" y otras, como la de la niña Acerva, que no dejan de emocionarnos:

> «Mi bebé Acerva fue robada para vivir en el Hades antes de que pudiera disfrutar de la suave luz de la vida. Era bella y encantadora, un amorcito del cielo. Su padre la llora y, como es su padre, pide que la tierra descanse suavemente sobre ella para siempre».

La muerte y la caducidad de la vida estaban mucho más presentes para los romanos, especialmente para los romanos under, que ahora. La vida es breve y nuestros afanes, ridículos, tema que trató Luciano de Samosata en sus *Diálogos de los muertos,* en este caso entre el filósofo cínico Menipo de Gadara (siglo III) y Mercurio. El filósofo le pide que le lleve a donde están todos los hombres y mujeres guapos en el Hades y Mercurio le muestra un montón de huesos. Entonces le pide que le muestre a Helena de Troya, la mujer más bella. El dios se agacha y recoge un cráneo y dice:

> Mercurio: —Este cráneo es Helena
>
> Menipo: —¿Y por esto se armaron mil naves de toda Grecia, griegos y bárbaros fueron masacrados y ciudades arrasadas?

Tomás de Kempis, en el siglo XV todavía decía, y con razón: *quam cito transit gloria mundo*, que rápido pasa la gloria del mundo.

Pero no todas las señales de los romanos under del pasado son restos o notas conmovedoras y emocionales, la mayoría son groserías, chorradas, chistes, y señales irreverentes y supersticiosas. Como, a pesar de los siglos, seguimos todos en primaria, en EGB, cada vez que se encuentra un pene dibujado o grabado, o una pieza con forma de pene en cualquier yacimiento romano, la imagen del pito romano se convierte en trending topic y en noticia universal. Somos así de infantiles, qué le vamos a hacer. El caso es que los romanos dibujábamos penes por allí por donde pasábamos. Y no, no eran un símbolo del heteropatriarcado ni de lo machos que éramos, eran un símbolo de buena suerte y de protección ante la envidia y el mal de ojo. Normalmente no tenían significado sexual. Nos cuesta entenderlo, pero es así.

Falos dibujados o grabados han aparecido de todos los tamaños y en todos los sitios del Imperio, desde Córduba hasta Britania y desde Lusitania hasta Antioquía en la actual Turquía. Famoso es el grabado de la panadería de Pompeya que dice debajo del pene dibujado *hic hábitat felicitas*, aquí vive la felicidad (o aquí se vive felizmente). Señoras y señores compraban en esa panadería pompeyana y a nadie extrañaba la señal. No solo los romanos dibujaban o grababan penes y falos por todo el Imperio, sino que el colgante de falo en joyería estuvo de moda durante siglos en chicos y chicas. Nada más chulo que llevar un pequeño pene, del metal que puedas pagar, colgado de tu cuello. ¡El amuleto de moda, oiga, que me lo quitan de las manos...! Estos penecillos, de todos los tamaños, pero siempre erectos y normalmente acompañados de sus correspondientes atributos e incluso de alas, se llamaban en latín *fascinus*, y de esa palabra viene fascinar y todo eso, ya que estos amuletos protegían del mal de ojo, también llamado fascinación. Por cierto, la palabra amuleto, que sepamos fue anotada por primera vez por Plinio el Viejo (*amuletum*), aunque parezca más exótica y étnica que romana.

Los penes, de hierro, bronce, plata u oro, no solo eran colgantes para los collares de niños, mujeres y hombres, también se utilizaban en la decoración, por ejemplo, componiendo muy bellos colgantes con campanillas que también alejaban el mal de ojo y otras piezas que hoy consideraríamos de dudoso gusto, como lucernas y estatuas. Es curioso que hasta los años sesenta del siglo pasado, estos penes de joyería romana solían ser escondidos en los museos y nadie hablaba de ellos, como si no existieran: Uy, qué vergüenza, no vamos a decir que las matronas o los grandes magistrados llevaban su colgante de falo erecto en su cadenita, que se nos cae todo lo que estamos contando sobre la seriedad y solemnidad de la antigua Roma... El caso es que hasta hace poco este aspecto fundamental de la vida cotidiana de los romanos era mal visto y pasado por alto, olvidando y enterrando así un elemento fundamental y común de la cultura popular de todos los romanos, desde el emperador hasta el más bajo limpiador de letrinas: la superstición. Mejor explicado: cuanto más bajemos en la escala social más miedo hay a todo y más necesidad de protegerse.

Busquemos a los habitantes de la Roma under, de la Roma Cruda. Como dice la canción del mismo nombre *Roma Cruda*, de Piotta:

> «Un gigante que te acuna entre los gritos que no escucha
> te compra, te vende, te levanta, te deja,
> te usa si la necesitas, te recompensa, te pierde».

Gentes de la Roma Cruda, alzaos...

Pero ¿dónde encontraremos esa "Roma Cruda"? ¿Esa gente que en teoría no deja huella? Para empezar, en las pintadas. Sobre todo, contamos con las de Pompeya, por desgracia no tenemos muchas más de todos los millones de pintadas que debió haber en cada pared de cada municipio del Imperio. Solo algunas más de Herculano, Stabia y Esmirna, en la moderna Turquía, con alguna pequeña excepción más, son las pruebas de que los romanos eran muy de dejar constancia de su existencia, sus sentimientos, bromas, chanzas e insultos, en las paredes. No solo escribían, también dibujaban, desde caballos a gladiadores pasando por barcos. De las pintadas groseras no se habla en los libros, en las fuentes clásicas, igual que tampoco se suele hablar de las personas de a pie. Una de las muchas cosas que nos enseñan estas pintadas, es que los romanos decían tacos. En las pelis, en las cartas de Cicerón o en los libros de Plutarco no lo parece, pero, al menos los romanos del montón, eran unos soeces de aúpa. Más que un diccionario de Camilo José Cela. Más que un camionero en la frontera con Francia.

Los gritos y tacos de un millón de personas en Roma y tal vez sesenta millones en todo el Imperio no nos han llegado más que a través de estas pintadas, de estos "posts" publicados para siempre en una pared de Pompeya o arañados en algún ladrillo, como el que en el reverso de una piedra del Teatro de Cádiz, llama "ladrón" a Balbo, seguramente a Balbo el menor, gaditano, Cónsul de Roma y mecenas constructor del Teatro. Literalmente dice: «Eh, Balbo, ladrón». Se da la circunstancia que la piedra correspondería a las gradas donde seguramente se sentaría Balbo o sus amigos, pero está grabada por debajo, sin duda antes de su instalación, por lo que la pintada solo pudo hacerla uno de los artesanos que construían el Teatro. A lo mejor no es más que una protesta porque no le pagaran lo que estimaba debía cobrar, o la frase es una especie de maldición y por eso está grabada boca abajo... Nunca lo sabremos, pero, sin duda, es una señal más de las que nos dejaron esos romanos que no salen en los libros...

Hay que imaginarse unas ciudades ruidosas en las que a la algarabía y el guirigay de los viandantes, vendedores, colegios, pregoneros y trifulcas variadas, se suman los gritos de los que van abriendo paso a las literas donde van repanchingados los próceres y damas de alcurnia. Esto de día, pero de noche no mejora, los animales que tiran de los carros, ya que de día el tráfico está prohibido, los gritos de los carreteros, de los descargadores, de los borrachos que cantan eso de "Ampurias patria querida", las campanas de los vigiles, etc. confirman lo que Obélix decía en *Los Laureles del César*: «Pero estáis locos romanos, nunca hay manera de dormir en vuestra casa», vamos, que ríete de Nueva York, Roma era una ciudad donde nunca se duerme y que por la mañana amanece regada y perfumada por los regalitos que animales, bueyes, mulas, burros y demás hayan dejado de adorno en la calzada. Supongo que por mucha fuente y terma, sería bastante difícil mantener los zapatos limpios. Y eso que a los propietarios de cada casa se les encargaba oficialmente mantener limpia la calzada aledaña. A estos perfumes nocturnos habría que sumar que era habitual situar al pie de las escaleras de los edificios de pisos una *dolium*, una tinaja donde los vecinos vaciaban sus orinales cada día y que nunca era vaciada con la suficiente frecuencia. Y con suerte, en alguna esquina cercana habría una *fullonica*, una lavandería con sus tinas de orina almacenada al sol o unas letrinas públicas, con capacidad para al menos una docena de personas con necesidades...; vamos, que Roma no olía a rosas. Por mucha tienda de perfumes y floristerías que hubiera en Roma, la calle hiede a lo que hiede. Y el tema no mejorará hasta pasados diecinueve siglos más o menos.

Marcial describe y exagera los ruidos de la ciudad:

> «Ni para pensar, Esparso, ni para descansar hay en la ciudad sitio para un pobre. Te impiden vivir los maestros de las escuelas por la

mañana, por la noche, los panaderos, los martillazos de los caldereros todo el día, por aquí un aburrido cambista sacude su mesa con un montón de monedas de Nerón, por allí, machaca la piedra con su mazo el batidor de oro hispano, y no para de gritar la caterva posesa de Belona, ni el parlanchín náufrago con su torso vendado, ni el judío enseñado a mendigar por su madre, ni el legañoso vendedor de cerillas».

Es muy fácil para Marco Aurelio decir que «Donde quiera que se pueda vivir, se puede vivir bien». Es fácil ser estoico cuando eres el Emperador y no te falta de nada, no te fastidia... En cambio, la frase que más popular es en la mayoría de las casas donde vive la gente de verdad es: *Calamitas nulla sola*, es decir, que las calamidades nunca vienen de a una, frases que se combinan mejor con sabios refranes eternos, como el que dice que la alegría dura poco en casa del pobre o lo que cantaban El Ultimo de la Fila, hace miles de años, en 1985, eso de que *Cuando la pobreza entra por la puerta, el amor salta por la ventana*. Por cierto, frase del clérigo inglés del siglo XVII Thomas Fuller. Es decir, que eso mismo sucede desde hace siglos. En fin, como decía Siniestro Total: *Chusma somos*, frase que parece latina y seguro que Marcial la habría firmado. Por mucho que lo diga el Emperador "sabio", no, no se vive bien en cualquier sitio.

Eso sí, cuando digo que hay que tomar también estas fuentes con cuidado, me refiero a que aunque Marcial dice que no hay sitio para que un pobre esté en paz en la ciudad, el poeta se olvida de los jardines públicos, parques gratuitos repletos de obras de arte situados en varios lugares de la ciudad o del Templo de la Paz, erigido por los Flavios y donde era notorio el silencio del recinto sagrado, parece ser que respetado por todos los ciudadanos. Lo que hace Marcial en ese epigrama es lo mismo que criticar las aglomeraciones de Londres, por seguir con el ejemplo inicial del Underground, olvidando que también existe en Londres Hyde Park para huir del mundanal ruido...

150.000 romanos de Roma, vamos, ciento cincuenta mil familias romanas, tenían subvencionada su alimentación en el Alto Imperio, primero el grano, luego pan y, más tarde, una compra variada, algo parecido a lo que hacen hoy los bancos de alimentos o la llamada paguita. Esta subvención de alimentos, junto a la organización de festivales y juegos por parte de las autoridades, es lo que le hizo decir a Juvenal aquello de *panem et circenses*:

> «Este pueblo ha perdido su interés por la política, y si antes concedía mandos, haces, legiones, en fin todo, ahora deja hacer y solo desea con avidez dos cosas: pan y juegos de circo».

Si tienes al populacho con la tripa llena y la cabeza entretenida con chorradas, tu forma de gobierno, por dictatorial que sea, prospera sin oposición. En el XIX los intelectuales españoles todavía decían que el gobierno daba "pan y toros" para embrutecer y aborregar a las masas, de hecho hubo hasta una zarzuela de Barbieri con ese título en 1864 y más tarde, durante los años sesenta del pasado siglo, la frase mutó a "pan y fútbol". El fomento de los programas de cotilleos también ayuda a mantener alienado al pueblo y según el Marx menos gracioso y que no era hermano ni nada, la religión también es "el opio del pueblo". El caso es que los gobiernos, desde hace dos mil años saben cómo mantener a la masa tranquila y sin revolucionar. Comida y espectáculos. No es casualidad que los edificios más imponentes de la antigua Roma sean los dedicados al ocio de las masas: los anfiteatros, circos, teatros... siempre con capacidad para sentar a ingentes cantidades de ciudadanos. El circo Máximo de Roma todavía es el recinto deportivo con mayor número de localidades en el mundo, 250.000 y el coliseo, el anfiteatro Flavio, contaba con asientos para 65.000 ciudadanos, más que la mayoría de los estadios de fútbol de primera división en España hoy.

Los amigos de Gabinete Caligari cantaban en 1992 en la canción *Queridos Camaradas* eso de que: «No hay muro que no caiga cuando escasea el pan» y aunque los romanos decían ya lo de que *aqua et panis est vida canis*, pan y agua es vida de perro, es evidente que la *plebs*, la Roma under, la Roma Cruda, nunca se levantó con suficiente fuerza contra el gobierno o la tiranía. No porque vivieran felices, sino porque bastante tenían con lo suyo. Con sobrevivir y aguantar un día más en una vida que *a filo pendet*, que dependía de un hilo. Mucho tiene que pasar para que el pueblo abotargado diga aquello de que "nos quitaron tantas cosas que al final nos quitaron el miedo". Resulta llamativo que el sistema Imperial, un sistema absolutista, con perdón, o si se prefiere, dictatorial, sobreviviera cientos de años de crisis, hambre, guerras, pandemias, etc., sin venirse abajo, lo que demuestra que el hombre no es demócrata por naturaleza, sino que por desgracia prefiere que venga otro a solucionar sus problemas. Pero ¿sabemos qué opinaban los romanos de a pie, los romanos under sobre su libertad o falta de ella? Francamente, con no ser esclavos, ya les valía.

Además de las fuentes escritas, tratadas como se ha dicho con cuidado y de las pintadas y la arqueología, las epigrafías también nos dan pistas sobre nuestros romanos no famosos, como la lápida de la tumba de Tiberio Claudio Secundo, un liberto cuya tumba financió su pareja, otra liberta, tumba en la que se lee una frase que ha aparecido en varios epitafios a lo largo y ancho del Imperio mostrándonos los placeres sencillos, sin meterse en camisas de once varas, de los que disfrutaba la gente sencilla: «Los baños, el vino y el sexo corrompen nuestros cuerpos, pero los baños, el vino y el sexo hacen que merezca la pena vivir la vida». Los romanos llamaban a esta trilogía con el juego de palabras: *Balnea, Vina, Venus*... y qué quieres que te diga, es como lo nuestro de "salud, dinero y amor", solo que nosotros somos más hipócritas y no decimos lo del sexo, porque somos unos estrechos.

En esos baños, en esos *Balnea* se mezclaba toda Roma, da igual su clase política o su dinero; acudir a las termas era baratísimo y en muchas ocasiones, directamente gratis, ya que algún prócer patrocinaba las entradas para ganarse a la plebe, algo que Juvenal olvidó añadir a su pan y circo; debería haber dicho: *Balnea, panem et circenses*. En las termas uno podía cotillear de sus vecinos, a lo mejor conseguir una invitación para cenar, seguro que encontrarse y charlar con los amigos, jugar o hacer deporte, a lo mejor robarle la ropa a algún enemigo...; si tenías ases, incluso comprar sexo o una empanada no muy caducada... o un masaje... Las termas eran el verdadero hervidero donde se cocía toda Roma. Si pudiéramos escuchar las conversaciones de una tarde cualquiera en cualquier terma, sabríamos más de todo lo que sabemos hoy sobre la Roma auténtica. Sobre la vida y las preocupaciones de los romanos de verdad, los que no salen en los libros ni en los relatos de las victorias, pero en cambio soportaban sobre sus hombros las lanzas que ganaban esas batallas. Los que no eran ricos ni fletaban barcos, pero comerciaban con cualquier cosa que pudiera ser vendida y comprada, incluyendo su cuerpo.

Recuerdo la primera vez que estuve en Tánger, hace varios miles de años. Me chocó la cantidad de cosas que marabuntas de niños intentaban vendernos a los turistas, cualquier tontería era vendible, intercambiable por algunos dirhams (palabra que, por cierto, procede de *denarius*-dinares-dineros); me llamó la atención especialmente un zagal que intentaba vender un vaso de agua que sujetaba en una mano, mientras que con la otra intentaba llamar la atención..., procurando a la vez no verter el vaso mientras corría y se acercaba a los turistas, ofreciendo su pobre mercancía. Me le quedé mirando y tal vez él pensó que me interesaba lo que ofrecía: un vaso de agua más bien tibia, a saber en qué condiciones higiénicas, servida en un vaso de plástico que también vaya usted a imaginarse de qué vertedero salió. No le compré el vaso, ni toqué el agua, pero le di unas monedas... Me imagino que parecidas a esa rúa eran las calles de cualquier ciudad romana hace mil novecientos años, niños vendedores incluidos. Saldrían de casa cada mañana con la esperanza e ilusión de volver con algo de dinero en el bolsillo, para ayudar en casa. Todo se vende. Hay que aguantar un poco más. ¿En qué momento pensó el chaval que era buena idea vender un vaso de agua roñosa a los turistas? Da igual, hay que conseguir sobrevivir un día más. Otro día. Y mañana ya veremos. Mañana será otro día.

Puesto que la vida era demasiado azarosa para todo el mundo y especialmente para los romanos de la Roma Cruda, normalmente la gente normal no se preocupaba por ahorrar ni por proveer para el mañana. En una fábula que nos cuenta Robert Knapp en *Invisible Romans*, Valerio Babrio nos cuenta cómo un pez pequeño es atrapado y le dice a su pescador que le deje libre y que cuando pase tiempo, engorde y crezca, cuando haya vivido su vida, volverá enorme y promete que se dejará atrapar. El pescador lo atraviesa y piensa: «Es una locura dejar soltar lo poco que tengas por la esperanza de ganar lo que es incierto en el futuro». La moraleja es que bastante hay con conseguir llenar el buche hoy. Y si sobra algo, a disfrutar. A la taberna, o a hacer un sacrificio a algún dios para agradecer por haber sobrevivido un miserable día más. Y si la suerte nos sonríe, por ejemplo, ganando a los dados, pues démonos un banquete, compremos algo rico para comer. Que ya se sabe: días de mucho, vísperas de na…, a vivir, que son dos días, *carpe diem* y todo eso…, que la vida dura lo que dura y siempre dura poco. *Ad praesens ova cras pullis sunt meliora*, los huevos hoy son mejores que los pollos de mañana…, normalmente porque ese mañana no está garantizado, ni en la antigüedad, ni ahora.

Un esclavo grabó su nombre en Alcalá de Henares en un trozo roto de cerámica: *At(t)ali C(orneliorum) Servi*, Átalo, siervo de los Cornelios. Esto es todo. Una vasija rota con unas cuantas letras grabadas es toda la huella que dejó un esclavo de su paso por el mundo. Uno que al menos sabía escribir algunas letras. La inmensa mayoría de los esclavos dejó mucho menos recuerdo de su paso por esta tierra. Si los pobres son mayoría, los esclavos no son ni personas desde el punto de vista jurídico. Lo normal es que los esclavos tengan garantizado un sitio donde dormir y algo que llevarse a la boca, pero a cambio, son cosas. A veces, la desesperación puede llevar a pensar que es mejor ser esclavo que un libre pobre. También habrá que buscar y encontrar a los esclavos para darles voz, aunque lo único que sepamos de ellos sea su nombre anotado en un trozo de taza. Lo curioso es que de este Átalo al menos conocemos su existencia, la ironía de la Historia ha hecho que no sepamos nada en cambio de sus dueños, esos Cornelios, que sin duda no tienen nada que ver con los Cornelios patricios republicanos, sino que más probablemente eran libertos con ese apellido, pero seguro que eran gente de pasta. No de los nuestros, no de la Roma under.

En el pie de un vaso hallado también en Complutum, se puede leer: *Saronis pone fur*, que querría decir: "es de Sarón, déjalo, ladrón". No sabemos si el poner tu nombre y una advertencia a un posible ladrón era suficiente protección ante un robo, pero me temo que no. Es como los "Detente bala" que bordaban las madres en la guerra civil bajo las camisas de sus hijos. Los "Detente bala" solían ser un papel o una tela con un dibujo del Sagrado Corazón de Jesús con la frase directamente ordenando a la bala detenerse ante el bordado. Qué quieres que te diga, llámame hombre de poca fe, pero prefiero los chalecos de kevlar para parar las balas, igual que en las tiendas prefieren las alarmas magnéticas para evitar los robos. Me imagino las etiquetas de Zara con *pone fur*/déjalo ladrón impreso y como que no las veo tan prácticas y efectivas. Toda esta diatriba es para decir que los romanos under no siempre se resignaban a su (mala) suerte, a veces se liaban la manta a la cabeza y se dedicaban a delinquir de buena mañana o de noche para salir de su situación precaria. A veces, pocas veces, su crimen fue llevado a juicio y por ese resquicio también se asoman a la Historia. El *Digesto* y otras recopilaciones jurídicas también servirán para intentar conocer a nuestros habitantes de la Roma Cruda. Pero habrá que tener cuidado con llegar a la conclusión de que, como decía Juvenal al hablar de la Roma Underground, estamos hablando de «los mil peligros de esta inhumana ciudad». No estamos ante una ciudad más peligrosa que el resto del mundo en su época, más bien al revés: si hiciéramos caso de lo que dice Juvenal Roma sería una civilización casi distópica, en la que las casas se caen, las noches son terreno de caza de ladrones y asesinos y si sobrevives a tu infancia, cosa difícil, lo más probable es que tu única alegría la encuentres en un vaso de vino, en algo de sexo chungo o en bañarte en las termas en agua sucia.

Sería muy fácil tomar al pie de la letra las fuentes y, desde luego, se pintaría una Roma mucho más apocalíptica, pero entonces ¿cómo explicaríamos que todo el mundo quisiera vivir allí? Pensemos en nuestras grandes ciudades hoy. Todos sabemos que se está mejor en el campo, en los pueblos o en ciudades más pequeñas, pero, en cambio, cada vez vive más gente en las ciudades; las hay con más habitantes que muchos países. No somos tontos, si vivimos allí es porque compensa. Se puede vivir mucho más barato en un pueblo de la Alcarria, pero, a pesar del teletrabajo y la tecnología, seguimos viviendo en la ciudad. Alguno dirá que por la oferta cultural, otro que si porque es urbanita, o porque le gusta ir de bares o al teatro, da igual, el caso es que en la antigua Roma y hoy vivimos en la ciudad, aunque sea allí donde a veces se incendia un piso, donde atropellan a más gente, donde hay mucha más criminalidad, donde las viviendas son exageradamente caras y donde la mayoría no llegamos a fin de mes, donde la inmensa multitud no salimos en la prensa ni saldremos en la Historia, donde a cada día le agradecemos tener para comer y salud para los nuestros y para nosotros. Donde si queremos conocer la ciudad de verdad, hay que bajar al metro, a los sótanos, a la «sentina de la ciudad», como decía Cicerón, para encontrarnos a nosotros, a los que de verdad componemos la realidad viva y maloliente de nuestras ciudades, los que como cantaba Siniestro Total en 1997: «tenemos un mensaje para la gente guapa y es que los feos somos muchos más». A dos manzanas de la estación del Underground de Bank, en Londres, aparecieron a partir de 2010 unas tablillas, conocidas como las tablillas de Bloomberg. Son *tabulae ceratae*, tablillas de cera de escribir, en las que la cera ya no existe, pero que muchas son legibles por los arañazos o señales en la propia madera, milagrosamente conservada por las características del suelo. En una, del siglo I aparece escrito el nombre de Londres por primera vez en la Historia y, junto a este, el nombre de un romano de entonces, del que solo sabemos que vivía allí. «En Londres, entregar a Magontio», dice la tablilla. Pues bien, a Magontio y todos los romanos de la Roma under, os saludo, vamos a ver si nos encontramos…

II

Siempre serás pobre si eres pobre

«El dinero es mejor que la pobreza, aunque solo sea por razones financieras».

Woody Allen, siglo XX

«Siempre serás pobre si eres pobre, Emiliano: hoy día las riquezas no se dan a nadie más que a los ricos».

Marcial, siglo I

No me he resistido a poner otra vez y todavía en otro libro, la maravillosa frase de Marcial que creo sigue tan vigente hoy como hace dos mil años. Los pobres, solemos ser pobres para siempre. En cambio los ricos, cada vez son más ricos. No es una opinión, es una estadística. Es verdad que algunos ricos, muy pocos, terminan arruinándose, pero lo normal es que los ricos siempre caigan de pie. Lucilio en el siglo II a. C. escribió: «Nadie pregunta cómo eres rico, lo importante es serlo». Recuerdo un amigo, digamos que se llamaba Claudio, que cuando una de estas crisis, debía un dineral en créditos al Banco. Claudio era de muy buena familia, de estos de la gauche divine. ¿Qué le pasó? Pues lo que decía Paul Getty, que si le debes cien dólares al banco, tienes un problema, pero que si le debes cien millones, entonces es el banco quien tiene un problema. Le juntaron todos sus créditos en uno, nuevecito y más gordo garantizado en pisos a medio pagar y Claudio siguió viviendo la vida loca hasta que pasó, en su caso, a peor vida, cuando se fue de un jamacuco al otro lado. Y es que el tema, lo que de verdad mola dicen, no es tener dinero, si no tener crédito y entonces te gastas lo que te han prestado mientras que tu dinero sigue casi entero y a salvo. Crédito es eso que te ofrece el banco solo si no lo necesitas. Si necesitas pasta, ya puedes pedirles, ya... Como decía Marcial: «Fortuna da demasiado a muchos, bastante a ninguno».

Se podría decir que si vamos a repasar la Roma Underground habría que empezar por lo más bajo y, a priori, lo más bajo son los esclavos... Pero francamente pienso que no tanto. Nada es a priori lo que parece a simple vista. Si te fijas, los esclavos urbanos vivían mejor que muchos pobres. Tenían una vivienda y comida por la que no pagaban nada (faltaría más), ropas y acceso a muchas cosas que los pobres de solemnidad romanos en la ciudad no soñaban con alcanzar o sí, soñaban con alcanzar, pero tenían que luchar por ello cada día. Además, los pobres en Roma son más feos que los esclavos y esclavas, sin duda. Son pardos como los gatos de noche, visten de pardo, túnicas raídas y remendadas, calzan pardos zapatos infames y en general tienen cuerpos pardos peor hechos. Simón Bolivar, que era un pijo y un racista de cuidado dejó escrito que: «La igualdad legal no es bastante por el espíritu que tiene el pueblo, que quiere que haya igualdad absoluta, tanto en lo público como en lo doméstico; y después querrá la pardocracia, que es su inclinación natural y única, para exterminio después de la clase privilegiada».

La pardocracia, en fin... Si este es el libertador... En nuestros días, los ricos no solo visten mejor y a todo color, también están menos gordos, más musculados y suelen ser más guapos y se siguen quejando de que el pueblo quiere ser como ellos, qué asco. Lo de la tripa y los músculos, creo que es porque comen mejores cosas, además de que pueden permitirse no solo pagar el gimnasio, sino además tener tiempo para ir. Las comidas sanas o las que no engordan, son siempre más caras. Si eres pobre, puedes permitirte a veces un Burger o un bocata de panceta, pero seguramente muy pocas veces unas gambas blancas de Huelva y nunca hartarte de jamón del bueno. Ellos sí pueden, y ni las gambas ni el jamón de pata negra engordan. Lo de que los pijos son más guapos, creo que es porque las guapas se casan con los ricos, pero esto solo es una opinión machista, claro. Por eso el chico del Seat Panda de tercera mano liga lo mismo que el del Ferrari…

Pues en Roma, esto ya era así. En este capítulo vamos a hablar de los pobres romanos, que resulta que somos casi todos. Hablaremos del común del pueblo que pasa la vida viviendo en el filo de la navaja. No de los que tienen empleo o trabajo, sino de los que no tienen cualificación ninguna y a lo mejor se concentraban en las plazas o en los mercados desde temprano esperando ser contratados para la jornada para hacer cualquier chapuza, pero que casi todas las veces volvían a casa sin haber tenido esa suerte. ¿Qué es ser pobre? Luciano de Samosata, en el siglo II, nos dice que no somos pobres si tenemos cubiertas las necesidades básicas: «Cuánto es bastante para librarnos de hambre, sed y frío». Séneca, que estaba forrado, dijo en cambio que: «No es pobre el que tiene poco, sino el que mucho desea», excusa de rico. Creo que los que somos pobres sabemos que lo somos. Me quedo con lo que señaló el historiador galo del siglo XIX Jules Michelet: «El que sabe ser pobre lo sabe todo».

Hablamos de los que salen a mendigar, a pedir limosna, de los que pretenden robar, ladrones de poca monta, de los y las que venderán su cuerpo a cambio de muy poco. Juvenal decía que «felices son los que aprendieron con la experiencia a soportar los males y a no pensar en sacudir el yugo». Pero no, aunque te acostumbres a ser pobre, no por ello, me temo, eres feliz. Por mucho que diga Juvenal.

Limosna, palabra originaria del griego, en latín se dice *eleemosyna*, y significa algo así como "misericordia". Mendigo viene de *mendicus*, persona que tiene una tara o un defecto físico, deformidad que desde antiguo parece que servía, al menos, para pedir. Como decían en *La Vida de Brian*: «Una limosnita para un ex-leprosoooo».

Séneca padre nos cuenta que en su tiempo, en el siglo I, era habitual que los padres expusieran (en el sentido de abandonar públicamente) a niños con deficiencias corporales. A lo mejor en familias muy pobres ciertas deformidades que no supusieran un exceso de trabajo o atención para el resto de la familia, podían ser en cambio un medio de trabajo, obteniendo limosna a cambio de dar pena, como todavía parece que sucede en cualquier ciudad del mundo. En el Museum für Kunst und Gewerbe de Hamburgo se conserva una curiosa pieza, una estatuilla procedente de la Alejandría del siglo III que parece representar a un mendigo deforme. Esto de pedir, que es mejor que robar, viene de lejos, de muy lejos.

Los romanos pobres que vivían en el campo y tenían o trabajaban sus cuatro palmos de tierra, cultivaban su propia comida al menos, salvo que viniera un pulgón o una sequía o una simple tormenta o un incendio o Hacienda y se llevara todo al carajo. Todos estaban a un paso de la más absoluta miseria. Vamos, que vivir en los tiempos de Roma era una alegría si no eras rico: —Money, money, money, always sunny in the rich man's world—, que cantaban los de Abba. No es de extrañar que a los pobres, a los habitantes de la Roma Cruda, les gustaran los saraos gratuitos del circo y anfiteatro y que quienes pudieran se apuntaran a conseguir la subvención de grano o de alimentos del Estado. A lo que haga falta si es gratis. De todos los romanos normales, de los pobres, de los que pasaron hambre podríamos aprender mucho si supiéramos un alguito más sobre ellos, pero no es fácil, no dejaron mucha huella, casi nunca sobrevivieron ni los nombres de algunos. De todas formas, como dice el refrán romano: *Fames Artium Magistra*, el hambre es la maestra del ingenio. Los listos, aunque pobres, se buscaban la vida aunque fuera en el lado oscuro de la ley. Por otra parte, de los asalariados y autónomos, también pobres pero menos, hablaremos con más detalle en otro capítulo, pero los que no tienen oficio ni beneficio… ¿cómo dónde y de qué manera vivían (o sobrevivían)? Empezando la casa por el tejado, como cantaba Fito, hablemos de la vivienda, un problema que viene de antiguo…

El tema de la vivienda ya era chungo hace dos mil años. Normalmente nadie podía permitirse una casa en la ciudad, que está todo carísimo, así que la inmensa mayoría vivía de alquiler en pisos cutres. Aun así, esos alquileres eran extremadamente inalcanzables. Tanto, que se cuenta que una vez que vino exiliado a Roma un rey de Bitinia solo pudo alquilar una habitación en un piso compartido, porque no se podía permitir un piso decente para él solo. Ni me imagino los pisos de estudiantes.

Los edificios, todos los edificios, eran de unos pocos propietarios, que se los cedían a inmobiliarias, intermediarios, quienes se encargaban de comercializarlos, cobrar el alquiler y eso. Famoso especulador inmobiliario fue Craso, pero otros, como Cicerón por ejemplo, poseía edificios en el Aventino y en el Argileto y no le preocupaba mucho el estado de estas ínsulas de pisos; llegó a afirmar en una carta que sus casas «se caían y de ellas huían no solo los inquilinos sino los ratones, pero que una vez las reformara y reconstruyera, las podría alquilar todavía a mayor precio». Qué majete Marco Tulio.

Se sabe que hubo varios intentos para abaratar los costes de los alquileres: el primero que sepamos hace más de dos mil años, por parte del Pretor Celio Rufo, quien tuvo que huir de Roma tras proponerlo... Años después lo intentó otro Pretor, Dolabela, quien tampoco consiguió nada. Por fin Julio César condonó las deudas de los inquilinos más pobres, es decir, los que pagaban menos alquiler. Fue una solución temporal pero tampoco funcionó... En el año 41, con César ya asesinado, hubo revueltas violentas de inquilinos pidiendo precios más justos, me temo que también sin éxito. Y creo que así seguimos todavía. Los alquileres, por ejemplo en Madrid, han subido más del 100% en diez años, es decir, que un piso por el que se pagaran 1.000 € en el 2015, hoy cuesta más de 2.000 €. ¿Han subido lo mismo los sueldos? ¿No, verdad?, pues eso, algo habrá que hacer... Las medidas de los gobiernos no consiguen dos mil años después que los alquileres sean asequibles. A lo mejor si en vez de intentar intervenir los precios o echarle la culpa a los turistas o a las Universidades, procuraran que la oferta fuera más amplia y que los arrendadores tuvieran la seguridad de que van a cobrar, nos iría mejor, pero de momento... la cosa va para largo y ya lleva así veintiún siglos. Juvenal dice que fuera de Roma «se compra una casa cómoda por el precio por el que (en la ciudad) alquilas un tugurio miserable por un año». Sila, quien luego sería dictador, comentaba que de joven vivía en una habitación en piso compartido y pagaba 3.000 sestercios de alquiler en el siglo I. Un empleado normal ganaba al año entre 700 y como mucho 2.000 sestercios, así que ya me cuentas cómo lo haces para pagar tu habitación...

En Roma, las Agencias Inmobiliarias se encargaban de intermediar y ofrecer las viviendas y hacer las veces de administrador, porque el dueño del edificio no iba a mezclarse con sus inquilinos ni con sus asuntos. En esta época incluso se anunciaba el alquiler de los pisos en pintadas en las paredes, pero lo normal es que hubiera más demanda que oferta (nada nuevo). Los contratos eran anuales, vencían siempre en el mes de julio y era habitual que el administrador trajera a gente a visitar el piso en junio, para garantizarse nuevos inquilinos y para presionar a los antiguos y prepararles para la próxima subida de precio del alquiler. También Juvenal nos cuenta que cuando la casa anunciaba ruina, el administrador se limitaba a apuntalarla: «Nosotros habitamos en una ciudad que en gran parte se apoya sobre débiles puntales; cuando el administrador apuntala las paredes que amenazan ruina o tapa la abertura de una grieta antigua, dice que ya podemos dormir tranquilos, aunque tengamos encima la amenaza». Incluso se alquilaban los pisos apuntalados sin arreglar, porque Séneca mismo avisa de lo rentable y económico (para los dueños) que es apuntalar los pisos en vez de repararlos. Igual que para el gobierno (da igual cuándo leas esto) es más rentable poner señales en la carretera diciendo que el firme está en mal estado, que vayas más despacio, que ponerse a arreglarlas. Y todo sigue igual.

Uno de los problemas de la vivienda en Roma lo provocaba el propio Derecho Romano, que no reconocía la "propiedad horizontal" sino que establecía que el dueño del suelo era el dueño de lo que se construyera encima (*superficies solo cedit*). Este principio jurídico que hoy sigue vigente solo cuando alguien construye o mejora en suelo ajeno, quiere decir literalmente que el suelo cede ante la superficie, vamos que lo que construyo en mi parcela es mío y por lo tanto el edificio, la ínsula entera y cada uno de sus *cenacula*, que es como se llaman los apartamentos también. Nadie puede comprar ninguno, porque el suelo es mío, por eso todos eran de alquiler. También si alguien tenía suelo pero no quería o podía edificar en él, podía llegar a un acuerdo con un promotor constructor para beneficiarse ambos de la construcción y alquiler de los apartamentos. Este régimen jurídico impulsaba la tenencia de uno o muchos edificios en pocas manos y favorecía la especulación, pero, aunque Marcial nos habla de homeless que vivían bajo los acueductos y de gente que no tienen ni un techo donde guarecerse, parece que esos eran casos aislados, menos que ahora y más o menos todo el mundo podía permitirse una miserable buhardilla compartida, al menos. Aunque tuvieran que compartirla con las palomas, que pagan fatal.

Sobre la especulación, hay un epigrama de Marcial en el que nos habla de un propietario de una ínsula que había asegurado contra incendios el edificio y que a lo mejor intentó tangar a la compañía de seguros. No hay nada nuevo bajo el sol:

> «Compraste una casa, Tongiliano, por 200.000. Un accidente, muy común en Roma, se la llevó. Estaba asegurada en un millón. Te pregunto Tongiliano: ¿no parece como que tú mismo incendiaste tu casa?».

Lo de que las casas se incendiaran todo el rato o que se cayeran a menudo, ya se ha dicho más veces, no está tan claro. Conocemos más de cuarenta casos, sí, pero es que en el siglo IV, por ejemplo, había más de 46.602 *insulae*, según el Regionario (hoy diríamos Catastro) de Roma. Es decir, que una de cada 1165 *insulae* puede que se incendiara en algún momento de la Historia de la ciudad. Ni tan mal. Lo que pasa, ya se ha dicho y conviene recordarlo, es que lo que sobrevive a través del tiempo, lo que se escribe amigo, son las noticias. Leyendo los sucesos dos mil años después, puede parecer habitual lo que en su día se anotó precisamente por ser distinto, chocante y, por lo tanto, noticia y noticiable. Nadie titula la primera plana del periódico diciendo las casas que no se han quemado hoy. No es noticia. Eso sí, la precariedad y peligrosidad de los edificios de la Roma Imperial supera a las de las casas de pisos del siglo XIX, pero más por culpa de la especulación y la corrupción en la pésima construcción, lo más barata posible, que como a veces se dice, porque los romanos se alumbraran con lamparillas de aceite. A ver si te crees que los tatarabuelos decimonónicos se alumbraban con leds, ¿no te fastidia?

Había en Roma un cuerpo de *vigiles*, que eran medio policías medio bomberos, organizados por distritos, encargados de sofocar estos incendios y evitar robos y cosas así. Llevaban porras como única arma, porque las espadas no estaban permitidas en la ciudad (salvo para los pretorianos) y en su armadura llevaban campanillas para que al correr hicieran ruido y la gente se apartara de su camino, antecedente de las estridentes sirenas de nuestros vehículos de emergencias todavía hoy. Era un cuerpo especializado y profesional y, en lo que a apagar incendios se refiere, llevaban mantas que empapaban en agua en las fuentes más cercanas y contaban con *siphonarii* que llevaban en carros (el primer "coche de bomberos"), auténticas bombas de agua para proyectar el líquido elemento sobre las llamas. También estaban los *aquarii*, que eran los que formaban las cadenas humanas para traer agua de la fuente más cercana, y los *uncinarii*, que llevaban ganchos, similares a los que los bomberos modernos todavía llevan para apartar obstáculos. Hasta mediados del siglo XIX no volvió a haber algo parecido en nuestras ciudades, aunque en la época moderna se dividió y especializó el trabajo de policía y el de bombero. En 1989 Billy Joel cantaba eso de *We didn't start the fire* y vale, nosotros no lo empezamos, pero a ver si deja de decirse en cada artículo que se publica sobre Roma eso de que "los incendios eran muy frecuentes", que ya está bien hombre. Es como si por tener ejércitos, en el futuro dicen que en nuestra época las guerras eran muy frecuentes... Mmm, me temo que esa analogía no vale. Pero se me entiende, ¿no?

En los edificios, las plantas bajas eran carísimas y conforme el pisito, el *cenaculum*, era más alto, más miserable y pequeño, menos caro resultaba. En las *insulae*, comercios, talleres, otros locales y bares formaban parte de la planta baja junto con el acceso a los demás pisos por una escalera renqueante. Parece que también existieron unos cuchitriles llamados por Séneca *cellae pauperum*, celdas de pobres, que se supone serían poco más que trasteros donde los más pobres de los pobres pasaban sus noches. A veces pared con pared con estos comercios y locales, existía una *domus* oculta, una casa de ricos escondida de la calle, que podía ocupar parte de la planta baja e incluso el primer piso (dúplex), piso primero que en el Madrid del siglo XIX se llamaba todavía: "principal". De allí para arriba, los *cenacula* eran cada vez más pequeños y seguían siendo caros. Por supuesto, no contaban con cocina ni baño, solían tener una habitación principal, llamada *Medianum*, que contaría con balconcillo o ventana a la calle y a veces, con suerte, tenía alguna otra habitación más. Estas viviendas podían, eso sí, subarrendarse legalmente, completas o por habitaciones.

Cuenta Séneca que cuando se retiró de la vida pública (poco antes de retirarse de la vida en general, obligado a suicidarse por Nerón) se mudó a un primer piso sobre unas termas y tuvo como inquilino a un carpintero. Séneca se queja de los ruidos de su inquilino, de los de la calle, de los gritos de los vendedores callejeros y de los profesores gritando la lección, además de los ruidos de las termas; y eso sin contar que, como ya se dijo, estaba prohibido el tráfico rodado durante el día, así que las noches eran, por decir poco, tan ruidosas como el puesto de los coches de choque de la feria en las calles principales, como si el camión de la basura pasara a todas horas… Espera, el camión de la basura pasa a todas horas; el de envases, el de orgánico, el del papel, el de los contenedores de vidrio de la esquina… ese no, el otro, pues entonces sería igual que ahora, pero sin regatón y añadiendo mugidos, berridos y rebuznos, sin contar los gritos de los "transportistas" de cada noche. Todo estupendo. Juvenal lo retrata así: «De aquí el origen del insomnio: el tránsito de los carruajes por el estrecho giro de las calles y los gritos de las bestias paradas arrebatarán el sueño hasta a Druso (el Emperador Claudio, que tenía fama de dormilón) y a las mismas focas (animales que roncan)».

Por Marcial conocemos los pocos muebles que podrían tener los pobres. En un epigrama nos cuenta primero cómo es la unidad familiar de un pobre:

> «Vacerra, he visto tus bártulos, los he visto.
> Al no ser embargados por el alquiler de dos altos,
> cargaban con ellos tu mujer —una pelirroja con siete pelos—
> y tu canosa madre junto con tu inmensa hermana.
> Furias surgidas de la noche las creí».

Y luego nos describe los dos muebles que se llevan de la casa, rescatados del embargo y del Ikea romano: «Ibas con un camastro de tres patas y una mesa de dos, junto con un candil y una crátera (especie de vaso grandote)».

En el primer descansillo solía instalarse la tinaja donde se vaciaban los orinales de los pisos antes de ser trasladados a las alcantarillas. No muy lejos habría una fuente, unas letrinas públicas, más allá unas termas donde asearse y seguro que algún bar donde comprar bebida y comida, porque los romanos, la inmensa mayoría, comían de take away, básicamente porque era más barato y seguro que tener cocina en casa, que si acaso, sería un hogarillo entre dos piedras en la habitación principal del *cenaculum*. La comida podía ser desde unas gachas o *puls fabata* hasta empanadillas de vete tú a saber qué carne. El pan, también muy útil para matar la gusa, se compraba en panaderías que tenían sus propios hornos. Sabemos que había en el siglo IV unas 250 panaderías en la ciudad de Roma. No está mal.

Trimalchio, el prota del *Satyricon*, un liberto ricachón que hace un rato era esclavo, exclama en un diálogo: «Agamenón empezó: «Estaban reunidos un pobre y un rico... —¿Qué es un pobre?, replica Trimalchio. —Ah, ¡Finísimo!, dice Agamenón».

¿Qué es ser pobre en la Roma Cruda? Pues en principio, no tener un patacón. No tener ni donde caerse muerto. En Roma esto último podía ser literal, los muertos pobres, tan pobres que no fueran ni siquiera de una cofradía o *collegia*, eran simplemente retirados de la calle y llevados a una fosa común fuera de las murallas. Estas cofradías, a cambio de una mínima tarifa plana, te garantizaban un entierro y que hubiera gente que acudiera a él, algo bastante básico pero muy querido y deseable para cualquier romano por pobre que fuera.

En cuanto a la pasta, al dinero, palabra que ya se dijo viene de denario, el sistema monetario romano era más o menos así: la moneda más común era el As, llamado así porque originalmente era de bronce y *aes* significa bronce en romano. Así que el As de bastos, dicho en latín, es el bronce de bastos... Cosas de la etimología. Por debajo del As estaba el *semis*, que era medio As y el *quadrans*, que era la cuarta parte (como un quarter de dólar americano), pero estas monedas fraccionarias dejaron de emitirse en tiempos de Marco Aurelio o poco después y eran como los céntimos de euro, que solo valen para ocupar espacio en el monedero o en el bolsillo.

En tiempos de Augusto, el As dejó de ser de bronce y pasó a ser de cobre, pero siguió llamándose As porque los romanos somos así, cuando se le pone nombre a una cosa, ya no se cambia jamás, por eso el mes duodécimo, por ejemplo, se sigue llamando "décimo" (diciembre), porque al principio era nuestro mes décimo. Por encima del As estaba primero el *dupondio*, que eran dos ases y más por encima, el sestercio, que en esta época valía cuatro ases y era de una aleación de bronce y latón (originalmente de plata). Sestercio quiere decir medio y dos, porque originalmente valía dos ases y medio, es decir que a tres debemos quitarle medio, vamos un sesquitercio, por no decir un lío. Por encima del Sestercio estaba el Quinario que como su nombre no indica en absoluto, equivalía a dos sestercios (primitivamente cinco ases) y luego el Denario, que eran cuatro sestercios, es decir, dieciséis ases (al principio 10 ases, por lo que tenía grabada una X) y estos denarios sí eran de plata. Luego estaban los áureos, monedas de oro que son como los billetes de 500 euros, que si existen, nadie los ha visto desde hace mucho y equivalían a veinticinco denarios o 100 sestercios. En el siglo IV el *aureus* se sustituyó por el *solidus*, Sólido (de donde viene soldado y sueldo), 4,5 gramos de oro que se dividía en 24 *siliquae* (luego *keration*). Seguramente de esta división vienen los 24 quilates del oro puro. Vamos, todo muy sencillo. Al peso, hoy podría venderse cada *solidus* por unos doscientos veinte euros, una pasta, pero evidentemente cuestan un porrón más. Un *aureus* de Alejandro Severo con el Coliseo al reverso, del año 230 o así, se vendió por un millón de euros hace no mucho, y un simple sestercio de bronce de Tito, de cuando la inauguración del mismo Coliseo, vale más de 400.000 €. Pero en fin, de los romanos que hablamos en este capítulo, sestercios vale, pero es improbable que hubieran visto denarios y ya un áureo ni en pintura… Las monedas en general se llamaban *nummus (*plural *nummi)*, de donde "numismática" y eso. Lo de llamarlas moneda viene porque cerca de la ceca de Roma estaba el templo a Juno Moneta, Juno "la que advierte". Algún gracioso empezó a llamar *monetae* a las *nummi* que se fabricaban allí y el nombre tuvo éxito y perduró hasta nuestros días.

Con un As podías comprar dicen que un pan o un sextario de vino muy reguleras, al menos hasta finales del siglo I. Incluso puede que de tapa te pusieran aceitunas, frutos secos, pan con queso, cebolla en aceite o galletas. O nada, que hay bares a los que no hay que volver si no te ponen tapa. El problema era, primero, cómo conseguir ese As.

Marcial nos cuenta en un epigrama un diálogo con un joven que viene a Roma con idea de comerse la ciudad y triunfar:

> «¿Qué motivo o qué confianza te trae a Roma, Sexto? ¿Qué vienes a buscar aquí? Dime:
>
> —Yo defenderé causas, me respondes, con más elocuencia que el propio Cicerón, y no habrá quien me iguale en los tres foros.
>
> —Han defendido causas Atestino y Civis. A los dos los conocías. Pues bien, ninguno de los dos sacaba para pagar a la patrona.
>
> —Si por esa parte no hay salida, compondré poemas. Apenas los oigas, pensarás que son de Virgilio.
>
> —Estás loco. Todos esos que ves ahí que ni tienen mantos para evitar el frío, son Ovidios y Virgilios.
>
> —Frecuentaré los atrios de las grandes casas.
>
> —Esto es solución para tres o cuatro. Todos los demás, una turba inmensa, se mueren de hambre.
>
> —¿Qué debo hacer? Dímelo, porque tengo decidido vivir en Roma.
>
> —Si eres bueno, será una casualidad que puedas vivir».

Así pues, ni como abogado, ni como poeta, ni como gorrón, era fácil ganarse el pan. Y mucho menos, siendo buena persona, o eso dice Marcial y a lo mejor lo dice en serio. En el fondo, lo que ocurría en Roma, era similar a lo que estuvo ocurriendo hasta más allá del siglo XVIII en cualquier rincón del mundo y todavía pasa. Cuesta un mundo buscarse la vida. Y encima, la alegría, como dice el refrán, dura muy poco en casa del pobre. Ya dijo el pintor expresionista Willem de Kooning en el siglo XX que «el problema de ser pobre es que te ocupa todo el tiempo».

Veamos qué puede hacer un romano cualquiera para conseguir suficiente para comer hoy si no tiene trabajo. Por ejemplo, puede robar. Robar la comida o el dinero para pagarla, pero claro, eso tiene un riesgo. No un riesgo de ser llevado ante la justicia, sino un riesgo físico de si te pillan. De una paliza no te libra nadie y nadie te va a ayudar. No sé qué pasa, que los ladrones de verdad no levantan simpatías, a diferencia de Robin Hood o Aladdin y en Roma si un comerciante o un particular te pillaba robando, ten la seguridad de que sus vecinos le van a ayudar a partirte la crisma, para que vuelvas. En las leyes de las doce Tablas se dice claramente que si alguien es capturado "con las manos en la masa" *in fraganti* y matado en el acto, entonces ese homicidio es legal.

Nadie quiere cerca a los pobres, a los pardos, no sea que lo suyo se contagie. Juvenal cuenta que: «Codro tenía un techo en el que no cabía ni Prócula (una conocida enana romana), seis jarritos de adorno en su aparador, y debajo un pequeño cántaro; además de un perro llamado Quirón. Guardaba algunos librillos griegos en un viejo cofre en el que los incultos ratones roían los divinos poemas. Codro no poseía casi nada: ¿quién lo niega? Y, sin embargo, el infeliz lo perdió por entero (¿en un incendio, en un robo?). El colmo de su miseria, helo ahí: nadie le ayudará con comida y el abrigo de un techo, cuando, desnudo, pida unos mendrugos».

Y esa es otra manera de ganar algo, pidiendo limosna. Dando pena y consiguiendo que alguna señora de bien te entregue un par de monedas. Pero hay otra manera de pedir, digamos más oficial y en teoría menos ignominiosa: pasar a pedir la *sportula* (literalmente cestita) a casa de los ricos. La *sportula* era un obsequio que los patrones, los importantes, repartían a sus clientes, un poco a cambio del tiempo que estos pasaban a su servicio, un poco como limosna a cambio de su apoyo.

Cada mañana había que ir temprano a casa de un importante de estos, tipo Padrino de Coppola, a hacerle la pelota y que te dijera si quería que hicieras algo especial por él ese día, de paso que te entregara la *sportula* y acompañarle a sus quehaceres para que se viera que tenía muchos "seguidores", muchos clientes. La *sportula* primitivamente era un regalo en especie, normalmente comida, pero con el tiempo, se convirtió en un obsequio de vil metal, que la pasta es lo que nos va y nos mueve. Al patrón había que dirigirse llamándole señor o incluso "rey y señor". Marcial se queja de que una mañana se olvidó de decirle señor a un patrón y se quedó sin propina, que por cierto tampoco era tanto, cien *quadrans*, monedas de calderilla que sumaban 25 ases. Es de suponerse que la propina ascendía según la importancia del cliente, suponemos que si eras un don nadie, la propina, la *sportula*, era menor que si eras un poeta famoso como lo era Marcial a pesar de ser pobre. «Soy pobre, lo confieso, y siempre lo he sido Calístrato; pero no soy desconocido», decía el bueno de Marcial, que también intentó conseguir una pensión del Emperador, pero parece que naranjas de la china. Siempre le decían que no, eso sí, muy finamente, como él mismo cuenta: «Si (el César) dice que no con esta amabilidad, ¿con cuál acostumbrará, entonces, a decir que sí?». A veces el que se las daba de patrón pretendía conseguir que se le hiciera la pelota solo a cambio de promesas, como un listo llamado Pontiliano, al que Marcial manda a tomar viento en este epigrama:

> «Mientes: te creo. Recitas poemas malos: te alabo.
> Cantas: canto. Bebes Pontiliano: bebo.
> Te pees: disimulo. Quieres jugar al tres en raya: me dejo ganar.
> Hay una sola cosa que haces sin mí: también me callo.
> Sin embargo, no me das absolutamente nada. "Cuando muera", dices, "te trataré bien".
> Nada quiero, pero muérete».

A finales del siglo I, Domiciano intentó legislar para que la *sportula* volviera a su forma tradicional de comida, pero los clientes se mosquearon bastante y siguió consistiendo en dinero. Según Juvenal, en tiempos de Trajano había una especie de tarifa plana de *sportula*, consistente en seis sestercios por cliente y día, consiguiéndose así que profesores sin alumnos, abogados sin casos, artistas sin encargos y cine español sin espectadores recibieran un subsidio suficiente para sobrevivir. Bueno, lo del cine español, no lo sé seguro…

Marcial criticó el intento de Domiciano de volver a *sportulae* de comida contándonos en un epigrama que un tipo de Hispania, que venía porque había oído que los ricos en Roma repartían dinero cada mañana, se regresa estando ya cruzando el Tíber, al enterarse que ahora son de comida: «Tucio, un muerto de hambre, se dirigía a Roma procedente de Hispania. Le llegaron las habladurías sobre las espórtulas: se volvió desde el puente Milvio». Ni entonces ni ahora los que piden para comer, piden para comer. Lo único bueno de ser "cliente" es que podías tener varios patrones y pasarte la mañana de casa en casa, hasta cierta hora, intentando conseguir la *sportula* en varias casas de padrinos… o en alguna…

Juvenal y otros se quejan de que habiendo ya bastantes pobres romanos, los inmigrantes están copando los puestos de mendigos y menesterosos en una especie de efecto llamada. Se queja de que «ya no encuentra asilo el quirite en su patria». *Quirites* eran los ciudadanos romanos, llamados así por Quirino, nombre que se le dio a Rómulo tras su ascensión a los cielos y conversión en dios. Juvenal se queja sobre todo de los griegos, que están por todas partes, desde las casas de los ricos a los teatros y también de los judíos, enseñados a mendigar por sus madres según él, y que copan todos los puestos donde pedir limosna, impidiéndoles hasta esto a los romanos, que según dice el satírico, deberían abandonar Roma si no son ricos. «En todas partes es difícil sobresalir a aquellos cuyo valor se ve obstaculizado por una familia menesterosa, pero en Roma el intento es aún más penoso». Para Juvenal, ser pobre para un romano es algo ridículo, es lo contrario a la *dignitas* y *auctoritas* que debería tener un hombre libre. Un ciudadano. Un *quirite*. El pobre va con la túnica parda, rota y remendada, con las *crepidae*, sandalias acordonadas típicas de la clase trabajadora, agujereadas. Se le ve a la legua. El que es pobre se nota que es pobre. El que era rico y se ha arruinado, aún peor, se ve expulsado como si fuera un paria de la sociedad en la que vivía. Sus antiguos amigos huyen de su compañía. Ha pasado a ser un apestado. Uno que ha caído. Un condenado. *Arbore deiecta, ligna quivis colligit*, del árbol caído, todos hacen leña, como dice el refrán romano. No hay nada peor que tener que acostumbrarse a *vivere parvo*: vivir con poco. Las historias que hablan que hay que contentarse con lo que se tiene, siempre las escriben los ricos. Cuando Luciano nos cuenta la entrevista entre Alejandro y Diógenes, está intentando que los pobres se consuelen con lo poco que tienen, como si pudieran filosofar:

> «En morada tan vil halló Alejandro
> al insigne filósofo, y al punto
> se vio más infeliz, pues éste nada
> deseaba; mas él, la tierra entera».

Claro, así que según estos versos, Alejandro se fue cariacontecido pensando la tontería esta de que no es más rico quien más tiene sino quien menos necesita. El que necesita menos es porque ya tiene casi todo, no hay que fiarse de frases bonitas ni de libros de autoayuda. Como dijo Ovidio: «La preocupación no puede curarse con ninguna ciencia». Y si eres pobre, lo normal es que estés preocupado. Yo lo estoy todo el rato, con que si encima viviera en la antigua Roma, ni te cuento. No, no somos iguales los pobres y los ricos. Como cantaban los de Siniestro Total en la ya citada *Chusma somos*:

> «Nosotros no somos vosotros, nosotros no somos ni siquiera nosotros, se trata solo de dar la lata y ya hace tiempo que faltamos de casa»...

Por cierto, que si acaso tiene que ir a juicio, lo que diga el rico es verdad para el juez aunque no lo sea, mientras que lo que diga el pobre, aunque sea la verdad verdadera, no será ni escuchado. Cómo puede tener palabra alguien que no es capaz de tener ni para vivir, es una conclusión típicamente romana. Un pobre no es de fiar. Lo de ser pobre y honrado, es un dicho más moderno, aunque haya epitafios romanos que así lo afirmen, como este de Numidia:

> «Iunia Bacula (...) fue decente y honesta, cuidó a su marido, toleró la pobreza e instruyó bien a sus hijos. Tito Flavio Faedro a su digna esposa».

O este de Dalmacia:

> «Siempre viví tan bien como pude, pobre y honrado, no engañé nunca a nadie. Ahora esto tiene su recompensa, significando placer para mis huesos».

O este otro, de Tarraco:

> «Sepultado en este túmulo yace aquí el joven Aper, el herrero, cuya juventud mientras vivió fue intachable. Viviste pobre. Con los amigos fuiste entrañable».

A veces es mejor estar muerto, es la única forma de descansar. Los pobres tienen envidia hasta de las moscas, como cuenta Luciano:

> «No trabaja: sin fatiga disfruta de los esfuerzos ajenos y tiene la mesa llena en todas partes, pues las cabras son ordeñadas para ella, las

> abejas no trabajan menos para las moscas que para el hombre, los cocineros condimentan para ella los alimentos, que prueba incluso antes que los propios reyes; se pasea por las mesas, participa de sus festines y comparte todos sus goces».

O como cantaba Machado veinte siglos después:

> «Inevitables golosas
> que ni labráis como abejas
> ni brilláis cual mariposas (...)».

«Hacer un elefante de una mosca» era refrán romano para reprender al exagerado, pero creo que no es exagerado decir que algunos romanos pobres preferían estar muertos que vivos; al fin y al cabo, la muerte llega a todos, ricos y pobres y los pobres tienen menos que dejar, menos de lo que despedirse. Muchas religiones han prosperado sobre esta base de prometerte que por mal que te vaya en esta vida, capaz que en la otra te va mucho mejor, sobre todo si en esta las pasas canutas. Robert Knapp nos recuerda una sátira de Luciano en la que al fallecido, pobre, precisamente le pasa esto:

> «Por los cielos que veo que todo es espléndido aquí, que todos tenemos el mismo rango y que nadie es mejor que su vecino, es más que placentero. Infiero que aquí no hay deudas ni se pagan impuestos y, sobre todo, no hay congelación en invierno ni enfermedades (...) Todo está en paz y las tortillas están dadas la vuelta, porque los pobres nos reímos mientras que los ricos están angustiados y se lamentan».

Y todavía en sus *Diálogos de los muertos* añade:

> «A los pobres, que son muchos y que abrumados por la miseria lamentan su indigencia diles que no lloren ni se aflijan, hazles ver que en el Hades reina la igualdad y que los ricos de allí no les son aquí en nada superiores».

Vamos, que lo de pasar a mejor vida, si palmas siendo pobre en la Roma under, es verdad. O eso dicen. Tampoco vamos a morir para comprobarlo, no sea qué...

Y si ser pobre es chungo, ser un niño pobre es peor. Lo de que los niños pobres canten y hagan coreografías guays solo sucede en los musicales sobre las obras de Dickens; en la vida real es todo aún mucho más peor. Y si ser un niño pobre es todavía terrible en nuestro siglo, imagínate hace dos mil años. Ser niño, incluso nacer en la antigüedad, era un tema chungo, difícil y arriesgado. Y esto en Roma, donde había médicos, civilización... fuera del Imperio, mejor no pensarlo.

Y por lo menos, aunque seas pobre, en Roma puedes alegrarte de ser libre. Hay que señalar que los pobres, aunque lo fueran, estaban muy orgullosos de al menos de su libertad, se consideraban muy por encima de los esclavos e incluso de los libertos recientes en el escalafón, aunque esa "libertad" que les daba la ciudadanía no servía para nada, no da de comer salvo que estés entre los subvencionados, ni te otorga sanidad, vivienda o educación, simplemente sirve para quejarse, como podemos ver por ejemplo en este párrafo del *Satyricon*, en el que un personaje al que le toca hacer de portero de una *domus* dentro de las maldades que planean, se queja de que ese puesto, aunque sea en broma, es de esclavo y no de hombre libre:

> «Me he puesto de acuerdo con vosotros para hacer
> servicio de hombre y no de acémila; no
> soy menos libre que vosotros,
> aunque mi padre me haya dejado solo la pobreza como herencia».

Hablando de herencias y alegrías, no se ha mencionado que si eres guapo o guapa, especialmente en este último caso, no hace falta que seas pobre, puedes salir del asunto a base de ser lista, como cantaba Sabina en *Barbi Superestár*: «Había futuro, en las pupilas hambrientas, de los hombres maduros». Pero aunque «una cara bonita sea una recomendación», como decía Publilio Siro en el siglo I, no siempre se es lo bastante bonita el suficiente tiempo. La vida pasa a toda leche, como le pasó a la *Princesa* de la otra canción sobre el tema del mismo Don Joaquín:

> «¿Cómo no imaginarte?
> ¿Cómo no recordarte?
> Hace apenas dos años

> cuando eras la princesa
> de la boca de fresa».

De la prostitución y tal, hablaremos al final del libro, en este capítulo viene más a propósito lo de *El caso de la Rubia Platino,* también del maestro de Úbeda:

> «Cantaba regular, pero movía
> el culo, con un swing, que derretía
> el hielo de las copas».

Las mujeres pobres que pueden, van y toman "amantes" para ir tirando, en todos los sentidos, como la que nos menciona Marcial: «Amantes, Gelia no tiene más que uno. Más torpe es esto: es la esposa de dos». Pues lo que sea con tal de no pasar hambre. Si eres guapa y joven es más fácil todo. Sí no, es cuestión de ofertar lo que los vecinos puedan pagar sin que te duela mucho la moral. Y sin que sea demasiado público que te vendes públicamente. Hasta la madre de Brian sobrevivía atendiendo y entreteniendo romanos. «Las chicas bonitas cuestan mucho más dinero» cantaba Siniestro Total. Esto es también válido para chavales de buen ver. Si eres pobre pero guapo/a y tu moral pesa menos que tu hambre, puedes hacer como dice el meme: «hay a quienes no les alcanza con una moral, por eso la tienen doble». Mientras, intenta pasártelo bien, que esto es un teatro, ya lo dijo Epícteto, que nació esclavo que: «No olvides que es comedia nuestra vida». Apuleyo nos cuenta en su *Asno de Oro* el caso de una mujer casada que entretenía a un señor y que su marido la pilló casi en pleno fragor. El amante se escondió en un barril que había en la estancia mientras la señora increpa a su marido:

> «—¿Cómo así venís vacío y mucho despacio? ¿No miráis nuestra grande necesidad y trabajo de nuestra vida? ¿Por qué no traéis alguna cosilla para comer? Yo, mezquina, que todo el día y toda la noche me estoy quebrando los dedos hilando y encerrada en mi casa, al menos que tenga para encender un candil; bienaventurada y dichosa mi vecina Dafne, que en amaneciendo come y bebe cuanto quiere y todo el día se está a placer con sus enamorados».

El marido dice que ha vendido el tonel de la habitación por cinco monedas y que viene a recogerlo, pero la señora para disimular todavía más, dice que ella lo ha vendido por siete y que precisamente el comprador está dentro del tonel, revisando su interior. Por fin, el amante siguiéndole el juego sale del barril y acepta, cómo no, la compra por siete monedas. El marido, todavía le ayuda a llevarse el tonel a su casa... Francamente, no sé si estaba el marido en el ajo y era una forma habitual de sacar pasta esta pareja (renovando el barril cada vez), pero aunque sea una historia inventada, resulta muy colorida y creo que no retrata mal la picaresca típica de la antigua Roma.

También había pícaros, timadores y embaucadores en Roma, no sé si trileros, pero sí tramposos de todo pelaje que en general hacían sus tropelías pretendiendo ser quienes no eran o falsificando documentos; estos últimos eran llamados *falsarii*, falsarios. Luciano dijo que: «El mundo está repleto de charlatanes y embaucadores, prestándose las personas a ser engañadas de continuo». La pena para los ricos que fueran cogidos cometiendo fraude, era ser deportados a una isla pequeña y lejana. Para los pobres: muerte, crucifixión, o esclavitud en las minas. No vamos a ser todos iguales, no fastidies. Hasta en *Rebelión en la Granja*, de Orwell, en la declaración de los Derechos de los animales, donde ponía «Todos los animales son iguales», se añadió «pero unos más iguales que otros».

El caso más antiguo que conozco de fraude fue uno cometido por unos griegos en el siglo IV. Según parece, consiguieron préstamos suficientes como para fletar un barco lleno de mercancías. Como garantía del préstamo estaba el propio barco y lo que contenía. En paralelo, aseguraron en una empresa de seguros el mismo bote y cargo. En vez de marchar de viaje por el mundo y vender sus productos, que era muy cansado y peligroso, pensaron que era más fácil hundir el barco a la vuelta de la esquina y volver para cobrar el seguro. Si no hay barco ni mercancía, tampoco tendrían que devolver el préstamo, pensaron. Para su vergüenza eterna, se conocen todavía sus nombres: Hegestratos y Zenosthemo. Los pillaron. Hegestrato murió mientras intentaba escapar y al otro le llevaron delante de un juez en Atenas y creo que sigue cumpliendo condena, por listo.

Y es que deberíamos contentarnos con lo que tenemos, pero no, nos puede el ansia viva y queremos siempre más. Y eso se aplica más a los que más tienen. Quevedo ya dijo que «más abriga al pobre la costumbre de no tener abrigo», vamos, que a ser pobre te acostumbras y duele menos. «*Audi, vide, tace, si vis vivere in pace*», escucha, mira y calla si quieres vivir en paz. Ser discreto no cuesta nada. No hay que meterse en líos y menos si se es pobre. Al menos se han encontrado pobres por todo el Imperio que tenían una persona que les quiso, que les enterró y pagó una humilde lápida para que fueran recordados. En la Galia tenemos a Cupicia Florentina:

> «Para Cupicia Florentina, mi devota y casta esposa, yo Januario Primitivo, su marido, hice este memorial con la grandeza que mi pobreza me pudo permitir».

De Brescia, al norte de Italia, procede este:

> «Quinto Egnacio Blando, liberto de Quinto, hizo que se construyera este para él mismo y para Minucia Urbana, su esposa. Tanto como la pobreza me permitiera darte, te entregué mi esposa, cuando llegó el momento, este pequeño homenaje por tus méritos. Vivió sin nada que reprocharle 28 años».

De Roma:

> «Cumplí mis deberes con mis amigos tan bien como pude, pobre en lo que se refiere a propiedad personal, rico solo en espíritu. Que esté bien quien lea esta mi inscripción».

Del África Proconsular (Provincia que iba de Túnez a Libia):

> «Fabro, pobre e indigente, cumplí este funeral contigo, el más querido y dulce amigo, tan bien como pude».

No es todo tan grave como lo del pobre del que hablaba Pablo Neruda que: «Y se fue muriendo poco a poco de no tener vida». Espero que veremos en estas páginas que no salir en los libros de Historia no es motivo para no poder ser feliz, incluso siendo pobre. El sol luce para todos, *sol lucet ómnibus*, que decían los romanos. Publilio Siro dijo que «ningún hombre es feliz a menos que crea serlo».

Antes de terminar este capítulo, quería hacer un hueco para una nación celta del norte de los montes de León, cerca del pueblo de mis abuelos, a caballo entre León y Asturias. No son pobres urbanos como los que se han mencionado hasta aquí, de hecho no sabemos casi nada de ellos, ni siquiera sabemos si eran especialmente pobres... Lo que me ha atraído de ellos es precisamente lo poco que conocemos. Un hilo en X de @tadeuscalinca me llamó la atención sobre este pueblo al que nunca había hecho caso: los vadinienses. La única referencia literaria que tenemos se la debemos a Ptolomeo, que menciona Vadinia en el siglo II como una de las ocho ciudades (*poleis*) cántabras del interior de la región, pero desconocemos dónde se encuentra esa ciudad, si de verdad existió como tal. Lo que tenemos son un montón de lápidas, más de ochenta, casi todas de cuarcita, grabadas en latín, posiblemente de los siglos I y II en las que casi todos los difuntos dicen ser "vadinienses" y muchas veces añaden el dibujo de un caballo (¿un asturcón?) al pie de la lápida. La ciudad podría estar bajo Burón o en Cangas de Onís, o tal vez en Crémenes. Ni idea, habrá que buscarla entre el Esla y el Sella. Si excaváramos y pusiéramos en valor la inmensa cantidad de patrimonio que todavía está bajo tierra, seríamos uno de los países más ricos del mundo y la mayoría de nuestro turismo sería cultural. La búsqueda de los vadinienses es un buen sitio para empezar.

Los epitafios de los vadinienses son claramente romanos, utilizando las formulas rituales que se utilizaban en todo el Imperio, pero los nombres son del estilo de Tureno, Bodo, Visalo, Doidero, Canives, Caldacus, Madugeno, Ampuramo, Brgetino, Aravo, Abilo, Negalo, Calacao (Calacao, no colacao), son nombres casi todos nativos. También hay una lápida de un veterano legionario romano de la XX, Marco Vulio, que suponemos era vadiniense y romano y regresó a su pueblo al jubilarse.

Muchas lápidas mencionan clanes familiares, pero todos claramente dependientes de los vadinienses:

> «Monumento para Tridio de los Alongos, hijo de Bodo, vadiniense de 25 años. Frontón de los Doiderigos lo puso a su amigo. Aquí yace, que la tierra te sea leve».

> «Los nietos pusieron el monumento a Junio, hijo de Abilio, de los Aravos, Vadiniense de (...) años. Aquí yace. Sus nietos pusieron (...)»
> «Dedicado a Vado Biracidegino, hijo de Anemido, vadiniense de 30 años. Se lo puso su amigo Lugua de los Cadecos. Aquí yace».

Si no sabemos quiénes eran los vadinienses, sus clanes como los Doiderigos, los Cadecos, los Ávaros o los Alongos, ya ni te cuento. También casi todos mencionan la filiación paterna, Aragorn hijo de Arathorn. Por si fuera poco problema, las lápidas que se conservan han sido halladas siempre fuera de contexto arqueológico, como piedras reutilizadas en construcciones más modernas en los pueblos, una como piedra de altar de una iglesia, otra de vierteaguas, incluso otra era un escalón de un hórreo.

Las lápidas no están muy labradas, sino que aparentemente se utilizaron piedras que en su estado casi natural se prestaban a ser grabadas, cantos de río. Suelen estar dedicadas por parientes y amigos de los difuntos, difuntos que rondan los veinte a treinta años, cifras coherentes con la época y el entorno rural. En su decoración aparecen sobre todo la figura de un caballo, o un árbol, una luna en creciente, un torque, alguna hoja de hiedra y en un caso una esvástica, símbolo utilizado en muchas civilizaciones 5.000 años antes del nacionalsocialismo. Se dice que el caballo representa el alma del difunto y las plantas, las hojas de hiedra, árboles o la esvástica representan la vida eterna. Suelen empezar los epitafios dedicados a los Dioses Manes, como todas las lápidas romanas. Pero, ¿quiénes eran los vadinienses? ¿Cuándo desaparecieron? ¿Eran celtas, celtíberos, astures, cántabros?, ¿cuándo se hicieron tan romanos que sus epitafios en latín, ya desde el siglo I son idénticos en cuanto a las fórmulas rituales a los de cualquier otro rincón del Imperio? Las guerras cántabras terminaron en el año 19, solo veinte antes del cambio de Era... Incluso dos de las lápidas vadinienses son ya cristianas, ambas aparecidas en las cercanías de Cangas de Onís y ya posiblemente del siglo IV:

> «Cristo, Alfa y Omega. Aquí yace Noreno, quien, muriendo a los siete años en santa memoria, dejó sumidos a sus padres en un gran dolor».
> «Magnentia abandonó este mundo desde la casa del Señor durante el vigésimo quinto de los años de su vida».

Pero no tenemos nada más sobre ellos, ni cerámica, ni monedas, ni estatuas, ni el nombre de sus dioses, los restos de un simple hogar... No tenemos nada más que estas lápidas para demostrar que vivieron. Que existieron. Estos nombres celtas escritos en latín. Esta llamada casi continua a que se sepa que son de una comunidad concreta y específica: que son vadinienses, que pisaron y amaron y lloraron en esta región y que no nos importa si eran tan pobres como Estrabón dice que eran los montañeses de estas tierras: «en algunos pueblos la miseria deriva de los lugares y montañas donde viven», porque, como cantaba Luz Casal en *Vengo del Norte,* estamos ante una «Tierra que surge porque sus hombres rompen su espalda al trabajar». Ojalá aprendamos más de los vadinienses, romanos de aquí, del norte, que merecen algunas líneas más en la Historia. No eres tan pobre si tienes un amigo o alguien que te recuerde y grabe tu nombre en una piedra para que no se pierda tu memoria. ¡Vivan los vadinienses! *Vixere*, vivieron.

En fin, "Dios nos dé lo que nos falta y para la plaza, plata", que decía mi abuelo Antonio. Y terminando, que se nos va a hacer de noche, quería dejar aquí un par de versos de Machado sobre los pobres de todos los tiempos:

> «Son buenas gentes que viven,
> laboran, pasan y sueñan,
> y un buen día como tantos,
> descansan bajo la tierra».

III

La noche no es para mí

«*In girum imus nocte et consumimur igni*»

Palíndromo romano.

(«Damos vueltas en la noche y somos consumidos por el fuego»).

«La noche es la mitad de la vida,
y la mejor mitad»

Johann von Goethe s. xix

Si estamos hablando de la *Roma Underground*, creo que es bueno antes que nada repasar el verdadero "lado oscuro de Roma", es decir, la noche romana, Roma la Nuit, velo de todos los males, excusa de todos los devaneos. Verdadero lado oscuro de Roma (y, puestos a pensarlo, del Imperio, hasta del Imperio Galáctico). «La vieja noche, que puede vencer a todos los dioses y hombres mortales», como decía Homero (Simpson no, el otro). Si hay algo oculto, underground, seguro que prospera, medra y crece mejor de noche. Con nocturnidad y alevosía, señoría. Hesiodo decía hace dos mil ochocientos años que «la noche es hija del caos» y, a la vez, ella tuvo muchos hijos majetes como la discordia, la muerte, el engaño, el dolor… La noche es chunga, es cuando salen los vampiros, cuando fue creado Frankenstein (y Frankostin), cuando los hombres se convierten en lobos viendo la luna llena… Y así ha sido desde siempre.

Aun así, es más difícil de lo que parece imaginarse cómo era la noche para los romanos. No, no era como es la nuestra. Era otro rollo. Bastante más distinta a nuestras noches de lo que a priori pensamos. Para empezar, era laaargaaa. Nosotros tenemos bombillas y con darle al interruptor, la oscuridad, la noche, se termina. En la Disco a las mil y monas apagaban la música, encendían las luces y la noche, la sesión, había terminado. Hala, pa'casita. Para los romanos, lo que se acababa con la oscuridad, con el ocaso, era el día, que tampoco duraba siempre lo mismo y que a la mañana siguiente llegaba cuando le daba la gana, muy tarde. Y la noche, la larga noche podía durar en tiempos romanos, según el Observatorio Naval de Estados Unidos, desde nueve horas en verano hasta catorce en invierno. Mucha noche, hasta para el más juerguista, que acabas harto y aburrido ya hasta en el after... No, por Júpiter, otro cubata no..., no puedo más... Me acuerdo de la madre de mi amigo Claudio, que siempre dice algo parecido a que su hijo es un sol: mi hijo sale y se pone...

Así no me extraña tanto lo de los juerguistas de los que se quejaba Catón y de los que hablábamos en *Crónica Rosa*, libro por cierto muy recomendable, porque la noche, si es tan larga, da verdaderamente para mucho. Había juerguistas romanos que eran considerados antípodas por el carca Catón, ya que no veían el sol salir ni anochecer porque vivían al revés del resto de Roma para escándalo de los moralistas... Es que vaya juventud, no sé dónde vamos a ir a parar saliendo toda la noche y luego todo el día durmiendo... y tienen la habitación hecha un asco y no dan ni palo y viven para salir y salen para vivir... Séneca se quejaba también de los noctámbulos que, según él, piensan: «Amanece: es tiempo de dormir. Todos descansan: practiquemos ahora gimnasia, bailemos, bebamos, paseemos en litera, tomemos el almuerzo. Se aproxima ya la aurora: es el momento de cenar. No debemos obrar como lo hace el vulgo; es cosa deshonrosa vivir de modo trivial y ordinario. Abandonemos el día que luce para todo el mundo: procurémonos una mañana propia y exclusiva para nosotros». Como decía Amiano Marcelino en el siglo IV: «En nuestros tiempos, las calles están llenas de jóvenes tocando el tambor vestidos como los bárbaros, cantan hasta la madrugada y molestan a los vecinos»; o como cantaba Gurruchaga en el siglo xx: «Volveremos a casa en un taxi, mientras otros van a su trabajo». O como cantaban hace un rato Lali y Vicco:

> «Noche ochentera, toda la noche entera
> hay una cola que tela, pero, ven con quien quieras».

Bueno, en eso la noche no ha cambiado tanto, salvo en lo del tambor, tal vez, dales ideas.... Aunque ya no haya noches como las nochenteras... Unos aprovechan la noche para salir y lo que surja y otros para dormir si se puede y si los otros les dejan. Como decía Quique San Francisco: «Me tachan de drogadicto, juerguista y mujeriego. Y todo es verdad».

La gente sabe que la noche es como la muerte, los impuestos y la marca esa de películas: *Universal.* La noche nos afecta a todos por igual... o no, que diría mi amigo Carlos Bustos. Los ricos en Roma pueden encender lámparas y candelabros a discreción, iluminando sus salones y jardines, convirtiendo la noche en día. Pueden hacerse guiar en la calle por esclavos que portan antorchas, pueden iluminar su oscuridad; en la noche romana, las luces y la escolta van acompañando e iluminando a la gente guapa. En otras calles, el bullicio y pobre iluminación de los carruajes con llantas de hierro, atascados o descargando mercancías, aporta un montón de ruido y un *attimo de luce*, un poco de luz en este asunto nocturno, pero para la inmensa mayoría de Roma, el aceite de las lámparas es caro, las antorchas guays que arden sin consumirse horas solo salen en las películas y las velas no están al alcance de todos. En general, la noche romana, sin ninguna luz eléctrica, es más oscura que el lado oscuro de la fuerza.

¿Has estado de noche en el campo alguna vez? William Faulkner decía que la literatura es como «encender una cerilla de noche en medio del campo. No ilumina apenas nada, pero nos permite ver cuánta oscuridad hay alrededor». La noche es tan grande, la oscuridad tan fuerte en el medio de ningún sitio, que te puede pasar como a Quijote y Sancho, que supieron que estaban en medio de un pueblo solo porque chocaron (toparon) con la iglesia. Y en la Roma Cruda, en la Roma under, los cuchitriles donde vivía la mayoría de los romanos y sus barrios y calles tenían menos luces que una narcolancha. La inmensa mayoría pasaba la mayor parte de su vida a oscuras o *entre tinieblas*, como la peli de Almodovar. Y, además, aburridos, porque la noche es larga y solo es llevadera si estás acompañado, en cualquier sentido. Si no, te pasa como lo que decía Lennon, que *whatever gets you thru the night (is all right)*. Pero para muchos el whatever que les hacía pasar otra noche sin final, era el buscarse la vida, intentando robar a los que salieran solos y borrachuzos de las tabernas o vendiendo su cuerpo serrano en una esquina o un lupanar, o colándose en un almacén, tienda o casa vacía o no tanto para intentar mangar lo que hubiera o hubiese. La oscuridad callejera de la noche romana, como dicen en *Los Laureles del César*, «está llena de peligros», de *effractores, latrones* y *fures*. La diferencia entre estas "categorías" de malos está en que los primeros eran los que se colaban en los sitios, los segundos son ladrones en general y los *fures* (singular *fur*) son los que se dedican al hurto (*furto*). Luego están los asesinos: *occisores, necátores, sicarii, percussores, interfectores* y toda la banda. Hablaremos más de esta gentuza en el capítulo sobre criminales y eso, pero siendo la noche su medio y hábitat habitual, había que mencionallos.

El mismísimo San Agustín en sus *Confesiones*, nos cuenta que de jovenzuelo, literalmente, era un robaperas: «Mi deseo era el de disfrutar no de lo robado si no de la excitación de robar y de hacer lo que no era correcto. Había un peral cerca de nuestra viña (...) Yo y una banda de desagradables adolescentes íbamos a por él tarde por la noche (...) Nos llevábamos un montón de peras. Nuestro placer residía en hacer lo que no estaba permitido».

Quién iba a pensar que hasta los santos tienen un pasado, como decía Oscar Wilde. Ay la juventud y la noche, peligroso cocktail. Juvenal, por su parte, nos cuenta lo importante que es salir bien acompañado para no llevarte sorpresas desagradables por la noche, ya de más mayorcito:

> «Un borracho brutal (...) esquiva a aquel a quien con un manto escarlata sigue una hilera larguísima de acompañantes, una gran cantidad de luces y una lámpara de bronce. A mí, a quien suele acompañar la luz de la luna o la llama de una sola candela, cuya mecha cuido vigilante, a mí no me teme nadie».

Es decir, que lo de que "no salgas solo" o "no vuelvas a casa sola" ya era una recomendación de los padres romanos. De noche, mejor en cuadrillita. Y tu novio que te acompañe hasta el portal.

Si uno lee a Juvenal, parece que fuera extraño sobrevivir a Roma la Nuit si se te ocurría salir de casa. Es una sátira, pero como es antiguo, nos creemos que dice la verdad de lo que ocurría allí. Es como si hiciéramos Historia basándonos en los monólogos de Leo Harlem, que son muy buenos, pero son humor, carajo. Juvenal cuenta que: «Serás un temerario si acudes a una cena sin antes no haber hecho testamento. Debes considerarte venturoso, si pasas de noche por una calle y no vierten sobre ti más que el contenido de los bacines». Bueno, hay que tener en cuenta que una parte importante del humor, de los chistes, consiste en exagerar lo que todos sabemos. Sí. La noche es peligrosa. Lo de *Tender is the night / Suave es la noche*, es el libro no tan bueno de F. Scott Fitzgerald, el del *Gran Gatsby*. Por cierto, no viene a cuento pero tengo una amiga... sí, Claudia, que siempre se refiere a ese libro de Fitzgerald como: Tinder *is the night*... No sé por qué, será una versión moderna. Bueno avancemos en la noche oscura romana... La noche, la oscuridad, afecta a la gente; todavía lo hace.

Antoine de Saint-Exupéry, el autor de *El Principito,* decía que: «La noche es cuando las palabras se desvanecen y las cosas cobran vida». No sé si tanto, pero hay quien dice que es probable que la noche, siendo tan larga en la antigüedad, se dividiera por algunos en dos tramos de sueño, interrumpidos por un tentempié y un rato de arreglos caseros y otras chapuzas, literalmente a media noche. Tú, con la Black&Decker y los vecinos, dando palmas. Fijo.

Según esta teoría, hasta hace poco más de un siglo, la noche se dividía en bloques de alrededor de cuatro horas de sueño cada uno, separadas por un espacio de entre una a tres horas en las que se estaba despierto haciendo vaya usted a saber qué. Esta teoría la presentó el historiador norteamericano Roger Ekirch y le ha servido para vender muchos más libros que yo, que personalmente no la comparto mucho, pero que me resulta, cuando menos, curiosa.

Puede que su tesis sea más plausible en tiempos más modernos que los de nuestra Roma oscura, más creíble para tiempos del medievo y así, tiempos todavía preindustriales, que es de cuando hay más testimonios que pudieran avalar esta hipótesis, aunque Ekirch presume de más de 500 referencias *¿19 días y 500 noches?* de lo que él llama sueño bifásico; referencias que van desde la *Odisea* de Homero (el mismo Homero de antes), hasta las costumbres de algunas tribus de Nigeria. En el Quijote, en el capítulo 68 de la segunda parte por ejemplo, se lee:

> «Cumplió don Quijote con la naturaleza durmiendo el primer sueño, sin dar lugar al segundo; bien al revés de Sancho, que nunca tuvo segundo, porque le duraba el sueño desde la noche hasta la mañana, en lo que se mostraba su buena complexión y pocos cuidados».

Esa referencia a primer sueño y a segundo es una de las que cita Ekirch. No sé si es trasladable a Roma y, además, habría que tener en cuenta que, como se dijo en *Somos Romanos*, otro libro muy recomendable, la noche romana se dividía en tres vigilias de cuatro horas cada una (la noche siempre duraba doce horas y el día otras doce, aunque cada hora durara distinto. Es un lío, ahorita lo explico). De hecho, de esas vigilias viene que Augusto llamara *vigiles* al cuerpo encargado de "vigilar", sobre todo la noche. A lo mejor lo de primera vigilia o el "primer sueño" de los que habla el Quijote son divisiones de la larga noche y no indican nada más, pero vaya usted a saber. En sí, ese párrafo del Quijote lo único que indica es que Don Quijote dormía poco y pronto y Sancho, más sanote él, dormía toda la noche como un tronco. El que llamemos de distintas maneras a distintas partes de la noche, no implica que en unas se duerma y en otras no. Al menos así me parece. Además, uno de los problemas de las personas de a pie en las sociedades muy prepreindustriales como la romana, es que no hay manera de saber cuánto le queda a la noche por seguir siendo de noche, o ya puestos, cuánto duran esos bloques de los que habla el eminente Ekirch, por lo que si no sabes cuánto falta para la mañana, ya me dirás cómo decides si estás en el bloque primero, segundo o mendiopensionista.

Un pobre en Roma, que se despierte por lo que sea *in the middle of the night*, no tiene puñetera manera de saber si falta mucho o poco para que se termine la noche. No hay relojes. Un amigo mío que se llamaba Claudio hizo el experimento de dormir sin ningún reloj en el dormitorio. Se despertó a hacer pis y como no sabía cuánta noche quedaba, se puso a darle vueltas a todo, que a veces parece que cuando uno vuelve a la cama le están esperando ahí agazapados todos los problemas pendientes desde 2014. Claudio pensó: «—¿Qué he hecho mal en mi vida? ¿En qué he fallado?—». Y entonces escuchó una voz en su cabeza que le dijo: «—Sabes que contestar esto te va a llevar más de una noche, ¿verdad?—». También Séneca decía que: «La noche saca nuestros problemas a la luz, en lugar de desterrarlos». Y es verdad, uno por la noche le da vueltas a demasiadas cosas; por eso se dice que hay que tener la conciencia tranquila para poder dormir, o de alguien que duerme bien, también se dice que duerme como un bendito...

En los noventa el psiquiatra Thomas Wehr llevó a cabo un experimento en el que un grupo de gente fue obligada a vivir en completa oscuridad catorce horas al día durante un mes. Cuando se acostumbraron a este absurdo horario, a este *Rythm of the Night*, parece ser que dormían en dos bloques de sueño separados por una vigilia en la mitad de la noche confirmando lo que dice Ekirch y demostrando que eso de dormir del tirón, al menos ocho horas, es un invento del siglo XVIII en adelante y que según nuestra naturaleza deberíamos dormir como nuestros antepasados, en dos bloques. Bueno, si eres de los que a veces te despiertas en lo más profundo de la noche, aunque sea al baño, pensar que estás cumpliendo con lo que tus antepasados han hecho durante eras, a lo mejor te ayuda a seguir durmiendo, en vez de agobiarte pensando qué demonios haces despierto como un búho a las 4:15 de la madrugada. En cualquier caso, nuestro amigo Marcial, al menos cuando ya de mayor regresó a Bílbilis (Calatayud), su pueblo, dormía a pierna suelta toda la noche:

> «Disfruto de un sueño profundo y desmedido,
> al que con frecuencia,
> no ponen fin ni las ocho de la mañana.
> Y me recupero ahora, de todo
> lo que he trasnochado en treinta años».

Y cuando en Roma nuestro Marcial no dormía tanto, no era porque no quisiera, sino porque no le dejaban:

> «A mí me despierta el ajetreo de la multitud que pasa,
> y Roma parece estar toda en mi dormitorio. Exhausto por el cansancio,
> cada vez que me apetece dormir me voy directo a mi quinta».

Por otra parte, Ekirch cita entre sus referencias un manual médico del siglo XVI en el que se aconseja a las parejas ese intervalo entre los dos bloques de sueño como el mejor para tener sexo, «obteniendo más disfrute» y «haciéndolo mejor». Lo que no dice es que si tu pareja está dormida, mejor no la despiertes proponiéndole sexo... No sé si va a funcionar. No me perece buena idea. Mejor no lo intentes en casa. Nop.

Con respecto a esto de que todo el mundo se durmiera antes en dos trozos, al menos la gente común en Roma, no sé, me parece falso Rick, dormir es gratis y aunque sea difícil dormir tantas horas, siempre se puede soñar...; por lo menos es de las pocas cosas que pueden hacer los pobres igual que los ricos. Más incómodos, en peores camas, pero por lo menos pueden dormir. Soñar es gratis también, como cantaba Blondie: «Dreaming is free». Por cierto, que lo de la cama era un símbolo de status en Roma; cuanto más compleja, rara y chula, mayor símbolo de civilización, es decir, que cuanto más cara la cama y que se notara, mejor. Sabemos que las prostitutas trabajaban en camas de obra o en esteras, o contra la pared en un rincón y que los pobres se echaban donde podían, felices con un jergón o una manta no muy raída haciendo de colchón, pero claro, los ricos, no. Los ricos necesitaban una cama que mostrara y demostrara que su dueño era un potentado. A ser posible con un colchón rellenado de plumas o de lana de oveja gala (me temo que no había viscoelástico), con sábanas carísimas, mantas y cobertores, almohadas y cojines variados.

Los ricos tenían camas chulas, tanto que Dion Casio, por ejemplo, nos cuenta que un rico proscrito por el segundo triunvirato, llamado Panocio, se libró de ser asesinado en el año 43 por los enviados a prenderle gracias al simple método de hacer que uno de sus esclavos se acostara en su cama haciéndose pasar por él. Su cama era tan rica, tan pija y alta, que evidentemente quien yaciera en ella tenía que ser su dueño. Creo que Panocio escapó por piernas, a diferencia de Cicerón, hallado en su litera de viaje. Cicerón era más famoso y reconocible que el otro tipo, pero si no, a lo mejor también habría podido escapar de haberse cambiado con otro, total, no había fotos suyas ni vídeos, ni documentos de identidad y los carteles tipo WANTED del oeste no sé si se habían inventado…

También los romanos pijos tenían distintas palabras para referirse a la cama de dormir: *grabatus*, *cubile*, o *lectulus*, que a la de cenar: *lectus*. De esta última palabra viene "lecho". Estar o, mejor dicho, yacer en la cama se decía *cubare*, de donde supongo vendrá "incubar". En el evangelio de San Mateo (8:20) se dice que: «Las zorras tienen guaridas, y las aves del cielo nidos; mas el Hijo del Hombre no tiene dónde recostar su cabeza». Las camas son objetos creados por el hombre y que lo distinguen de los animales. Cuanto más artificial, más rebuscada, más alta, mayor estatus indicará, mayor clase, más pasta o alcurnia tendrá el dueño, como cantaba Cecilia en los 70's: «dama, dama, de alta cuna, de baja cama»…, aunque no siempre sea así. Suetonio por ejemplo nos cuenta que Augusto dormía de manera simple, «podía haber escogido cualquier cama para dormir pero eligió una sencilla», campechanote que era el hombre. También de Marco Aurelio, pero en este caso por su estoicismo, se nos cuenta que a veces dormía incluso en el suelo. Bueno, el rico puede elegir; el pobre no. Marcial nos cuenta en un epigrama de un amigo suyo que tiene fiebre y que no se cura. Al final del epigrama nos explica la razón:

> «Duerme en colchón de plumas y cama de púrpura.
> Si le va tan ricamente, si vive tan a gusto en tu casa,
> ¿pretendes que tu fiebre prefiera irse?»

Cuanto peor sea la cama, más cerca se está todavía de los animales. Por eso las mantas de piel de bicho tampoco molan para los romanos. En la antigüedad, el grado de civilización se correspondía con el de refinamiento. Los pobres son casi animales, duermen en cualquier sitio. Los esclavos incluso en el suelo, en el umbral de las habitaciones de su dueño.

Los perros de lujo, en cambio, comparten cama chula con sus dueños, como también cuenta Marcial:

> «(Issa) apoyada sobre su cuello,
> se recuesta y coge el sueño,
> de suerte que no se la oye ni respirar.
> Y, obligada por la necesidad del vientre,
> jamás ha ensuciado ni con una gota una manta
> sino que avisa delicadamente con su patita
> para que la bajen de la cama».

He leído por ahí que hoy uno de cada cuatro perretes duermen en la cama con sus dueños...; pero claro, es que son considerados por sus papás como parte "de la familia". A Boston, el último perro que tuvimos en casa, un Beagle, creo que a lo único que le enseñamos entre todos y que nos hiciera caso, fue a no dormir en la cama; eso sí, los sofás eran de su propiedad y a veces nos dejaba sentarnos en ellos, sobre todo si ya estaban demasiado mordidos... Destrozó dos Chesters y el último sofá que tuvimos sufrió todavía de arañazos diarios en su intento de excavar en el cojín del asiento para ver qué encontraba. Aun así, le echamos todos los días de menos.

Los "montañeses" de Hispania (seguramente cántabros y astures) son descritos por Estrabón como tan bárbaros que duermen en el suelo. Diodoro Sículo en el siglo I nos habla de una tribu de Etiopía tan atrasada que duerme en las ramas de los árboles. Siglos después, Amiano Marcelino (s. IV) nos cuenta que los Hunos son tan brutos que duermen sobre sus propios caballos. Los bárbaros no tienen camas, son casi animales. Los pobres tienen jergones, camastros o algo parecido, pero la mayoría de las veces duermen en camas calientes, compartidas. No son como los refinados y civilizados ricos, que pueden permitirse camas, sábanas de seda e incluso dormitorios. A lo mejor la frase "hacer la cama" viene de la necesidad real de rellenar y ahuecar la paja o lo que se tuviera para rellenar el colchón, trabajo que verdaderamente había que hacer cada día y que si no tenías esclavo, tenías que hacértelo tú, porque tu cama es, a lo mejor, la cama de toda la familia.

El libro de chistes viejos, digo antiguos (posiblemente del siglo III) llamado *Filógelos* (el amigo de la risa), nos cuenta un par de chistes sobre "camas poco privadas"; por un lado nos demuestra que si los matrimonios ricos dormían no solo en camas, si no en cuartos separados, los pobres compartían la cama cuando la tenían, con quien fuera necesario, no solo con su cónyuge, sino con otros familiares o amigos. Los apartamentos, *cenacula*, de los pobres no tenían dormitorios..., con suerte dos habitaciones distintas donde hacer todo y cuando digo todo, digo todo. Incluso compartir la cama, cuando se tiene tal mueble. Esto de la cama compartida se menciona en al menos cuatro chistes de los que contiene el *Filógelos*. En uno de estos chistes viejos, dos amigos tontos comparten cama: «Cuando un ladrón les robó la manta que compartían, uno de los tontos le dice al otro que vaya a por el ladrón. El otro le contesta: —ya le pillaremos cuando venga a por el colchón...».

Y por supuesto, cojines, almohadas y demás, son cosas de ricos. En otro chiste, este sobre almohadas, un rico tonto quería dormir pero no encontraba su almohada. «Ordenó entonces a su esclavo que para hacerle el servicio le trajera un ánfora; el esclavo le indicó que el ánfora era dura. Entonces el tonto le dijo: —rellénala entonces de plumas...».

En fin, el que es tonto, aunque sea rico, es tonto. También en otro chiste sobre "camas calientes" (no, no tiene que ver con el sexo) se nos cuenta: «En lo más oscuro de la noche un estudiante entra en casa borracho y se equivoca y se mete en la cama con su abuela. Su padre lo ve borracho y le muele a palos; el estudiante se defiende: ¿todos estos años has pasado todas las noches durmiendo con mi madre y te enfadas porque pase solo una durmiendo con la tuya?».

Esto de compartir la cama con familiares y amigos de distinto o el mismo sexo, según se baja a la Roma Cruda, además de dar un sentido de Comunidad, de familiaridad, tiene otras connotaciones más negativas: la privacidad, sin ir más lejos. Cuando era pequeño se contaba el chiste del abuelo que duerme con su nieto y en la mitad de la noche se pone a gritar: —¡Una mujer, traedme una mujer, que estoy hecho un toro!—. Y el nieto le contesta: —¡Abuelo, ni quieres una mujer, ni estás hecho un toro, ni lo que tienes en las manos es tuyo...!—. Evidentemente cuanto más pobre, menos privacidad se tiene para todo. Se duerme más públicamente si eres pobre. Y no solo es público tu sueño, con quién duermes y tus vestidos nocturnos si los tienes, también son públicos y notorios los olores de los cuartos donde duermen los pobres. Marcial, describiendo una mudanza nocturna en la que unos inquilinos abandonan su *cenaculum* por no poder pagarlo o porque deben ya demasiadas mensualidades y aprovechan la noche para escapar, nos describe los objetos que "perfumarían" la mayoría de los hogares under de Roma. Por cierto, apartamento también se dice *diaeta* y si se me permite el chiste malo (bueno, el del abuelo también se las traía), está claro que los pobres que vivían en *cenacula*, también solían estar a dieta.

> «Un orinal roto meaba por un lado mocho;
> bajo una trébede herrumbrosa
> asomaba el cuello de un ánfora con moho;
> que antes contuvo arenques o insulsas menas
> lo afirmaba el olor pútrido que salía de una orza,
> peor que la peste que suelta un estanque de agua estancada.
> Y no fallaba un cuarto de queso viejo de Tolosa,
> ni un manojo ennegrecido de poleo de cuatro años,
> ni una ristra pelada de ajos y cebollas,
> ni una olla de madre llena de la resina asquerosa
> con la que a veces se depilan las señoras».

Si todo esto es lo que salvan de la casa, imaginemos qué es lo que no se habían llevado y cómo podía oler un apartamento o una *cella* donde dormir, comer y vivir con tales aditamentos…

Un viejo refrán romano dice: *ubi alium, ibi Roma* / Donde huela a ajo, allí está Roma; refrán por cierto que no nos habla precisamente de mármoles, laureles y victorias, sino de romanos de a pie, de romanos de la Roma Cruda que cocinan todo con ajo para que por lo menos no se note la escasa frescura de lo que hay para llevarse a la boca. Es normal que en Roma oliera regu. La mayoría de los trabajos manuales, los mercados, las lavanderías con sus depósitos de orina, los carniceros, los pescaderos, las boñigas de los animales que guían los carros por la noche, la sangre de los sacrificios y el humo de las cremaciones, el sudor de un millón de almas, el río y la alcantarilla... Los olores, como los ruidos, son más por la noche. Los ricos pueden rellenar sus cojines con pétalos de flores y quemar perfumes en el aceite de sus lámparas, pero la inmensa mayoría de romanos, por mucho que vayan a las termas antes de cenar, huelen mal en una ciudad que huele mal, al menos según nuestras delicadas pituitarias. Seamos sinceros, todavía cuando vamos al pueblo de los abuelos huele un poco a animal, porque nos hemos vuelto muy finos y modelnos.

Si Roma olía mal, miedo da pensar cómo apestarían las aldeas bárbaras en las que no hay letrinas, ni termas, ni alcantarillas, ni nada de nada o si es verdad lo que se cuenta de que era posible saber que los hunos se acercaban porque su olor llegaba horas antes de que se escuchara su algarabía o se viera su piara, digo hueste, arribar por lontananza.

Como ejemplo de los perfumes de la ciudad eterna, cada octubre se celebraba la fiesta del "caballo de octubre", una carrera de cuadrigas de origen remoto que celebraba el fin de la temporada de guerra y en la que se sacrificaba al caballo de la derecha de la cuadriga vencedora en esa carrera. A continuación los jóvenes de dos barrios, los de la Vía Sacra y los de la Subura, se peleaban a bofetadas por la cabeza cercenada y sangrante del animal y el barrio vencedor la colgaba durante el año en la fachada de uno de los edificios principales del barrio, perfumando así sus calles y mostrando lo machotes que son.

Antes de que se me pase, voy a intentar explicar lo de que las horas no duraban lo mismo... Es más fácil de lo que parece, pero hay que mantenerse abiertos de mente. Si el día contenía doce horas y la noche otras doce, está claro que salvo en los días y noches equinocciales, las horas romanas durarán distinto según la fecha, oscilando las diurnas entre nuestros 44 minutos 30 segundos del 30 de diciembre y las de 75 minutos y 30 segundos el veinticinco de junio aproximadamente. Esto es, dividiendo entre doce la duración del día, desde el amanecer hasta el ocaso. Si hay 14 horas reales de luz y las dividimos entre doce, pues nos salen horas que duran una hora y cuarto más menos. Con las horas nocturnas pasaba al revés, las más largas eran como es lógico, las de invierno. Cuanto menos dure el día, más dura la noche y viceversa. Por cierto, que lo de "minuto" viene de la división que hacían los romanos de la hora, considerando que su subdivisión se podía contar como *pars minuta prima*, primera pequeña parte menor. Para dividir todavía más estos "minutos" se consideraban la *pars minuta secunda*, de donde vienen, cómo no, nuestros segundos y el "ahorita mismo" de México. En cualquier caso, no fue hasta 1675 cuando se creara un reloj con minutero, que creo que tampoco funcionaba bien del todo, así qué… eso de que reloj no marques las horas, de noche no hay reloj, así que no te preocupes, que ya *Amanece, que no es poco*, cuando le dé la gana amanecer, que esto es un sindiós.

El caso es que si las horas no duran lo mismo, porque el día y la noche pues tampoco duran lo mismo, resulta que en verano se trabajaba más, hasta 15 horas de sol y en invierno se trabajaba menos, unas 9 horas de luz natural. Por eso, traducidas las 12 horas de noche romanas a nuestras horas, que las nuestras siempre duran lo mismo, nos salen noches de catorce horas. Largas del todo. En el Evangelio según San Juan (9:4) se lee: «Me es necesario hacer las obras del que me envió, entre tanto que el día dura; la noche viene, cuando nadie puede trabajar».

Así que hay que pensar en qué se puede hacer por la noche… ¿Qué se puede hacer al apagarse el candil? ¿Cuando ya no queda aceite que quemar en la lámpara y no sabes cuánto tiempo queda hasta que salga el sol? A veces puede ser agobiante pasar la noche en vela, esperando el amanecer y pensando que deberías estar durmiendo... Es muy complicado pensar cómo era la noche antes de que tuviéramos bombillas…, incluso antes de que tuviéramos cerillas de fósforo, algo que en realidad no ocurrió hasta bien entrado el siglo XIX. Y como he dicho, no saber cuánta noche queda puede ser agobiante.

Hay hasta una novela del siglo III escrita por el griego de la Siria Romana Heliodoro, que se llama *Etiópicas*, y en ella, entre otras muchas cosas, nos narra el cuento de un tal Cnemon que va de viaje y de pronto llega a la conclusión de que su compañero de camino quiere aprovechar la noche para asesinarle. Cuando se divisa una aldea en la distancia, Cnemon comienza a fingir que tiene diarrea y le pide a su compañero que continúe el camino mientras él va a aliviarse tras unos arbustos. Repite varias veces esta rutina, yendo y viniendo, para acostumbrar al presunto asesino y en una de esas escapadas, huye de verdad y corre en dirección opuesta a la Villa a la que se dirigían. Finalmente se recuesta bajo un árbol con la intención de dormir, pero está tan asustado que no se duerme o cuando lo hace, tiene pesadillas: «Cuando el sueño comenzaba a vencerle gradualmente, se imaginaba que todavía huía de la persona que realmente no le estaba persiguiendo. Y si se dormía, sus sueños eran peores que esa imaginada realidad. Odiaba esta noche, que le parecía más larga que las demás. Cuando viera amanecer por fin estaría feliz».

La noche puede ser muy puñetera cuando se está solo; ya lo cantaba la maravillosa Pepa Villalba, que se nos fue en 2017, con su banda Vídeo en *La noche no es para mí* de 1983, canción, por cierto, producida por Tino Casal, otro que sabía de la noche…

> «La oscuridad crece aún más y más
> y las tinieblas se han apoderado de mi mente
> Y no lo puedo soportar
> Y ya no sé qué está bien o está mal
> Busco con desesperación
> con quién pasar la noche
> Otra noche sin final
> La noche no es para mí
> No para mí»

Los romanos normales no dejaron escrito qué pensaban de aprovechar la noche para jugar a los médicos con sus parejas, pero nos queda por ejemplo lo que decía Marcial:

> «A ti te tapan corpiños y túnicas y mantos opacos;
> para mí, en cambio, ninguna mujer se acuesta
> lo suficientemente desnuda».

O Propercio, quien en el siglo I se quejaba de que «ella dormía vestida al borde de la cama». El sexo es gratis hasta para los pobres, pero con seis churumbeles y la suegra en la cama o con frío, o hambre, no es igual de cojonudo que bajo sábanas de blanco satín, que dirían los Moody Blues, así que sin sexo y con ganas, la noche puede ser todavía más larga y tediosa, palabra que viene del latín *taedium*. Patty Smith cantaba «porque la noche se hizo para los amantes», frase que cualquier romano, y yo el primero, suscribiríamos. En esa canción de Patty se dice por ejemplo que «El amor es un ángel disfrazado de lujuria /Aquí en nuestra cama hasta que llegue el amanecer». Si estás con quién quieres, y con quien quiere estar contigo, no hay noche lo suficientemente larga, ni aburrimiento posible.

Si no tienes compañía, en Roma también puedes comprarla (si tienes con qué). Javier Gurruchaga cantaba en *El Hotel Azul*, en 1979 eso de:

> «Anochece y parece que el aire se hace de polvo y de cristal,
> Está abierto el mercado de esclavos por las noches en cualquier lugar».

Estrofa que parece sacada de una pintada romana. En fin, es sabido que la Orquesta Mondragón es romana toda ella. De pilinguis hablaremos en su propio capítulo, cuando hablemos de vicio; además, difícilmente nuestros romanos under puedan comprar compañía, más fácil es que ellos mismos se vendan. Quien tiene pasta no se aburre, puede comprar compañía. Como decía mi amigo Claudio: —No, si al final me voy a morir sin saber si el dinero da la felicidad...

El filósofo noruego nacido en 1970 (qué chavalín) Lars Svendsen, afirmó que los aeropuertos son aburridos porque retrasan lo que la gente que va allí quiere hacer: irse (o recibir al que viene, añado). Tampoco hay mucho que hacer allí y desde luego no hay lupanares ni donde pasar una buena juerga (y la cerveza es carísima). Del mismo modo, supongo que la incapacidad de saber cuánta noche quedaba, si estabas aburrido y solo esperabas que la luz del amanecer te salvara, como la campana al salir de clase, resultaba frustrante para los romanos. Sobre todo si querías que la noche fuera tu gran noche o, como cantaban los de Leño en 1980, si pensabas que: *Hoy va a ser la noche de la que te hablé...*

«Hay solo dos cosas con las que uno se puede acostar: con una persona o con un libro», decía Ray Bradbury. Pero dejando el sexo a un lado y aunque como frase, mola, los romanos under, suponiendo que supieran leer y que tuvieran luz para hacello, difícilmente tendrían libros. Era Augusto del que se decía, según Suetonio, que si el Emperador se despertaba de noche, ordenaba a alguno de sus lectores que le leyeran hasta que se quedara de nuevo dormido. «Cuéntame un cuento y verás que contento me voy a la cama y tengo lindos sueños», que dirían los Celtas Cortos. Como saben todos los niños, el sonido monótono de alguien leyéndonos puede ayudarnos a dormir. Luego de mayores ya no tenemos quién nos lea y tenemos que leernos nosotros mismos hasta quedarnos fritos, por eso dormimos peor. Dicen que los romanos leían en voz alta siempre, así que lo mismo da que da lo mismo. Supongo que aprendimos a leer en bajo para no molestar a la pareja. No me imagino lo poco que durarían los matrimonios si los dos leyéramos en la cama en voz alta... O los líos en el metro con los vecinos de vagón. Hoy ya nadie lee en el metro (ni en ningún sitio) y, en cambio, llevan los móviles con sonido o hablan a gritos a través de esos inventos del demonio... Vivimos tiempos oscuros. Lo de leer a la luz de una lucerna en romano antiguo se llamaba *lucubrare* y de ese verbo viene nuestro "elucubrar", aunque por mucho que elucubremos, no sabemos si muchos romanos normales de a pie leían antes de dormir... Me temo que más bien pocos, a muchos más les pasaría como a los de Burning en *Una noche sin ti*:

> «Son las tres de la mañana y yo, sin poder dormir,
> doy mil vueltas en mi cama, solo pienso en ti,
> qué se yo, si estoy tan solo, no puedo hablar con nadie
> qué se yo, si estoy tan solo, necesito tu amor».

O como decía Cátulo el poeta en el siglo I: «El sueño no cubre suavemente mis ojos, en cambio, insomne y ansiando la luz del día, no hago más que dar vueltas en la cama».

Otra opción son los juegos de mesa, a los romanos como todavía nos sucede, nos encantan desde siempre los juegos, desde los más básicos como los dados, según la leyenda inventados en la guerra de Troya, o el tres en raya, hasta juegos parecidos al backgammon, con tablero, fichas y complicadas reglas; los romanos también jugaban a la "gallinita ciega", juego que ellos llamaban "la mosca de bronce" y que mira tú, se puede jugar fácil de noche... Lo malo es terminar la partida. El único problema de los juegos romanos es que todos requerían de al menos otra persona para jugar. Como decía Woody Allen, el romano de Brooklyn, «en el póker y en el sexo, si no tienes por lo menos una pareja, más te vale tener una buena mano». Por eso se contaba la leyenda urbana, referida por Plutarco, del que aburrido una noche en el templo de Hércules retó a una partida al mismo dios. Spoiler: mala idea.

Una cosa es jugar para entretenerse y otra es jugarse lo que no se tiene a los dados. Me acuerdo que a Chico Marx, que era un jugador empedernido, le preguntaron una vez que cuánto dinero había perdido jugando; él contestó: «—preguntadle a Harpo cuánto dinero tiene... Eso es lo que yo he perdido...—».

Juvenal cuenta que:

> «Si a un viejo le gusta el ruinoso juego de los dados, también su heredero, que aún lleva la bulla, agita las mismas armas en un pequeño cubilete».

En algunos ambientes carcas está mal visto enseñar a los hijos juegos de azar. Creo que a eso se refiere Juvenal, con esa frase, pero en mi vida nunca he visto a nadie volverse ludópata por haber jugado al continental, a la escoba, el Monopoly o al parchís, en familia. Los vicios vienen por otra cosa. Por la adrenalina o porque te crees que puedes ganar, cuando todo el mundo sabe que al final la banca siempre gana (y los bancos, también). Ya lo cantaba Estopa en 1999:

> «Llevas en la mirada 3 cirsas en línea de la pantalla.
> Suma y sigue, sube, sale la pasta, ¡cógela!
> Que tus manos me queman y el dinero me llama.
> Llevas en la mirada 3 cirsas en línea de la pantalla».

Y la canción, tampoco acaba bien: «Desde entonces mi dinero se acaba». No a todo juego se puede jugar de noche, pero en el capítulo sobre las tabernas, volveremos a esto seguramente. El caso es que, como es sabido, los romanos consideramos que lo bueno es el ocio, el *otium*, y lo malo, su negación, el *nec-otium*, el negocio. Vamos que eso de "ganarás el pan con el sudor de tu frente", mejor que sea con el sudor del de enfrente, porque no, no nos gusta trabajar; lo que nos gusta, reconozcámoslo, es ganar dinero o mejor tenerlo. Y jugando, amigos, también se puede ganar dinero y es más diver, bueno, cuando se gana, si se gana. La noche puede ser más entretenida si se juega. Todavía los casinos y demás son lugares más bien nocturnos aunque una vez estás dentro, no sabes si es de noche o de día o cuánto tiempo llevas allí, jugando por necesidad para perder por obligación. Pero vamos, que nos gusta jugar; por ejemplo, podemos entretenernos jugando a pares y nones, un juego que es tan romano que se dice todavía igual: *par est*, pares y *non est*, nones, cuando no es par. También a la morra, un juego parecido a jugar a los chinos, en el que hay que adivinar cuántos dedos se sacarán en total, escondiendo antes la jugada a la espalda. Cada jugador esconde una mano y luego por orden dice en voz alta el número total que cree que va a salir sumando los dedos de todas las manos de los que jueguen. Por lo menos, este juego, salvo que apuestes, es gratis. Después se muestran y el que acierta, gana. Parece que las legiones extendieron este juego por todo el Imperio y todavía se juega mucho en Teruel, donde hay campeonatos y todo de morra. Dicen que los Tercios españoles, dignos herederos de las legiones romanas, también jugaban, además de a las cartas, a este simple juego de azar en los pocos ratos libres que tenían entre guerra y guerra. Lo de los chinos es igual pero con monedas y el que acierta se las queda. Si nadie acierta, se vuelve a empezar. Lo de piedra papel tijera, en cambio parece que es un juego chino del siglo III, finales del periodo Han. Ellos lo llamaban algo así como *shǒushìlìng*, aunque a mí me gusta más cómo lo llaman los japoneses: *jan-ken-pon*.

La morra, que los romanos antiguos llamaban *micatio* (de *micare*, extender los dedos) posiblemente sea el juego de adivinar una suma más antiguo que se haya conservado de la antigüedad, ya que aparece en tumbas de la XXV dinastía egipcia (siglo VIII a. C.) y también en pinturas griegas. Cicerón decía, sobre la confianza en los amigos, que *dignus est qui cum in tenebris mices*, vamos que noble es con quien puedas jugar a la morra a oscuras (o de noche). Pero a lo que más jugamos los romanos, es a los dados. Los dados romanos son exactamente iguales a los nuestros: de seis caras, cúbicos, *cubi* como los que usamos para el parchís, con círculos grabados significando los números, vaya. En la antigüedad, como en Las Vegas y en las pelis de gangsters se utilizaban muchas veces para apostar y también han aparecido dados romanos "cargados", porque tramposos también los ha habido desde siempre. Parece ser que la jugada ganadora era, tirando tres dados, sacar todo seises, pero dicen que también se ganaba simplemente si se sacaba más puntos que el contrincante. Parece que Augusto y Claudio (sí el de *Yo, Claudio*) eran muy, muy aficionados a esto de los dados, por lo menos no perdían las sábanas de Pompeyo, como hacía Marco Antonio.

Cicerón denuncia que Marco Antonio, entre otras cosas, tenía un problema de ludopatía y llegó a perder contra sus esclavos unas sábanas de púrpura de Tiro que habían pertenecido a Pompeyo. Esto, que a nosotros nos parece una chorrada, hacía hervir la sangre de quienes escucharan esa filípica; se supone que los esclavos no deben dormir en sábanas propiedad de un héroe romano como lo fue Pompeyo y solo el vicio de Marco Antonio, que si no está borracho no puede dormir y se juega hasta lo que no es suyo, provoca esta injusticia y este quilombo.

Demasiado lujo tampoco es bueno, especialmente en esto del sabaneo. Marcial dice que un tal Zoilo está enfermo por culpa de los perfumes caros y extraños y las telas orientales y carísimas que usa:

> «Zoilo está enfermo: esta fiebre se la provocan sus mantas. ¿Qué iba a hacer la púrpura si estuviera sano? ¿Qué haría el colchón del Nilo, qué el teñido por Sidóncon su fuerte olor? ¿De qué puede presumir la enfermedad, sino de unas riquezas extravagantes? ¿A ti qué te importan los médicos? Despídelos a todos. ¿Quieres ponerte sano? Te cambio mis mantas».

En la Biblia también nos hablan de lechos perfumados, como en Proverbios 7:17:

> «He perfumado mi lecho con mirra, áloes y canela. Ven, embriaguémonos de amores hasta la mañana; alegrémonos en amores. Porque el marido no está en casa; se ha ido a un largo viaje. La bolsa del dinero se llevó en la mano; el día de la luna llena volverá a casa».

Esta se lo pasa bien de noche precisamente cuando no está su pareja "oficial", pero estas camas perfumadas son excepciones, por eso Galeno pensaba que: «causas inmediatas de enfermedad nocturna son: la sobre-calefacción, el insomnio, estrés, preocupaciones, indigestión, dormir en una cama dura, fatiga, borrachera y otras cosas similares». Ojo, cuidado con las camas duras… Si lo dice hasta Galeno.

Juvenal, exagerando como siempre, decía que: «En Roma muchos enfermos mueren de insomnio, aunque tal vez causara la enfermedad una comida en mal estado que se pega en el estómago y fermenta». Y añade: «¿En qué apartamento alquilado se puede conciliar el sueño? En Roma dormir cuesta un ojo de la cara. Y es ahí donde empiezan las dolencias».

El vino, si puedes pagarlo, también ayuda a dormir. Propercio se pregunta si hay alguien que no esté ya borracho del todo a medianoche y Marcial también cuenta que: «El que te goces en prolongar la velada con vino en exceso, te lo perdono». Como siempre ha habido vino peleón, es de suponer que los pobres conseguían dosis suficientes a veces, para dormir la mona y mañana ya será otro día (de resaca).

A veces también se podía entretener uno yendo de funeral. Mientras que los muertos ricos se enterraban de día, la chusma se trasladaba a la pira cuando caía la noche. Era más que probable que las antorchas que acompañaban el cortejo fúnebre fueran más de las que hubieran acompañado al finado en su vida nunca. Igual que hay veces todavía hoy en las que el fallecido es trasladado en un coche fúnebre de mejor marca del que poseía en vida… Mira, para una vez que va en Mercedes… Dicen que la palabra *funus*, de la que deriva nuestra "funeral", podría venir de *funalia*, o de "fanal", que podría ser un nombre romano para las antorchas o linternas *(lanternae)* que iluminaban las *pompas funebris*, los desfiles fúnebres de los romanos.

La muerte, Tánatos, por cierto, es hermana del sueño, Hipnos, y los dos son hijos de la noche. Se supone que cada noche mientras los humanos duermen, los dos hermanos discuten o se juegan quién de ellos se lleva a cada humano, o bien el sueño o bien la muerte. Ambos vivían en una cueva rodeada de amapolas chungas, cerca del Leto, el río del olvido, identificado con el río gallego Limia, tan cerca del fin del mundo que los romanos cuando lo encontraron creían que estaban en el otro mundo, pero más verde y con gaitas…

Hipnos, el sueño, se casó con Pasitea, que es la personificación de los "estados alterados de conciencia", como la alucinación, la meditación, la cogorza y esas cosas. Juntos tuvieron quinientas mil quisquillas, digo miles de hijos, conocidos como los Oniros (de donde onírico). Entre los más famosos están Fantaso, quien entrega sueños con cosas inanimadas que cobran vida, o Fobetor, que causa sueños de miedo, o Morfeo, el más famoso, que te hace soñar con seres humanos y transmite los mensajes de los dioses y profecías de las que se dan en sueños. Si sueñas con el número del gordo, te lo ha soplado Morfeo. Morfeo, antes de ser el negro guapo de Matrix, se llamaba así porque podía adoptar cualquier forma "morphe". Y no, no te ofrece pastillas… ni pa' dormir.

Esto de pensar que puede que no pases la noche, que no la sobrevivas, vamos que Tánatos gane tu alma al sueño, es uno de los tantos terrores nocturnos, esos que teníamos desde pequeñitos. Y no, no había nadie debajo de la cama, menos mal… Estamos programados para tener miedo a la oscuridad. La noche vuelve todo más exagerado. Lo único que está claro es que cuando estaba oscuro, en Roma todos eran *Strangers in the night*, como la canción de Frank Sinatra.

Y es que en la noche, a oscuras, todo puede ser *stranger*. La oscuridad provee de preguntas mientras que el día nos da respuestas… ¿Qué es ese ruido? ¿Quién no ha escuchado nunca algún ruido extraño e inexplicable *per silentium noctis*, en lo más profundo de la noche? Y es que los ruidos nocturnos son más, más amplificados y preocupantes. La oscuridad crea incertidumbres en todos los sentidos y el oído no nos ofrece la misma fiabilidad que la vista. Se te puede pasar la noche buscándole sentido a los ruidos, salvo al del camión de la basura. La noche crea preguntas y solo la luz del día nos da respuestas. Podemos de día cerrar los ojos a la luz, pero de noche no podemos cerrar los oídos a los ruidos…, cosa que saben bien aquellos cuya pareja ronca.

Para los romanos, roncar estaba muy mal visto, peor que ahora si me apuras. La moralidad, la virilidad de un tío era juzgada, entre otras cosas, por el control que tenía de su cuerpo de día, controlando sus instintos, y también de noche, no emitiendo sonidos involuntariamente, sonidos entre los que los ronquidos destacan con mucho. Un señor que ronca no ofrece ninguna garantía. Es más, ofrece debilidad, porque sus ronquidos están proclamando a los cuatro vientos que está dormido (nunca mejor dicho) y que, por lo tanto, es vulnerable. Recuerdo a mi amigo Claudio que, cuando se divorció, su exmujer adujo como motivo: —Tú no roncas, Claudio, tú sueñas que tienes una moto—; y supongo que la pobre chica tenía razón. Claudio al final se compró una *Vespa* (Avispa en latín) con el escape roto… y sigue soltero.

Todavía en el ejército existe el toque de silencio y supongo que en los submarinos, si eres de los que roncas, no les sirves ni de boya. Entre otras cosas, un ejército que ronca señala al enemigo dos cosas: que está durmiendo y dónde está durmiendo. No hacen falta gafas de visión nocturna para localizar a un tipo roncando. La oscuridad mantiene oculto el número y localización del enemigo, salvo que ronquen a lo loco. Es como encender un cigarrillo en las trincheras del Somme en la Primera Guerra Mundial, es señalarle al otro dónde estás. Y eso sin contar con lo terrible que es roncar para quien esté despierto a tu lado, que pronto se convertirá en tu enemigo y te odiará con toda la razón. Amiano Marcelino cuenta que los legionarios romanos, silenciosos, se colaron en nose qué ciudad persa donde sus defensores y habitantes roncaban, habiendo además dejado las puertas mal cerradas. Descuidados. Roncadores. Inmorales.

Cicerón se preguntaba en el siglo I a. C. si los dioses enviarían pesadillas a aquellos que roncan como justa retribución y venganza. La literatura romana está llena de referencias en las que a los que roncan les suceden cosas terribles. El roncar podía ser síntoma de glotonería, tema que, a pesar de la cultura popular y de lo que pensamos sobre los banquetes romanos, estaba fatal vista en Roma. Al menos entre los que podían permitirse ser glotones. Suetonio nos cuenta cómo los compañeros de cena del emperador Claudio, cuando éste se quedaba dormido y se ponía a roncar, se divertían tirándole huesos de aceituna con un canuto o poniéndole una zapatilla en la mano para que cuando se rascara la cara se la ensuciara. Vamos, que a los romanos no les gustaban los ronquidos ni otros ruidos involuntarios, en general, que pudieran producir los demás, aunque esos "demás" fueran el mismísimo emperador; claro que de Claudio se ha dicho de todo y no sabemos qué es cierto, pero sí, no resulta difícil imaginárnoslo roncando en el segundo plato y con la túnica manchada de vino...

Pero en la noche hay otros ruidos, escándalos y desenfrenos que también impiden dormir a los que estén cerca o no tanto. Empezando por las fiestas con música, baile y cachondeo. Cuanto más ruidosa fuera una fiesta, mayor era la inmoralidad que, a tenor de los vecinos romanos, al menos de los vecinos no invitados, se estaba cometiendo. El sonido, especialmente bajo el anonimato que ofrece la oscuridad, permite incordiar a gente que está lejos, incluso lejos en lo que a clases sociales se refiere. Por ejemplo, Séneca se queja de que en sus vacaciones en Baiae no tiene forma humana de dormir por culpa de la cantidad de gente que va por ahí dando serenatas. También cuentan que en la época de Tiberio le despertaban multitudes cantando de noche en las cercanías de palacio (según el cotilla de Suetonio) gritando eslóganes del estilo de: ¡Roma está a salvo, la patria está a salvo, porque nuestro Germánico está a salvo! A lo mejor Suetonio contándonos esto nos adelanta las razones para que Germánico no le cayera bien al emperador, que sus seguidores le fastidiaban de noche demasiado a menudo...

San Gregorio de Nisa, en el siglo III, nos cuenta de una ocasión en la que la chusma, nuestra gente de la Roma Cruda, fue a gritar a las puertas de una casa donde estaba teniendo lugar una opulenta cena y party y de golpe:

> «Incontables mendigos se sentaron a las puertas. Algunos tenían llagas dolorosas. Algunos eran ciegos. Otros estaban mutilados o tenían que arrastrarse. Gritaban pero no eran escuchados porque el sonido de la música, las risas y los cánticos apagaba sus gritos. Cuando causaron más molestias en el umbral, los porteros les soltaron los perros y fueron a darles con palos, infligiéndoles más heridas todavía».

A lo mejor, ¿por qué no?, no era tan raro que a la puerta de las casas donde los ruidos hacían ver que se estaba celebrando un banquete, acudieran, como moscas a la miel, incontables gorrones y pedigüeños de todo pelaje, a ver si les caía algo. También muchas veces los que venían a pedir terminarían apaleados por pesados y para evitar que este tipo de cosas ocurriera todo el rato. A lo mejor este testimonio de Gregorio es de las pocas veces en las que alguien escribe sobre los amigos de la Roma under. Es triste de pedir, pero es más triste de robar. A lo mejor esa era una de las ocupaciones nocturnas de los muy pobres, seguir los ruidos de fiesta hasta llegar a las puertas y ver si alguien se apiadaba de ellos y les daba las sobras o un alguito. En otro contexto, Juvenal dijo: «He ahí la libertad del pobre: le golpean y pide; le muelen a puñetazos y suplica que por lo menos pueda irse de allí con algún que otro diente».

Para terminar el repaso de "ruidos nocturnos" Lucrecio, en el siglo I a. C. nos habla también de «lugares donde el eco resuena seis o siete veces cuando se da una voz. Las colinas reverberaban y repetían las últimas sílabas. Los pueblerinos imaginan que sátiros, ninfas con pies de pato y faunos viven allí, rompiendo el silencio de la noche con sus ruidos».

Los únicos "ruidos nocturnos" aceptables para los romanos eran los que producía la conversación (y además, hablar con amigos, como hace menos ruido, atrae menos gorrones). Plinio el joven presume de amigo diciendo que con él «Algunas veces pasamos la noche escuchando entretenimientos, otras veces nos enredamos con las más deliciosas conversaciones».

Una buena conversación, según Cicerón, otorga felicidad a sus participantes. Epícteto, en el siglo II, incluso habla de los temas de los que mola conversar y recomienda no hablar de temas de mal gusto, como por ejemplo de gladiadores. Las conversaciones sean de lo que sean, son también gratis y aunque sus temáticas no fueran filosóficamente agudas, estoy seguro de que los romanos normales también disfrutaban hablando por la noche, aunque fuera de gladiadores o de dónde tomar la siguiente. Por cierto, está documentado que algunas veces la gente hacía cola de noche para pillar buenos asientos en luchas de gladiadores o en carreras especialmente buenas en el circo al día siguiente. Eso de acampar en la puerta del estadio haciendo cola para el concierto de Taylor Swift no es tampoco nuevo, ya lo hacían los romanos, como todo. Como se suele decir, inventaron todo menos el Mercadona.

Hay también mucha gente que pasaba la noche esperando. Y no me refiero a lo típico, los padres esperando que lleguen bien y pronto sus hijos y sobre todo hijas que están por ahí de juerga. Ni a los que esperaban en esas colas para ver mañana a Máximo Décimo Meridio. Me refiero a vigiles que esperan de guardia a que no haya líos o incendios, porteros que se quedan dormidos esperando que la fiesta de su dueño termine y se piren los invitados, los porteadores y esclavos de escolta de esos invitados, las prostitutas que esperan todavía otro cliente, los ladrones que esperan en el callejón a que pase un borrachín, toda esta gente, cuando por fin puedan dormir, no pensaran que la noche es larga. Ni creo que los ruidos les molesten tanto. Entre el lumpen de Roma la Nuit, entre los que esperan, lo que hay es sueño y pocas ganas de nada.

En la oscura noche romana, también hay leyendas, aunque hay quién las cree porque confía en las fuentes literarias a pie juntillas, donde se cuenta que algunos personajes de la familia imperial, como Nerón, se disfrazaban por la noche y se dedicaban a pelearse y armar bronca con los mendigos y lo peorcito de la ciudad, o que Mesalina, primera mujer de Claudio, salía disfrazada de palacio para prostituirse anónimamente porque se aburría en su vida muelle y las noches se le hacían largas de narices. Mola, pero es bastante improbable. El objetivo de los narradores, Suetonio y Juvenal, en estos casos, es mostrarnos lo depravados que son los ricos, los más ricos, que también tienen ardores de entrepierna o a quienes también se les hace tan larga y aburrida la noche, que deciden mezclarse con el pueblo para, en estos safaris nocturnos, sentir que están vivos...

Horacio escribió: «Deja las lámparas luciendo hasta el amanecer; aleja todo ese ruido y enfado». Bueno, Horacio podía permitírselo. Nosotros no podemos permitirnos tener un flexo encendido toda la noche. La luz va carísima. En 1878, el profesor de la universidad de Oxford Erasmo Wilson (1809-1884) pronosticó que:

> «En lo que respecta a la luz eléctrica, hay mucho que decir a favor y en contra. Creo poder afirmar que la luz eléctrica morirá con el fin de la Exposición Universal de París. Luego no volveremos a oír hablar de ella».

La exposición universal de la que hablaba este hombre, tuvo lugar en París en 1878 y del insigne profesor de Oxford, no se supo más. Otro lumbreras... Decía hace unas páginas que es difícil hacernos una idea de cómo sería la noche para los romanos porque nosotros tenemos un arsenal completo de cosas más o menos inútiles para llenar el tiempo, especialmente el tiempo a solas; sin contar el porno, que ha mejorado y se ha popularizado notablemente desde la época romana, tenemos televisión, con mogollón de plataformas que contienen series y películas que no nos daría tiempo a ver en toda nuestra vida, tenemos la radio, los podcasts, internet, libros baratos, o caros. Tenemos playstation, juegos a millares, de ordenador y de mesa, muchos con reglas individuales, para jugar uno solo. Los romanos dependían mucho más unos de otros para entretenerse y superar la noche cada noche. Incluso dependían de los dioses para comunicarse con ellos en sueños, como habitualmente las divinidades, de la mano de Morfeo, solían hacer. Ya se sabe que la noche es el momento de la imaginación y Tito Livio ofrece multitud de ejemplos en sus escritos de cómo los dioses comunican a los mortales sus deseos, intenciones y destinos nocturnamente. Claro, que para eso tienes que ser héroe o algo así. Suponemos que los chicos romanos de la Roma Cruda, con suerte soñaban con encontrar una moneda de oro o un ánfora de vino, no con divinidades, salvo si soñaran con chicas, que son divinas, ya se sabe. Las chicas no sé con qué soñarían. No entiendo a las de ahora, conque intentar entender a las romanas...

Hay una cosa que era igual para todos los romanos de la clase social que fueran: las chinches. Los romanos odiaban con todas sus fuerzas a estos bichos asquerosos, a los que los pobres podían sumar piojos y pulgas como parte de la fauna de sus noches. Los mosquitos, ya son un lujo, tienen alas... Un mundo sin chinches era inimaginable para los romanos (ya de los bárbaros, ni hablamos). No tenían insecticidas adecuados ni manera de librarse de estos insectos. Incluso en nuestro siglo XXI es complicado librarse de estas plagas, así que hace dos mil años y con colchones de paja o lana... Se contaba un viejo chiste hace dos mil años que decía que el pobre asediado por las pulgas apagó por fin su lucerna y dijo:

> «Ahora ya no puedes verme, pulga asquerosa». Pero no creemos que eso funcionara. A perro flaco, todo son pulgas... y a romano pobre, pues más.

En fin, resumiendo: que la noche era muy larga, que la oscuridad es como un puré de lentejas, que los ruidos son muchos, más que las pulgas, que los peligros son variados. Mary Beard dice que probablemente las calles de Roma por la noche serían peligrosas, pero no creo que lo fueran más que algunas de nuestras calles modernas en según qué ciudades.

El personaje Trimalchio del *Satyricon*, dice que «el día es para asuntos serios, pero la noche es para divertirse». Hay quien espera que llegue la noche, para salir de farra o para reunirse con el ser amado, o para que termine su jornada. Hay en cambio los que temen a la noche, aunque solo sea porque les cuesta dormir.

Y también están los legionarios, de guardia en el *limes*, «en el límite entre el bien y el mal», como cantaba la Frontera. Pasando las de Caín y preguntándose, mientras desde la empalizada miran hacia los bosques de los bárbaros, cómo fue que decidieron alistarse... Verás mundo, decían...

IV

Haz turismo invadiendo un país

«Haz turismo invadiendo un país,
Panamá, Nicaragua, Numancia»
Celtas Cortos s. xx

«Si itum est, Itum esse»
(Si hay que ir, se va).
Anónimo romano

«Alístate, decían, verás mundo, decían» y de la mano de *Astérix Legionario*, que fue la manera como muchos conocimos la milicia romana (tururú) es hora de ponerse las *caligae* y caminar el proceloso y largo camino del guerrero. Así, como dijo Marx (tú sabes cuál) «partiendo desde la nada, alcanzaremos las más altas cumbres de la miseria» o como dice la canción de Celtas Cortos: «Te verá tu mamá orgullosa». Y en este caso, mamá es Roma. Además, si estás en el ejército, de lo primero que tienes que hacer es escribir a mamá, que se preocupa. Apolinario fue un buen hijo a principios del siglo II y escribió a su madre nada más llegar al cuartel:

> «Apolinario a Taesis, su madre y señora, muchos saludos. Antes que nada, rezo por tu salud. Yo estoy bien (…) quiero que sepas madre, que he llegado bien a Roma en la mañana del 25 y fui destinado a Miseno pero no sé todavía mi centuria porque todavía no he ido. Te ruego madre que no te preocupes por mí porque estoy en un lugar estupendo…».

Bueno, espero que cuando llegara a Miseno (base naval cerca de Cumas, en Italia) escribiera otra vez, porque para decir que no sabe todavía ni siquiera su centuria, pues como que tampoco tenía mucho que escribir, pero vale. No dice nada, pero por lo menos ha escrito. Buen chaval.

Conocemos los nombres, vida y milagros de muchísimos generales romanos, algunos, como Cayo Mario, Julio César o el gran Trajano, todavía son considerados de los mejores estrategas de la Historia. Conocemos los nombres incluso de muchos Centuriones, oficiales que vertebraban las legiones, siempre ascendidos desde sus propias filas. Pero apenas hemos leído los nombres de algún legionario normalito y eso que había, en tiempos de Augusto, unos 250.000. Si multiplicamos ese número por los años que duró el Imperio nos da una idea de la cantidad de romanos under que hay en el ejército. Romanos del montón. Un número ingente de hombres que no salen en la Historia, aunque son sus botas las que ampliaron y defendieron los caminos del Imperio y la civilización. Algunos de esos soldados nos dejaron sus huellas, uno literalmente dejó la de su bota de clavos en una baldosa conservada en el museo de Cuenca, curiosa de ver, como se dijo. Unos cuantos nos dejaron algo de su memoria en lápidas erigidas muchas veces por compañeros de armas o por "compañeras" sentimentales, el descanso del guerrero. Estas inscripciones funerarias de soldados romanos repartidas por todo el Imperio dan voz, por una vez, a estos héroes antiguos, la mejor infantería de la Historia (con permiso de los Tercios españoles), cuyas gestas resuenan en los libros, pero cuyos nombres hemos casi siempre perdido.

Un soldado romano, como el egipcio Claudio Terenciano, nos contó su historia en las cuatro letras que escribió a su padre mientras servía en el *Exercitus Romanus*. Pero de la inmensa mayoría de los soldados, ni siquiera de los compañeros de éste, no sabemos nada. Cero. Son parte de la Roma que no conocemos, la que no sale en los libros ni en las series, ni en las pelis salvo como figurantes, formando en tortuga (*testudo*) o delante de un bosque germano fila tras fila. La Roma Cruda, la Roma under. ¿Cómo podemos conocer más sobre los soldados que sostenían el Imperio? ¿Cómo es que el ejército romano era, además de voluntario, profesional hace ya tantos siglos? ¿Puede alistarse cualquiera? El Servicio duraba unos 25 años. ¿Qué podía mover a un chaval a alistarse media vida (literal) para que le destinaran a vete tú a saber dónde y a hacer qué? La respuesta, al menos a esta pregunta, nos la da Flavio Vegetio, un señor romano que escribió sobre esto de la milicia en el siglo IV: «Teme menos la muerte quien ha conocido menos lujos en vida». Es decir: «Más cornás da el hambre», que decía en el siglo XIX el torero Manuel García "Espartero", torero que, de haber nacido unos cuantos siglos antes, habría sido gladiador, fijo. O sí no, se habría apuntado a las legiones, como tantos.

Si no tienes ni dónde caerte muerto, la legión puede ser una muy buena opción para cambiar tu suerte. Por si hicieran falta pruebas de que en la antigua Roma los pobres (que podían) se alistaban, tenemos por ejemplo una lápida de Augusta Bagiennorum (Bene Vagienna, Italia) en la que se puede leer:

> «Lucio Trebio Ruso, hijo de Lucio. Nacido en la más profunda pobreza, decidí servir como soldado de la armada, codo con codo con el Emperador, por diecisiete años serví sin ningún error y sin incurrir en ningún odio, siendo honorablemente licenciado».

Ser soldado puede significar "salir de pobre". Para empezar, el ejército de Roma era tal vez la única "empresa" de la antigüedad donde estaba garantizada la comida, el techo y una paga durante todo el tiempo de contrato. Además, los romanos inventaron la jubilación; cuando los legionarios terminaban su servicio recibían, entre otras cosas, una miaja terrenito donde cultivar una granja y retirarse del mundanal ruido. Claro que el terrenito muchas veces solía estar cerca de la frontera o en una zona, digamos, más menos conflictiva, así que si luego había problemas, el "jubilado" podía descolgar su espada, hacer de veterano luchador y defender, literalmente, su terruño, como se esperaba de él. También al licenciarse recibía unos ahorros bastante majos que se le habían ido deduciendo de la paga durante sus años de servicio y que invertidos por la legión (el primer plan de pensiones de la Historia) terminaban sumando pasta suficiente para una agradable jubilación o, como veremos, incluso para llegar a ser magistrados en su pueblo. Claro que siendo legionario te jugabas la vida literalmente: en el Ejército Imperial, como hasta Darth

Vader sabe, podías terminar muerto o peor aún, lisiado o mutilado, pero si eras pobre, creo que, francamente, importa más el hambre de hoy que el hacha de un celta mañana.

Hay quien calcula que solo sobrevivían a su servicio militar del orden del 50% de los apuntados, pero claro, si lo comparamos con la gente que sobrevive veinticinco años más allá de sus 16, estamos por ahí o mejor que la media. Es más fácil sobrevivir en el ejército que fuera. Incluso estando dentro se tenía acceso gratuito a los mejores médicos; en cambio, en la vida civil, no había Seguridad Social ni Sanidad ni leches si no podías pagártela, vamos, que todo son ventajas. I want you for the Imperial Army. En el capítulo sobre proletarios, veremos que eso de contrato fijo, indefinido o como queramos llamarlo, no era lo normal en Roma. Podías tener trabajo hoy, pero no necesariamente mañana ni pasado. Todos los trabajos eran precarios en todos los sentidos. Pan para hoy, con suerte. Hambre mañana o pasado, fijo. Así que si eras un tío, estabas soltero, te iban las marchas militares, medías más de un metro setenta, eras un ciudadano romano nacido libre, tenías menos de 35 años (posiblemente, más de 16) y querías comer todos los días durante los próximos mogollón de años sin importante a dónde te enviaran ni lo que tuvieras que hacer, podías presentarte con una carta que dijera que sí, que eres buen chaval, o mejor una de recomendación a la oficina de reclutamiento y, como cantaban los de Village People, apuntarte para servir:

> «In the navy
> Come on, protect the motherland
> In the navy
> Come on and join your fellow man
> In the navy»

Bueno, in the navy, no, in the legions, aunque curiosamente nuestro primer amigo legionario, Claudio Terenciano, al principio no fue admitido en la legión y tuvo que apuntarse a la armada, a la navy, para después solicitar el traslado al ejército. A lo mejor deberíamos primero revisar lo que este chico cuenta en sus cartas, teniendo claro de antemano que solo es un testimonio entre los millones de soldados que tuvo Roma a lo largo de los siglos y que es mejor no sacar conclusiones demasiado generales de lo que nos cuente este muchacho, soldado e hijo de soldado. Desde luego, no es un héroe ni un guerrero, no es nada más que un pobre chaval que literalmente no tiene ni para una túnica y que, para no morir de asco, prefiere, como tantos otros, morir por el Senado y el Pueblo de Roma (SPQR), que mola más. *Dulce et decorum est pro patria mori*; dulce y honroso es morir por la patria, que decía el poeta Horacio en el siglo I, aunque creo que el poeta murió en su cama en su casa de campo en Tibur (Tivoli), seguro que más dulcemente.

Bueno, volvamos a nuestro legionario. Sabemos que Claudio Terenciano era ciudadano romano nacido en Egipto. Ya lo he dicho muchas veces, los romanos nacemos donde nos da la gana, por ejemplo, en Egipto. Al no poder entrar en la legión, se apuntó a la armada en el 110 de nuestra Era. Más tarde pudo pasarse por fin a la legión y estuvo sirviendo al Imperio hasta el año 136, cuando se jubiló honrosamente. Además de las cartas de este soldado egipcio, se conservan también algunas otras cartas o notas del cuartel de Vindonissa en la moderna Suiza y de Vindolanda, en el Reino Unido. Siempre es el azar del clima y del suelo quien ha permitido que estos documentos de primera mano, escritos por soldados romanos de hace tantos siglos, nos hayan llegado, por eso son tan pocos. El tiempo es un mar demasiado profundo casi siempre.

En las cartas que conservamos del recluta romano-egipcio Claudio Terenciano dirigidas a su padre, para empezar nos cuenta que sin enchufe lo lleva crudo para llegar a ser legionario, así que se alista en la flota de Alejandría, en la Marina, para ya desde allí ver qué tal si eso. El muchacho era tan pobre que incluso para llegar a Alejandría tuvo que pedir prestado. Luego en las cartas que se conservan parece un poco quejica, o bien está de baja enfermo o bien le roban el equipo: «Había comprado una sábana de lino junto con un colchón y almohada, pero mientras yacía enfermo en la liburna (tipo de barco) me los robaron». También se dedica a pedir a su padre que le mande cosas, como ropa, botas, calcetines y eso. «Te ruego, padre, si cuento con tu aprobación, que me envíes botas de piel y un par de calcetines de fieltro». Le envía su padre a través de un amigo túnicas y ropa de abrigo, pero el muchacho se queja de que son muy bastas, que le mande mejores… y, ya de paso, otro montón de cosas, pero que las marque bien, que por el camino algunas "se extravían" y que le avise por carta de qué manda exactamente, por si las moscas: «Te pido y ruego padre, porque no tengo a nadie más querido que tú salvo los dioses, que me envíes con Valerio una espada de batalla, una piqueta, dos de las mejores lanzas que puedas conseguir, una capa de piel de castor (…) y si me envías algo, pon la dirección en todas las piezas y descríbemelas por carta, no sea que sean cambiadas en ruta. Y si me escribes, hazlo a la liburna de Neptuno».

Se ve que era del Atleti… Después le toca al zagal, junto con sus compañeros, intentar acabar con una revuelta en el mismo Alejandría (asunto bastante habitual en esa ciudad); seguramente, se trata de la que tuvo lugar motivada por la segunda guerra judía del 115-117. El caso es que al chaval lo hirieron y estuvo pachucho un tiempo: «Me he recobrado de mis heridas». Con el tiempo, ya un veteranazo, buscó enchufes o incluso sobornos: «Aquí nada se consigue sin dinero y las cartas de recomendación no sirven de nada salvo que uno se ayude a sí mismo». Y por fin se pudo apuntar a la legión, «soy un soldado de la legión», y fue destinado a Siria durante la campaña Parta de Trajano. Una vez licenciado, en el 136, tras sus veinticinco años de mili mal contados, se instaló en Karanis (Kom Oshim, Egipto), al sur del Delta, donde suponemos disfrutó de una estupenda jubilación mientras duró su tiempo. Allí le perdemos la pista. Gracias a sus cartas, sabemos algo de este legionario de a pie, uno de tantos. Uno di noi.

Conocemos algún otro recluta egipcio, en este caso otro que no era romano y que para conseguir ser ciudadano romano tuvo que pasar toda su mili en la armada, pero que cuando se le licenció se le entregó, junto con su jubilación, el ansiado diploma de bronce que acreditaba que estaba libre de servicio y era un ciudadano romano que había ganado su rango remando en las galeras 25 años (me imagino que tendría los brazos como dos columnas). Por cierto, que las galeras romanas no eran como las de *Ben Hur* o las del Renacimiento, normalmente los remeros eran hombres libres y se esperaba de ellos que lucharan en caso de abordaje. Nuestro amigo remero se llamaba Marcus Papirius y ganó su ciudadanía extensible a su señora, Tapea, y a su hijo Carpinio, además de para toda su descendencia. Marcus se licenció exactamente el 8 de septiembre del año 79 y desde entonces se hizo romano como nosotros. Su diploma se conserva en el British Museum. Por cierto que *diploma* es latín puro.

Hay que saber que el recluta romano estaba siempre en contacto con documentos escritos como ese diploma, desde que era reclutado hasta su jubilación todo se hacía por escrito, como se puede comprobar en *Astérix Legionario* y también en los papiros de Oxirrinco, como el 1022, que conozco gracias a mi amigo y erudito Fernando Lillo, Doctor, Catedrático y autor de un montón de libros sobre Roma, todos muy, muy buenos. El caso es que en ese papiro de Oxirrinco fechado en el año 103, se nos muestra el papeleo necesario para que seis reclutas fueran incluidos en la cohorte III Iturea. La carta la escribe el prefecto de Egipto al prefecto de la cohorte e incluye los nombres de los seis novatos:

> «Gayo Minicio Italo saluda a su querido Celsiano. Da órdenes para que los seis reclutas aprobados por mí en la cohorte bajo tu mando, sean incluidos en las filas desde el 19 de febrero; incluyo los nombres y las marcas distintivas de estos hombres. Espero que estés bien, querido hermano».

Y a continuación incluye los nombres (y en algunos casos marcas distintivas) de estos reclutas, que en este caso, seguramente habían superado ya su primer tiempo de instrucción. Por eso, estos seis, que se asoman a la Historia gracias a su inclusión en un simple papel, son reclutas aprobados, no simplemente apuntados. Estos pueden iniciar su formación militar en la Unidad de Destino y su inclusión en filas como legionarios, de la que solo saldrán con honor: muertos, jubilados al final de su carrera o enfermos o lisiados. Esas eran las únicas maneras de abandonar honradamente el ejército. Cuando te vistes de romano, las cosas son serias. Estos seis nuevos reclutas bajo el mando supremo de Trajano, se llamaban: Gayo Veturio Gemelo, de 21 años; Gayo Longio Prisco, de 22 años; Gayo Julio Máximo, de 25 años; ---- Lucio Segundo, de 20 años; Gayo Julio Saturnino, de 23 años; y Marco Antonio Valente, de 22. Lo único que sabemos de la vida de estos nuevos reclutas, es que aparecen reseñados en ese papiro, incluso de Lucio Segundo no sabemos ni el primer nombre... De no ser porque el prefecto los apuntó, habrían pasado desapercibidos en la procelosa Historia. Detrás de cada nombre, hay mucho que contar y que desconocemos...

El caso es que a la legión se apuntaba, tal vez aportando algo así como unos antecedentes de penales o de buena conducta, gentes de todos los rincones del Imperio, creando un ejército diverso pero unido. Otra vez *Astérix Legionario* nos da una idea de cómo eran las cosas mezclando en la unidad de los galos a belgas, germanos, un egipcio (¿familia de Claudio Terenciano?), un britano y un griego. Además los soldados, a tenor de lo que vemos por sus lápidas, solían ser enviados lejos de sus hogares, a lugares casi desconocidos para ellos. En el año 69 unos auxiliares bátavos se sublevaron en sus guarniciones, situadas en su comarca renana y desde entonces, a los nativos de cada región se les destinaba en cualquier otro lugar del Imperio que no tuviera nada que ver con su región, normalmente lo más lejos posible. Esa es la parte de "verás mundo". Un ejemplo lo tenemos con el soldado de caballería Lucio Vitelio Tancino, un extremeño de Coria (Caurium), en Cáceres, que seguramente sirvió bajo los flavios y cuya importante lápida, que incluye su retrato a caballo, se encontró y se conserva en Bath, Inglaterra:

> «Lucio Vitelio Tancino, hijo de Mantino, de la tribu de Coria en Hispania, soldado del regimiento de Vettones, ciudadanos romanos, de 46 años, sirvió 26 años, yace enterrado aquí».

Un ciudadano romano, lusitano, de un pueblo del oeste del moderno Cáceres, que sirvió en el fin del mundo, en un ala de caballería. Con mi amigo Juan Sixto tenemos un proyecto para reivindicar la figura de este caballero extremeño. Ya veremos. Todo se soportaba en el ejército gracias a una disciplina enorme y a una formación continua en todos los aspectos de la vida militar. Además, qué carajos, tampoco fuera del ejército, en el siglo I o II se vivía muy bien que digamos, salvo que fueras un ricachón y, a veces, ni así. Los caballos lusitanos tenían fama mundial, así que supongo que los jinetes lusitanos, pues también, como da ejemplo este héroe extremeño, antecesor de los conquistadores.

Lo primero que hacías en el ejército romano, como se indica en el libro de Astérix y como todavía sucede cuando te quieres alistar, es que tienes que pasar un reconocimiento médico, en aquellos tiempos para, entre otras cosas, comprobar que oías y veías bien y, por supuesto, que hablabas y entendías el suficiente latín como para obedecer y entender las órdenes. En la inmensa mayoría de los casos, esta sería la primera vez que el futuro recluta vería un doctor en su vida. Si eras apto, se te destinaría a una unidad de adiestramiento. Vegetio lo cuenta así:

> «Muchos, a pesar de ser prometedores por su apariencia, una vez probados se muestran poco aptos. Estos, tienen que ser rechazados y sustituidos por mejores hombres; porque no es por número sino por bravura como se conquista el día».

Me acuerdo de cuando llegué yo de chaval al campamento la primera vez. Después del reconocimiento médico, nos formaron a todos en el enorme patio de armas en Móstoles, todavía vestidos de paisano y un sargento preguntó: —¿Quién sabe escribir a máquina?—. Unos cuantos levantaron la mano pensando en un destino en oficinas... A continuación, el sargento añadió: —¡Pues coger esas máquinas (señaló unas escobas) y me barréis todo el patio, venga!—. Primera lección del ejército: voluntario ni a cobrar. Y os lo digo yo, que me apunté voluntario a la mili y a todos mis destinos... Si no tienes enchufe no hay nada que hacer. Lo del "enchufe" era tan clásico en el sentido más puro de la palabra, y no me refiero a cuando yo estaba en la mili, que entre las tablillas de Vindolanda, en Inglaterra, se conserva una carta en la que un mando "recomienda" un legionario a un mando superior:

> «Brigonio me ha pedido, mi señor, que le recomiende a usted. Por eso le pido, mi señor, si estaría dispuesto a ayudarlo. Le pido que valore si sería bueno enviarlo a Annio Equester, el centurión a cargo de la legión en Luguvalium. Haciendo esto me situará en deuda con usted, tanto en el nombre de Brigonio como en el mío».

Vindolanda es uno de los yacimientos romanos más interesantes y desde luego el situado más al norte que merezca la pena en este sentido.

Se trata de una serie de fuertes construidos en distintas épocas en la frontera norte del Imperio, cerca del muro de Adriano arriba a la derecha de Inglaterra. Las condiciones anóxicas (sin oxígeno) del suelo han permitido que se preserven un montón de objetos construidos con material orgánico que en el resto del mundo se han perdido, como las famosas "cartas de Vindolanda", unas como tarjetas postales escritas en lajas de madera y también un montón de peines, además de zapatos y botas y hace no mucho, incluso algo parecido a unos guantes de boxeo, utilizados o bien deportivamente para darse de tortazos o como parte del entrenamiento de lucha. También se ha encontrado un pene de madera, gracias a lo que el yacimiento se ha hecho famoso, aunque la pieza no sea importante en absoluto ni tampoco sea seguramente un consolador, como se ha dicho en la tele.

Si en el suelo no hay oxígeno, tampoco hay bacterias y la conservación de cosas fabricadas con materias orgánicas, como la piel o la madera, es por tanto increíblemente exitosa. Algo parecido pasa en el mar Báltico, donde los pecios están casi perfectos, con las maderas en bastante buen estado, aunque sean como el barco Vasa, que se exhibe en Estocolmo, donde se hundió en su viaje inaugural en 1628 y está bastante guapo, la verdad. El caso es que en los suelos no raritos, la madera, cuero y demás, evidentemente no sobreviven 2000 años ni de broma, por eso es tan importante todo lo que se encuentra todavía en Vindolanda.

Volviendo al cuartel, un aspecto curioso es que los soldados, una vez efectuaban su juramento (*sacramentum*), además de depender solo de la disciplina y justicia militar, dejaban de depender del *pater familias*, ya que en el legalista mundo romano, de no hacerlo, se incurriría en una terrible blasfemia. El soldado ya no tenía que obedecer a su padre, pero sí a la cadena de mando y sin chistar. Su padre pasaba, de algún modo, a ser el Emperador. En el mismo acto del juramento se le entregaba su *signaculum*, su placa identificativa que debía llevar siempre del cuello y acreditaba que pertenecía al ejército. En último término, el nuevo recluta debe estar dispuesto a dar su vida por Roma. Se conserva alguna moneda en la que se ve el juramento de un legionario, asistido por dos compañeros con la espada desenvainada y por un notario que toma nota de todo, ante un cerdo sacrificado. Algo distinto a nuestras juras de bandera, pero al fin y al cabo, luego nos fuimos cada cual a celebrarlo con una comilona familiar, ¿no? Ya me hubiera gustado que hubiera sido sacrificado un cochinillo, pero no me acuerdo, fue hace un porrón, supongo que en mi caso sería con suerte pollo asado...

En el libro de Vegetio aparece un ejemplo de juramento que viene a decir: «El soldado jura que ejecutará fielmente todo lo que el Emperador mande, que nunca desertará del servicio y que no dejará de morir por Roma si fuera necesario». Vamos, ardor guerrero, el novio de la muerte y todo eso. O como decía mi compañero Alfonso (que Neptuno tenga en su gloria): ¿Valientes? todos somos muy valientes hasta que la cucaracha echa a volar.

A partir del juramento (que parece se renovaba anualmente) el ciudadano, ahora legionario, se autoproclama *sacer*, consagrado y por eso estaba sujeto a obedecer ciegamente a sus mandos y a castigos normalmente inapropiados para un ciudadano. Vegetio también dice que:

> «Después de ser examinados, los reclutas reciben su marca militar y se les enseña el uso de sus armas mediante ejercicio constante y diario».

Hay quien dice que en este párrafo Vegetio se refiere a que el recluta sería tatuado. Francamente, creo que no. La ceremonia en ese caso, tomando juramento a unos cuantos a la vez sería bastante tediosa, esperando a que les hicieran el tatuaje manualmente a cada uno delante de la cohorte formada al sol. En los primeros siglos solo se tatuaba a los esclavos, así que de ser cierto lo de que se tatuara obligatoriamente a los soldados, sería una prueba más de la pérdida de derechos del que se apuntaba a servir bajo las águilas, pero no tengo claro que tengamos pruebas suficientes (aunque quede chulo) esto de que los legionarios tuvieran tatuada su unidad por narices, al menos desde el minuto uno. Otra cosa es una noche de juerga por ahí... O que según uno se hiciera veterano fuera una prueba de pertenencia a la que tus compañeros "amablemente" te incitaran. Esto de los tatuajes nunca estuvo bien visto hasta este siglo XXI en el que nos encontramos. En el año 787 el papa Adriano I prohibió terminantemente todos los tatuajes, que no volvieron a utilizarse hasta el siglo XIX y entonces solo entre gente under, dentro o fuera del ejército. Resulta curioso que cuando yo era peque los únicos que se tatuaban eran los legionarios. Bueno, y Popeye. En el caso romano, lo que sí está demostrado es lo del *signaculum* porque se han encontrado más que unos cuantos por todo el Imperio. Consistía en una chapa metálica con el nombre y datos de cada legionario y unidad, que se llevaba en el cuello, como la chapa identificativa de los ejércitos actuales, llamada vulgarmente dog tag y que empezó a volverse a utilizar en la Primera Guerra Mundial hace poco más de cien años. La pieza romana servía al final para lo mismo, para identificar al caído. Famosa es la escena de la peli *Salvar al soldado Ryan* de Spielberg (1998–cinco Óscar), en la que los soldados del pelotón de Tom Hanks (Capitán John H. Miller) están revisando sacos de dog tags buscando la de Ryan. Como muchas otras cosas, la chapa de identificación militar es un invento romano recuperado hace solo un rato. Lo de decir «que nadie quede atrás» era entonces una obligación religiosa, sagrada.

Cerca de Tarraco, en la Villa Romana de Els Munts, apareció, por ejemplo, el *signaculum* de un tal Cayo Valerio Avito, un señor de un pueblo de Soria (Muro de Agreda), que suponemos tras su servicio militar honorable tenía tanta pasta en tiempos de Antonino Pío (138-161) como para venir a Tarragona, hacerse esta casita y convertirse en uno de los duoviros o alcaldes de la bella ciudad mediterránea. Otro que hizo carrera. Eso es de lo que deben de llamar "carrera militar".

Lo de conocer el nombre de los caídos y recuperar sus cuerpos y cabezas era muy importante para los ritos funerarios romanos. Si los cuerpos de los compañeros no pueden ser recuperados, además de la deshonra que supone que el campo y los restos de los tuyos hayan quedado en manos enemigas, es necesario cumplir una serie de ritos para que las almas de nuestros caídos puedan encontrar descanso y no se conviertan en *lémures*, en espíritus errantes. Hay que construir un cenotafio con nombre, rango y si es posible retrato que identifique al muerto y, tras varios rezos y ritos específicos, decir el nombre del fallecido tres veces delante del cenotafio. Solo de esa manera el espíritu del fallecido no quedará vagando por el mundo como un fantasma y encontrará su paz en el túmulo. Se individualiza a cada caído por su nombre inscrito en la tumba o en el cenotafio, según estaba marcado en el *signaculum*. De ahí lo importante que era saber el nombre de los que habían causado baja. Por eso es fundamental que nuestros soldados, nuestros héroes caídos, tengan nombre y monumento. Eso del soldado desconocido no mola nada. Encima de que mueres en la guerra ¿nadie sabe quién eras?

Por eso Germánico fue a rescatar y enterrar correctamente a las víctimas de Arminio en Teotoburgo en el año 14, cinco después de la masacre. (Y de paso destruir a todo germano con el que se cruzó). Se conserva un cenotafio de un centurión de una de las legiones aniquiladas por los queruscos, la XVIII en la que se representa al caído, Marco Celio, de la tribu Lemonia, nacido en Bononia (Bolonia), junto con sus dos libertos (Privatus y Thiaminus). Fue erigido en Xanten, Alemania (Castra Vetera) por su hermano Publio Celio, indicando que si aparecían los restos, deberían depositarse en el monumento. Cuando terminó la batalla, según contó Lucio Anneo Floro, a los supervivientes los queruscos les sacaron los ojos, cortaron manos y lengua y cosieron la boca. Dicen que los bárbaros se burlaban diciéndoles: «Por fin, víbora, has dejado de silbar». El traidor y asesino Arminio, causante de esta barbarie, fue asesinado por su propio pueblo pasados unos años. No mucho después, la tribu de los queruscos desapareció de la faz de la tierra para siempre, aniquilada por sus antiguos aliados los Catos. Los malos al infierno. Roma permanece.

Cuando lo de Teotoburgo no solo se perdieron unos diez y seis mil soldados entre legionarios y auxiliares de las tres legiones que comandaba Varo, cuyos números (XVII, XVIII y XIX) no volvieron a utilizarse. También se perdieron las águilas, tótems de esas legiones. Igual que cada centuria y cada cohorte tenía una señal, cada legión tenía un águila de oro sagrada que representaba el honor de la legión y era portada por el *aquilifer*, literalmente, el que lleva el águila, un suboficial de prestigio dentro de cada legión. Conocemos por su lápida el nombre de uno de Córdoba del siglo I, Marco Septicio, de la tribu Papiria. Cuando Germánico enterró a las víctimas de esa masacre, encontró dos de las tres águilas perdidas. La Tercera fue recuperada reinando Claudio, en el 41.

Se calcula que en un año normal no se aceptarían más de entre siete y diez mil reclutas y que, a la vez, habría un número similar de "jubilaciones" de soldados romanos. Desde las reformas de Mario, a finales de la República, el único requisito legal para optar a ser legionario es que había que ser ciudadano romano. Antes de las reformas de Mario, los soldados romanos tenían que ser propietarios de tierras (dicen que valoradas en un mínimo de 3.000 sextercios), con lo que el número de nuevos reclutas, a veces, no se alcanzaba y además el ejército era de conscriptos, no de soldados entrenados. Estas reformas se llevaron a cabo a partir del 107 a. C. y, además del reclutamiento, afectaban, por ejemplo, al armamento, que antes era aportado por el soldado legionario, con la consiguiente diferencia según las posibilidades de cada uno. Gracias a la reforma de Mario y a la de Adriano doscientos años más tarde, el ejército romano se convirtió en la máquina que fue durante tantos siglos.

En el año 184, la lápida de un soldado que llegó a primer centurión nos muestra que cumplió con su deber desde su juramento hasta el final, después de 57 años de mili:

> «Esta dedicatoria es para pedir por la seguridad del Emperador. Como un nuevo recluta, yo, Lucio Maximino, hijo de Lucio Gaetulico, de la tribu Voltiniana, de Colonia Julia Vienna (Vienne), hice este voto frente a la XX legión Valeria Victrix (…) Ahora, tras 57 años de servicio y habiendo ascendido al rango de primer centurión de la primera legión itálica, he cumplido mi voto».

Esto de ser ciudadano romano libre para poder apuntarse era un tema serio. Se conserva una carta de Plinio el joven, siendo gobernador de Bitinia a principios del siglo II en la que le cuenta al jefe Trajano que entre los reclutas jurados han descubierto que se les habían colado dos esclavos y le pregunta que qué hace con los susodichos. El Emperador responde:

> «Es importante saber si se han presentado como voluntarios, si han sido reclutados o incluso si han sido ofrecidos como sustitutos. Si han sido reclutados, el error está en el reclutamiento; si han sido ofrecidos como sustitutos, son culpables quienes los han ofrecido; si se han presentado por propia iniciativa, puesto que tenían conocimiento pleno de su condición, habrán de ser ejecutados. No importa mucho,

> en efecto, que aún no hayan sido asignados a unidades, pues el día en el que fueron aceptados por primera vez debieron hacer una declaración veraz sobre su origen».

Vamos, que les van a cortar el pelo a la altura del cuello... Por cierto, eso de los sustitutos, muchos siglos después daría origen en España a nuestra expresión de "hacer el primo": en la ley española del Servicio Militar de 1877 se decía que los llamados a filas podían ser sustituidos por un familiar hasta en cuarto grado, es decir, por un primo... Y a eso, a que alguien fuera al ejército por ti, se le llamaba "hacer el primo"; de ahí pasó al lenguaje popular y hoy no tenemos ya la mili, pero sí la expresión. Los romanos tenían algo parecido, ya que todo lo inventaron ellos, aunque no tengo muy claro cómo funcionaba el tema. Esos "sustitutos" en latín se llaman *vicarii*, plural de *vicarius*, así que ¿hacer el primo sería hacer el vicario? No sé, no sé. Lo de quedar exento por motivos médicos, también sucedía en tiempos de Roma, como le pasó en el año 52 a:

> «Trifón, hijo de Dionisio (...) eximido por Cneo Vergilio Capito (...) por ser corto de vista como consecuencia de una catarata. Examinado en Alejandría».

Hala, libre de mili. En mi época creo que era a partir de seis dioptrías que te declararan "inútil". Época de menos corrección política. Supongo que el certificado de Trifón, ya que servir en filas no era obligatorio, podía serle útil para si, por ejemplo, querías ser funcionario o presentarte a las elecciones para alcalde del pueblo, explicar por qué no habías hecho la mili, que en esos casos era requisito obligatorio.

Vegetio recomienda que los reclutas sean de pueblo: «Los habitantes del campo resultan mucho más adecuados para el servicio militar, ya que se alimentan con su trabajo al aire libre mientras sufren el sol y rechazan la sombra (...) y sus miembros están endurecidos para soportar cualquier trabajo, como llevar herramientas, cavar zanjas y transportar pesos» pero a veces, si no queda otra, hay que aceptar chicos de ciudad pero: «Estos, es necesario que primero aprendan a trabajar y correr, transportar pesos y aguantar el sol y el polvo». Curiosamente los pescadores y cazadores de aves, junto con los reposteros y sastres, debían rechazarse porque sus trabajos no eran "de machos", mientras que los «herreros, carpinteros, carniceros y cazadores de ciervos o jabalíes conviene unirlos al ejército». Debe de ser que eres más macho si matas a la madre de bambi que si pescas truchas... No sé, primera noticia..., a lo mejor de ahí viene lo de trucho...

También opina que son mejores los reclutas del norte que los del sur, porque los chicarrones del norte tienen "más sangre": «Los pueblos del Norte, alejados de los ardores del sol, aunque sin duda alguna más imprudentes, están sin embargo más dispuestos para la guerra, al poseer sangre en abundancia».

Fíjate tú, que según este, los asturianos tienen más sangre que los de Jaén, quién iba a decirlo... Menuda chorrada. En cualquier caso, Vegetio piensa que la inmensa mayoría de reclutas no valen ni para pelar patatas: «La mayoría, aunque a simple vista no parezcan inútiles, con la práctica se comprueba que lo son. Por tanto, hay que expulsar a los menos útiles y, en su lugar, atraer a los más esforzados: en todo combate, vale más el valor que el número».

Cayo Mario profesionalizó el ejército al decidir que los legionarios no tenían que ser propietarios de nada, que con que fueran ciudadanos nacidos libres ya estaría. Y con respecto al armamento, éste se normalizaría y estandarizaría y le sería entregado al nuevo legionario por parte del Estado, lo mismo para todos, uniforme. Para que los soldados lo cuidaran y le dieran la importancia necesaria, el ejército les iría descontando a plazos, de su paga, el coste de este armamento, que desde entonces incluiría armadura, casco, escudo, *pilum*, puñal y espada española o *gladius hispaniensis*.

De paso, prometió a los aliados que combatieran y se alistaran en unidades auxiliares, la ciudadanía romana tras su licenciatura, lo que a la larga (desde Augusto) convirtió a los *Auxilia* en unidades tan permanentes como las legiones a las que ayudaban. La Legión era una unidad de infantería pesada, por lo que necesitaba unidades "auxiliares" como caballería para explorar y perseguir al enemigo, unidades de hostigamiento como arqueros (*sagittariorum*) u honderos o infantería ligera para fastidiar al enemigo o simplemente buscar un buen sitio para acampar sin tener que desplazar toda la unidad a lo loco por los sembraos. Los *Auxilia* se instalaban normalmente en campamentos propios, cercanos a las legiones o cubriendo sus flancos. Estos campamentos se llamaban cada uno *castellum* (plural *castella*) y de su nombre viene castillo y Castilla, está claro.

Desde Mario, la cohorte, comandada por un Tribuno militar, pasó a ser la unidad táctica básica, es decir, la menor unidad capaz de combatir por sí misma en cualquier ocasión. Una cohorte se formaba por seis centurias, cada una de 80 legionarios y veinte no combatientes, comandadas por seis centuriones asistidos por seis *optios*. El *optio* era así como un sargento o un suboficial. Se les distingue muy fácil porque el centurión lleva una cresta de plumas paralela a sus hombros, para ser visto desde atrás, mientras que el decurión lleva la cresta perpendicular al casco, para ser distinguido de lado, lo que explica la ubicación de ambos en la formación. El centurión ascendía a su puesto únicamente destacando entre sus compañeros en acciones de guerra, mostrando que era posible hacer carrera en el ejército, como hizo el amigo Cayo Valerio Avito, el soriano de Tarragona. No fue un caso único, se conserva más de una lápida de casos similares, como esta:

> «Laeta, su hija, erigió este en honor de Gayo Julio Scaena, hijo de Lucio, de la tribu Sergia. Fue comandante de caballería y principal centurión de la cuarta legión y después, magistrado de Colonia Augusta Gemella» (Martos, Jaén).

Un centurión cobraba 15 veces más que un soldado, lo que no estaba nada mal. El *optio* cobraba al menos el doble que un soldado. Cada centuria tenía también otros soldados destacados, un *signifer*, o abanderado, que llevaba la "señal" (y la caja de la centuria) y un *tessararius*, encargado de los santos y señas y de ayudar al *optio*. Los centuriones portaban además de sus armas y condecoraciones, la *vitis*, una vara de vid símbolo de su autoridad; de ella descienden todas las varas de mando que existen, pasando por las "bengalas" de los mandos españoles en las guerras de los Tercios y aún diría más, que hasta el bastón del alcalde tiene este origen como símbolo de autoridad. Estas varas, primitivamente eran para castigar a quien la liara parda, pero sobre todo eran utilizadas por los centuriones, incluso cuando iban de paisano para que quedara claro quiénes eran, era el símbolo de su rango, a tenor de las muchas lápidas en las que se retrata al tío de la vara, de civil pero con la *vitis* e indicando que sí, que era centurión. Hay algún caso en que en vez de venir en la lápida el retrato del finado, sale solo la *vitis*. La vara se utilizaba para castigar en el ejército, pero solo a los legionarios, a los no ciudadanos se les daba cera con el *flagellum* (látigo), palabra de donde se origina eso de flagelarse, o con un simple *fustis* (palo) de donde viene fustigarse. Plinio el viejo decía en el siglo I que:

> «El *vitis* ha sido otorgado en los campamentos y puesto en manos de los centuriones para preservar la autoridad y el mando supremos, y este es el gran premio que hace acudir a los rangos inferiores bajo las águilas, ya que incluso cuando se usa para castigar honra al castigo mismo».

Claro, si te van a moler a palos, mejor que sea con el palo adecuado, el homologado para ciudadanos..., qué guay. Dicen que el castigo por dormirse en una guardia era ser fustigado a muerte, es decir, matado a palos de manera deshonrosa, además, por tus compañeros que habías puesto en peligro de muerte quedándote frito... No sé si se llegó a aplicar alguna vez, pero un par de varazos de *vitis*, seguro que te llevabas como poco. Eso y a limpiar letrinas, como poco.

El castigo más terrible que podía sufrir una legión era la *decimatio*, el ser diezmada. Es conocido el caso de las tropas de las que se hizo cargo Marco Licinio Craso en la guerra servil contra Espartaco. Allá por el 73 a. C. Craso se puso al mando de unas tropas que habían huido ante el enemigo y dicen que se le ocurrió para disciplinarlas poner en práctica este castigo que parece ser solo se había aplicado otras dos veces, una en los albores de la República en el siglo V a. C., y la otra en la primera guerra púnica (264-241); ninguna de estas veces está tampoco muy bien documentada. En teoría, la *decimatio* consistía en elegir a una cohorte y, dentro de esta, eligiendo a uno de cada diez soldados (normalmente sacando bolas de una bolsa: el que sacaba la bola negra, chimpúm) y los otros nueve eran los encargados de matar literalmente a palos al décimo, al que además se prohibía enterrar o ser llorado. Después, los supervivientes eran obligados a dormir fuera del campamento y se les daba cebada en vez de trigo en su comida. Si este salvaje castigo se llegó a llevar a cabo, no creo que Craso se hiciera muy popular entre sus soldados. Se supone que esta barbaridad se llevó a cabo en menos de ocho veces en toda la Historia de Roma en cualquier caso, si todas son verídicas, cosa que francamente dudo mucho.

El emperador romano de Oriente Mauricio (582-602) advertía contra los castigos arbitrarios en su obra *Strategikon*, señalando sabiamente que hacían más daño que beneficio a la moral de la tropa. Se habla de un tal Lucilio, centurión en el Danubio en el año 14, al que apodaban *cedo alteram* (dame otro) porque solía romper el *vitis* en el lomo de sus subordinados y pedía otro cuando esto le sucedía. La legión se sublevó y creo que le molieron a palos hasta quitarle las ganas de seguir castigando soldados. De hecho, le quitaron las ganas y la vida. Vaya bicho. En fin, es de los pocos casos de abusos que conocemos, pero seguro que en un ejército tan grande había de todo, como en el huerto del señor, mandos buenos y otros no tanto, tipos listos y otros menos, como una historia que me contaron de un centurión y un *optio* que de noche le pregunta: «Señor, mire al cielo y dígame por favor qué ve. —Veo un montón de estrellas—, contesta el centurión. —¿Y qué piensa al respecto, señor?— Pues pienso que los dioses son generosos adornado la noche con tantas luces que muestran su poder; además, hace una noche estupenda… ¿Y tú, qué piensas, *optio*? —Pues, señor, pienso que nos han robado la tienda…

Precisamente la centuria se dividía en *contubernia*, que eran grupos de ocho soldados que compartían tienda o alojamiento. Este *contubernium* (palabra de donde evidentemente viene nuestro contubernio en el sentido de confabulación,) era un grupo unido, una especie de pelotón. Algo así como los amigos de mili, los de la I Legión, III cohorte, II manípulo y I centuria, los compis de Astérix y Obélix. De la mili viene también la palabra compañero, que sería con quien compartes el pan *com-panis* y soldado viene de *solidus*, *solidatus*, sueldo, ya que son profesionales que cobran dinero por sus servicios, algo no tan común.

De Vindolanda se conserva una carta en la que un compañero le escribe a otro:

> «Te envío ... pares de calcetines, dos pares de sandalias y dos pares de calzones. Saluda... Elpis... Tetricus y todos tus compis con los que rezo para que vivas en la mejor de las fortunas».

Se conserva también un pequeño trozo de cerámica en la que un soldado le da consejos a otro:

> «Cayo Lurio a su hermano Ario; saludos, ante todo deseo que estés bien. Si riñes con ellos, es una tontería; tú eres veterano, ellos novatos».

Todo el mundo sabe esto de que los novatos son unos peludos y la veteranía es un grado, Vegetio lo recordaba: «Es menester comprender que un soldado entrenado es mucho mejor que uno novato, por eso vemos que cualquier soldado instruido aventaja en sus técnicas de combate a sus camaradas».

Y muchas lápidas dan cuenta de que la amistad de un compañero va más allá de la muerte, vamos, que *la muerte no es el final*, como dice y afirma la famosa marcha militar:

> «Tito Cominio, hijo de Cayo, de la tribu Romilia de Ateste, soldado de la decimoprimera legión, de 40 años, habiendo servido por 16 años, está enterrado aquí. Un hermano erigió esto para un hermano».

Un legionario normalito ganaba 225 denarios al año, 900 sestercios, unos 2.395 euros o 3600 ases más menos, al cambio. Un centurión cobraba hasta 35.910 €. El doble si era el *primum pilus*. Ya es pasta. Dicen que los oficiales también recibían "sobornos" de sus subordinados para obtener permisos, mejores puestos y rebajas de servicio, pero obviamente no está bien documentado salvo por vagas y malintencionadas referencias. En tiempos de Domiciano (81-96) subieron el sueldo al legionario hasta los 300 denarios (+-3.200€), pero claro, la inflación, aunque cobres más monedas, hace que con eso cada vez se puedan comprar menos cosas. Ese sueldo lo suplementaban los legionarios romanos con el viático, que era una pasta que les pagaban para viajes, con propinas generales por cumpleaños del Emperador o proclamaciones de nuevos emperadores, por repartos de botines logrados o con lo que saqueaban en sus batallas, pero muchas veces lo saqueado no era oro ni plata directamente, sino supuestas obras de arte o cosas así, y en ese caso, cuando podían, lo vendían. Para que se supiera que eran bienes adquiridos en batalla y que estaban en venta, clavaba el soldado su lanza en el suelo y ponía los artículos alrededor. Lanza se dice *Hasta* y debajo *Sub*. De ese sub-hasta, bajo la lanza, vienen todavía nuestras subastas, ya se dijo en *Somos Romanos*, pero por si acaso todavía no lo has leído...

Evidentemente, ni las centurias ni las legiones estaban completas al 100% todo el rato, solo en situaciones de conflicto y campaña. Por cierto, la primera cohorte de cada legión tenía el doble de centurias que las demás y la primera centuria de la primera cohorte estaba comandada por el *primus pilus*, la primera lanza; el centurión más mejor de toda la legión, que cobraba el doble de los demás centuriones y que, de hecho, podía mandar la cohorte en ausencia del Tribuno (normalmente mejor). De Tribuno para arriba inclusive, los oficiales eran caballeros o senadores o aspiraban a serlo, era como en el ejército británico de hasta la Gran Guerra, los nobles, por serlo, tenían cargos guapos en el ejército, por zotes que fueran. Pero en Roma, por muy pijo y rico que fueras, si no hacías el Servicio Militar, luego no podías presentarte a nada, ni tener ningún cargo; el que manda tiene que saber servir...

Los legionarios no eran tan bajos como nos los imaginamos, se cuenta de solo una ocasión en tiempos ya turbulentos de crisis en el bajo imperio en que se admitiera a reclutas de menos de 1,70 metros. Lo que pasa es que los galos y germanos chungos eran más altos todavía... A estos reclutas romanos se les cortaba el pelo y normalmente tenían que ir afeitados. Las barbas en la legión española sí, pero en la romana, solo en algunos casos, *signifer* y tal. Si bien el ejército romano evolucionó, claro, a lo largo de su Historia, desde las reformas de Mario se puede considerar que es un ejército permanente y que se parece bastante al que tenemos en la cabeza, legionarios uniformados, con armadura, escudo cuadrado y bien equipados con armas y trasuntos varios que pesaban unos 40 kg. Por lo que a los soldados se les llamaba también "mulas de Mario". Con este equipo, alimentados con *bucellatum*, barritas energéticas y bebiendo *posca*, agua con vinagre, tenían que aguantar marchas diarias de hasta 50 km. Para mantener el agua fresquita, sus cantimploras o *laguncula*, eran de cerámica, para mantener la bebida refrescada, siguiendo el principio del botijo. Durante los cuatro meses de campamento, se les obligaba a marchar con todo el equipo recorriendo al menos 30 km en cinco horas. Allí también se les enseñaba "orden cerrado" o instrucción, es decir, las distintas maniobras que tenían que efectuar como un solo hombre al sonido del *cornus*, de la corneta. Vegetio nos cuenta:

> «Por tanto, una de las primeras cosas que debe aprender un recluta es a marchar según el paso militar: es primordial que todos los soldados mantengan el mismo paso tanto en las marchas como en las formaciones de batalla. Esto no puede conseguirse más que con la práctica asidua y constante para que aprendan a marchar veloces y al mismo ritmo».

Un, dos, hip, aro. El ejército que marcha al mismo paso, marcha a la misma velocidad exacta y, cinco mil tipos pisando a la vez, todos callados y escuchándose solo el sonido de sus pasos y sus armas moviéndose, tenía que acojonar bastante cuando marcharan en orden de batalla. Del *cingulum*, el cinturón de los soldados, colgaban los *pteryges*, tiras de cuero con clavos que cumplían la doble función de proteger la ingle y hacer ruido metálico al paso del legionario. El ejército romano era un ejército en el que en la batalla estaba todo el mundo callado menos los que daban las órdenes y el *cornu*, el trompeta. A diferencia de los bárbaros, que gritaban para darse ánimos y fuerza, nosotros caminábamos silenciosos y al paso hasta situarnos donde se nos hubiera ordenado, poniendo más nerviosos todavía a los de enfrente. Como mucho, se oía algún grito y algún silbato de centurión. En la batalla, la primera cohorte formaba al frente. Era, como se dijo, el doble de grande que las otras y la formaban los más veteranos. Tras ella, formaba la X cohorte, la más novata de cada legión. De esa manera, aprendían de los de delante, y los de detrás, más curtidos que ellos, evitaban que estos flaquearan.

Vegetio también nos cuenta que es la disciplina lo que distingue a un ejército de una banda, cuando nos dice:

> «La victoria en la guerra no depende completamente del número o del simple valor; solo la destreza y la disciplina la asegurarán. Hallaremos que los romanos debieron la conquista del mundo a ninguna otra causa que el continuo entrenamiento militar, la exacta observancia de la disciplina en sus campamentos y el perseverante cultivo de las otras artes de la guerra».

Todavía se dice con razón que hay que entrenar como si fuera un combate para que el combate sea como un entrenamiento. Las armas de prácticas romanas eran más pesadas que las de verdad y realmente los entrenamientos son los que permiten a una unidad actuar al unísono, responder a las órdenes cuando es preciso de manera coordinada y cohesionadamente. Esa capacidad de atacar todos a la vez, por ejemplo arrojando una nube de lanzas o moviéndose con las espadas cortando como hoces en una dirección concreta, o lanzando aguijonazos, relevándose cada poco los de la primera fila, eran las que marcaban la diferencia. No es lo mismo cien tipos tirando cada uno una lanza cuando le viene en gana que cien lanzas volando a la vez en una misma dirección y en un mismo momento hacia el mismo sitio. A ver quién es el guapo que se queda a ver cómo le caen encima. Y luego no es lo mismo en el cuerpo a cuerpo estar soportando combate tras combate según te vienen los enemigos que estar en primera línea solo un par de minutos antes de ser relevado. El ejército romano utilizaba su espada principalmente para pinchar en vez de para cortar, era mucho más económico, menos cansado y eficaz. Se entrenaba a los soldados para clavar la espada, por ejemplo, en la cara de los enemigos que vinieran delante. Conseguir que se dieran la vuelta gritando desfigurados unos cuantos, podía ser suficiente para desmoralizar a los que vinieran detrás y deshacer la formación enemiga. Es mucho más rentable herir que matar. El muerto se cae y se queda callado, el herido grita y llama a su mamá y, con suerte, otros dos enemigos lo recogen y se lo llevan a retaguardia, chaqueteando ante las legiones.

Esto del entrenamiento me recuerda el viejo chiste del ejército ese en el que el sargento le dice al soldado: —¡No le he visto esta mañana en el entrenamiento sobre camuflaje, recluta!—. Y el soldado le contesta: —¡Muchas gracias mi sargento!—.

Lo de entrenar sirve precisamente para, en la medida de lo posible, evitar errores en la batalla, aunque el mariscal prusiano Helmuth Carl Bernard von Moltke dijera en el siglo XIX que «ningún plan sobrevive al primer contacto con el enemigo», en el caso de los planes romanos, sí. Por eso Vegetio recuerda lo que Catón el censor decía en el siglo II a. C.: «En cualquier otro tema siempre hay tiempo de corregir un error, pero los errores en batalla no permiten solución, ya que el castigo inmediatamente sigue al error: rápidamente mueren quienes hayan luchado como cobardes o sin entrenamiento». No es broma cuando en los álbumes de Astérix dicen eso de que «asistimos al magnífico espectáculo del ejército romano maniobrando». Los romanos se tomaban muy en serio su entrenamiento, que duraba unas tres horas diarias (seis en dos turnos para los reclutas), Los bárbaros se quedarían sin ninguna duda flipando...

—A mi señal, ira y fuego.

Pero las batallas eran algo extraordinario que ocurría en bastantes menos ocasiones de lo que las películas nos cuentan. Los legionarios caminaban, cortaban bosques, construían puentes y carreteras, montaban obras de asedio y piezas de artillería, caminaban ¿ya lo había dicho? Es que caminaban mucho cada día, más que ningún ejército de la antigüedad. No solo eso, después de la marcha diaria, de hasta 50 km cargando con todo el equipo, la unidad romana se detenía para construir un campamento, aunque solo fuera para una noche. Según las ordenanzas y el tamaño de la unidad, el campamento, perfectamente rectangular, estaría rodeado por un foso *(fossa)* de hasta tres metros de profundidad y hasta cuatro de ancho. La tierra extraída se amontonaba en el interior del rectángulo, formando un terraplén defensivo sobre el que se instalaba el *vallum*, la empalizada.

Si la unidad atravesaba una zona desarbolada, llevaba sus propios troncos afilados, que instalaba cada noche para desmontar por la mañana. A intervalos regulares se instalaban torres vigía y cuatro puertas; una en cada lado, puertas de las que partían las dos calles principales del campamento. Dentro del *vallum*, se dejaba un terreno libre, para maniobrar y para salvaguardar las tiendas de posibles artefactos lanzados por el enemigo, de unos treinta metros de ancho. Este espacio se llamaba *intervallum*, de donde evidentemente viene nuestro intervalo. Cada campamento era exactamente igual, con las mismas tiendas en los mismos sitios, ya estuviera instalándose en Siria o en Dacia, de esa manera los soldados sabían siempre a dónde acudir y dónde montar su tienda, dónde formar, dónde está la enfermería…

Virgilio decía la verdad cuando afirmaba eso de que:

> «El áspero romano, cuando con las armas de su patria
> bajo un cruel peso toma el camino, ante el enemigo
> desprevenido, levanta en formación su campamento».

Según el tamaño y la permanencia del campamento, se mejoraban las instalaciones y se ampliaba el número y tipo de especialistas más allá de los combatientes: además de los sanitarios, había zapateros, encargados de los hornos, albañiles, enyesadores, veterinarios, encargados de los baños, etc. Se conserva una nota del campamento de Vindonissa (Windisch, Suiza) en la que el soldado solicita botas: «Envíanos sandalias de clavos lo antes posible, para que las tengamos cuando vengamos». También se conservan sellos de la unidad que los coció en ladrillos con los que barracones permanentes sustituyeron a las tiendas, como muestra la inscripción en uno de Caerleon, Reino Unido, que dice: «de la octava cohorte, de la centuria de Julio Gemelo (construyeron esto)». A veces las órdenes de marcha o de un destacamento no están claras y hay que escribir al campamento intentando averiguar las intenciones del mando y, de paso, pedirle al final alguito para llevarse a la boca, como atestigua esta tabla de Vindolanda con sorpresa final:

> «Masculo a Cerial su rey, saludos. Por favor mi señor, deme instrucciones sobre cómo quiere que actuemos mañana. ¿Deberíamos regresar con la señal o solo la mitad de nosotros? (…faltan varias líneas…) muy afortunado y bien dispuesto hacia mí. Mis soldados no tienen cerveza. Por favor ordene que se nos envíe».

Y es que sin cerveza, no se puede hacer nada... Un campamento era una pequeña ciudad, hasta el punto que algunas ciudades europeas se desarrollaron a partir de campamentos, como por supuesto la bella León, base de la VI y luego la VII legión o Leyum en Jordania, campamento de la IV Flavia Felix.

El campamento podía convertirse en el pueblo de uno, tanto que lo echara de menos y tuviera que escribir al compi para que le mantuviera al día de los cotilleos, como demuestra esta carta de un soldado, recibida en Vindonissa:

> «Por fin de permiso. Estoy completamente libre de la vida militar. Escríbeme desde la cohorte, acuérdate siempre de escribirme. Te saludo y deseo que estés bien».

Los romanos llamaban a sus campamentos *castra* (singular *castrum*) y el nombre, como el de Legión, ha quedado también en muchos pueblos. Por ejemplo, en el Reino Unido: Lancaster, Chester, Leicester y Mánchester, deben su nombre a que fueron antes castra. Por cierto, ya se dijo que los soldados debían comprar y mantener sus propias armas y armadura. Se sabe que en los campamentos estables había armerías donde comprar, nuevas o de segunda mano, armas o encargar el arreglo de alguna pieza. A veces eran compradas a artesanos locales, fama tenían las espadas hispanas de verdad de Hispania, por ejemplo. Al jubilarse, algunos soldados revendían su equipo a la armería y otros lo conservaban de recuerdo. Sabemos que el equipo, ya no se hacen las cosas como antes, podía aguantar en servicio mucho, mucho tiempo. Por ejemplo, se conserva en el British Museum un casco que tiene grabados los nombres de cuatro soldados distintos que lo usaron a lo largo de su servicio. Si cada uno lo utilizó 25 años, habría estado protegiendo cabezas romanas un siglo... No, si entonces sí que se hacían las cosas para durar.

Los soldados en principio no tenían permitido casarse (los centuriones, sí) pero eso no quiere decir que no tuvieran acceso a tener compañeras de distinto tipo o sexo, aunque sus uniones no se correspondieran en principio a matrimonios *optimo iure*. Esclavas, libertas, novias e hijos vivían en las cercanías de sus parejas. En cualquier caso se hacía la vista gorda. Las mujeres no vivían en el campamento propiamente dicho, sino en *canabae* o *vici*, pueblos que seguían a la unidad y se instalaban junto al campamento, ofreciendo todo lo que no se podía conseguir dentro, como por ejemplo nos recuerda esta tabla/flyer publicitario de Vindonissa:

> «Acuérdate de tu tabernera, en la casa número XII y entonces sabrás dónde se prepara el banquete, además de varios juegos y una elegante fiesta con bebidas. Mañana ayudado por los más poderosos genios del juego agitaré el cubilete como si fuera una espada. Que estés bien, querido hermano».

Sobre las parejas de los soldados, ellas son casi siempre las que financian las lápidas de estos:

> «Flavio Agrícola, soldado de la VI Victrix, vivió 42 años y 10 días, Alba Faustina hizo este monumento para su marido sin igual».
>
> «Para Vivio Marciano, centurión de la Segunda legión Augusta, Januaria Martina, su devota esposa alzó este Memorial».

Y también a veces por desgracia, se van ellas antes al Hades y son lloradas por sus soldados. Sus parejas, como es lógico por ser todos romanos muchas veces son muy interraciales, como nos muestra la lápida de una mujer llamada Regina hallada al este de Newcastle en Inglaterra. Regina era la pareja del soldado Barates, romano de Palmira (Siria) y se nos fue con 30 años. Regina era britana, de la tribu de los Catuvellaunos. La dedicatoria del siglo II indica que la pobre chica era: «su liberta y mujer». Entendemos el dolor de un soldado que pierde a su compañera cuando se supone que la profesión de riesgo la tiene él. Espero que encontrara cerca la paz, ya que encontró el amor en el otro extremo del Imperio.

Los soldados, además de conocer todo lo referente a su trabajo, tenían que aprender a nadar, una capacidad muy rara en la antigüedad, sobre todo fuera del ámbito romano. Vegetio lo recuerda: «Todos los reclutas deben aprender por igual a nadar en los meses de verano: no siempre se pueden cruzar los ríos por un puente y también un ejército que se retira o que persigue se ve obligado con frecuencia a nadar. A menudo unas lluvias o nieves inesperadas suelen inundar los cauces y quien no sepa nadar corre un gran riesgo, no solo frente a los enemigos, sino también frente a las propias aguas». Si eres de Cádiz es más fácil que sepas nadar que si eres manchego, vaya. Las legiones más o menos se reclutaban por zonas. Las que van de la primera a la quinta correspondían a Italia, de la sexta a la décima a Hispania y el resto, de cualquier rincón del imperio, como la XVI Gálica, o la XVIII Líbica. La legión hispana más famosa es la IX hispana, alrededor de la que dicen que hay mucho misterio.

Lo último que dicen que sabemos de esta legión es que en el año 108 estaban en Eburacum (York, Reino Unido), reconstruyendo con piedra la fortaleza. Para mediados del siglo II la legión ya no aparece en un censo de unidades del Imperio (que se haya conservado) ni se vuelve a saber nada de ella. En el año 120 fue relevada en York por la legión VI Victrix, enviada por Adriano como refuerzo al parecer porque Britania estaba alzada en armas y la legión IX, la situada más al norte, estaba sufriendo de lo lindo. El propio Emperador visitó la isla en el año 122 para «corregir muchas faltas», como se dice en la anónima compilación *Historia Augusta*, que tampoco es un texto muy de fiar: «Los bretones no podían ser mantenidos bajo control romano». Bueno, los mantuvimos casi otros trescientos años… ¡Trescientos!, así que parece falso Rick… El caso es que a los ingleses, que les gusta más una leyenda que a cualquiera levantarse tarde, pues construyeron la leyenda de la novena a partir de la novela, repito, novela, de Rosemary Sutcliff de 1954 *El águila de la novena*, y empezaron desde entonces a escribir y divagar sobre la hipotética desaparición de esta unidad en las brumas del norte de York, como si de un jamón pálido se tratara. Tras mogollón de ediciones del libro, en 2011 la peli, que en español se llamó *La Legión del Águila*, volvió a poner de moda el tema de la novena hispana. Hasta el punto de que para muchos su derrota en el principio del reinado de Adriano será lo que mueve a nuestro Emperador a construir el muro que lleva su nombre, dejando fuera de la civilización a los del norte y creando, de hecho, la frontera interior de la isla de Gran Bretaña, separando para siempre Inglaterra de Escocia. Por cierto, conozco una lápida en UK de un soldado burgalés de la Novena: «Lucio Sempronio Flavinio, soldado de la IX legión, de la centuria de Badubio Severo, sirvió 7 años, de 30 años. Hispano de la tribu Galeria, de Clunia».

La verdad, menos molona que la novela, es que la Novena fue trasladada a Noviomagus, (Nimega, Holanda), donde estuvo destinada al menos hasta el año 132. Posteriormente fue enviada a Siria, donde sí se le pierde la pista, pero vamos, en general la historia está llena de lagunas así, al menos la historia antigua. Desde luego, si se le pierde la pista en Siria, no pudo desaparecer años antes en Britania. Eso sí, se conservan muchas pruebas de su paso por Inglaterra, como la tumba del *signifer* Lucio Ducio Rufino, de la tribu Voltinia, que, por cierto, no era hispano, sino galo, de Vienne, y se fue al cielo de los soldados con 28 años. En su lápida es retratado con la señal de su centuria. Es curioso que *la Nueve* como era llamada la unidad (9ª Compañía de la 2ª División Blindada de la Francia Libre) muchos siglos después de la Novena Hispana, fuera la unidad también hispana que partiera de Gran Bretaña para ser la primera unidad aliada que entrara para liberar París, el 24 de agosto de 1944 en la Segunda Guerra Mundial. El primer blindado que llegó a la plaza del Ayuntamiento de París fue el «Guadalajara», tripulado como es lógico, por extremeños como Lucio Vitelio Tancino, aquél jinete de Coria. La Novena es eterna, como la Nueve. Son los mismos. Son nosotros.

Por cierto, que esto de indicar la tribu en las lápidas es muy importante, porque certificas que el susodicho es ciudadano romano. Los romanos, seamos de donde seamos, nos dividimos en 35 tribus de nombres muy variados, como puede comprobarse en las lápidas anteriores al siglo III. Esas tribus eran útiles para las votaciones (comicios tribunados) cuando la República y se mantuvieron para organizar de alguna manera a la población. En teoría había treinta y cinco tribus de las que cuatro eran urbanas y el resto rurales. Las urbanas correspondían a familias de la ciudad de Roma pero no representan ningún privilegio ni diferencia con las demás. Se llaman tribus, porque originalmente se supone que Rómulo dividió a la población original de la ciudad en tres grupos: Los Ramnes, los Tites y Luceres. Así que lo de tribu urbana no es que seas punky, rocker, gótico o mod, sino que eres de la tribu Collina, Esquilina, Palatina o Suburana, las tribus urbanas de verdad. Las demás son rurales como las bellotas, que nacen con boina.

El caso es que casi siempre conocemos a los soldados “desconocidos” de Roma por las lápidas en las que, por los menos, su nombre y algún dato más sobrevivió dos mil años y ahora son contempladas en museos donde nadie entiende lo que pone y, ya puestos, muchas veces ni se explica. Conocemos el curioso caso de un soldado que ya retirado se dedicó a la cerámica y que tenía un problema con los martes; ya se sabe, en martes, ni te cases ni te embarques (ni te alistes):

> «A los Dioses Manes. Eterna memoria de Vitalinio Felix, veterano de la primera legión de Minerva, sabio y honrado hombre de negocios que se dedicó a la cerámica. Vivió 59 años, 5 meses y 10 días. Nació un martes, juró bandera un martes, se licenció de la legión un martes y también murió un martes».

También hay más de un hispano que se llama Reburro (lo juro, Reburrus). Uno aparece en su diploma al licenciarse en Britania el 19 de enero del 103, era hijo de Severo y decurión del ala I Pannoniorum de caballería. Burro en latín se dice *asinus*, como asno. Burra quiere decir algo así como absurdo (en italiano mantequilla), así que esto de Reburrus será un apellido nativo sin mayor doble sentido en latín, pero no deja de ser curioso. Hubo más Reburros en nuestra Historia (demasiados). Tenemos la lápida de otro: un Gayo Julio en Tarragona; otro más en Galicia: el pretoriano Lucio Pompeyo Reburro Fabro, de Valdeorras de Cerca, Orense; en León el fragmento de estela dedicada a Terencio Reburro, de 55 años; otro más: un tal Reburro Piganco, de Clunia (Coruña del Conde, Burgos); otro joven frumentario (enlace) de la legión VII gémina: Lucio Valerio Reburro; y se conoce todavía otro: Marco Ulpio Reburro, de Brácara Augusta (Braga, Portugal), que fue magistrado en Tarraco y luego sacerdote del culto Imperial entre el 160 y el 180; al término de su ejercicio fue honrado por el *concilium provinciae*, el Consejo provincial de la Tarraconense, nada más y nada menos que con una estatua en el foro de la ciudad. Si fueron parientes, no fueron tan reburros, sino que con el sudor de su frente en el ejército hicieron mejor su familia:

> «Gayo Julio Reburro, soldado de la séptima legión, hermanado con la fortuna, nacido en Segisama Brasaca (¿Sasamón, Burgos?), yace aquí

habiendo vivido 52 años, sirvió por 24 de ellos. Licinio Rufo, soldado de la misma legión dedicó esta lápida».

«Dedicada a Lucio Pompeyo Reburro Fabro, de la etnia de los Guigurros, de la tribu Pomptina y natural de Calubriga, destinado en la Cohorte VII pretoriana, beneficiario del tribuno, teserario de su centuria, portaestandarte en su centuria, procurador del fisco, condecorado por el tribuno, escogido por el emperador».

«Reburro Piganco, hijo de M.elm.a.ni aquí yace. Su hermano Pupilio y herederos lo encargaron (el monumento)».

«Lucio Valerio Reburro, que murió a los 24 años, 4 meses y 19 días. Frumentarius de la legión VII gémina. Dedicada por su madre Valeria Calliste».

El caso es que algún día habrá que investigar a tanto reburro hispano-romano. Sin duda un apellido recurrente en nuestro ejército romano. Yo conocí en la mili a algún reburro, pero no de apellido…

Roma conquistó y asimiló a los pies de sus legionarios una extensión de territorio sin precedentes. Las gentes de estos territorios se encontraron sujetas a las leyes romanas y, a veces, con los soldados romanos actuando como tropas de ocupación encargadas de que se cumpliera esa ley, de escoltar a los de Hacienda, y a veces abusando de los nativos. Sus funciones no les hicieron especialmente populares y aunque no hubo "resistencia" sí conocemos algunos casos de legionarios que fueron asesinados por los nativos sin que sepamos si hubo consecuencias. Por ejemplo, en Francia se encuentra una lápida que cuenta que: «Januario Voseno soldado de la XXII legión fue asesinado por bandidos». A veces no tenemos lápidas, simplemente tenemos esqueletos, restos de soldados romanos y estos también nos cuentan historias, aunque no sepamos ni sus nombres, como en el caso de dos esqueletos de soldados de caballería del siglo III enterrados sin ninguna lápida ni cuidado junto con sus espadas, encontrados en Canterbury, Reino Unido. Sabemos que tenían entre 20 y 30 años cuando seguramente fueron asesinados y arrojados a una fosa uno encima de otro. También se enterraron sus espadas, que sin duda eran demasiado llamativas como para no ser sospechosas en manos de alguien que no fuera soldado romano. No hay huellas de armas en los huesos, con lo que pudieron ser envenenados o tal vez las heridas que los mataron no dejaron marcas en sus huesos. Si te rebanan el cuello, no suele quedar señal. No sabemos por qué ni cómo fueron asesinados y enterrados ni por qué sus cuerpos no fueron encontrados hasta mil ochocientos años más tarde, en los años setenta del pasado siglo. A lo mejor fueron emborrachados en la taberna y atacados tan rápido que no pudieron defenderse. ¿El motivo? ¿Tal vez una venganza? Aquí hay trabajo para un guionista... Y cuando no regresaron al cuartel, ¿cuánto tiempo estuvieron buscándolos? ¿Se detuvo a sus ejecutores? ¿Hubo represalias sobre los nativos por esta desaparición o se pensaron que habían desertado? Cuantas más piezas del puzle encontramos, más preguntas nos hacemos.

En Valencia se encontraron en 1987 y en 2002 los esqueletos de catorce soldados muertos de manera traumática en plena guerra civil sertoriana, cuando la ciudad fue destruida por Pompeyo en el año 75 a. C. Casi todos fueron torturados y sufrieron la amputación de miembros antes de ser ejecutados, muchas veces cortándoles finalmente la cabeza; en el caso del individuo de más edad, fue atado con las manos a la espalda y empalado con una lanza que le atravesó el cuerpo hasta el hombro. A otro, un hombre de unos 18-22 años, robusto y fuerte, le cortaron ambas piernas y después la cabeza, que colocaron entre las piernas amputadas. Tampoco conocemos sus nombres, pero su dolor todavía puede contemplarse en el museo de la Almoina en la ciudad levantina donde está expuesto un esqueleto de uno de ellos al que le cortaron brazos y piernas antes de matarle. A veces ser soldado supone morir terriblemente en la guerra. Desde hace más de dos mil años. Y todavía pasa en el frente, demasiado cerca. Como decía Platón: «Solo los muertos han visto el final de la guerra».

Resumiendo, que los soldados de a pie, los legionarios, los romanos under de las gloriosas páginas que cuentan las guerras de Roma fueron la espina dorsal, el cimiento y el cemento sobre el que el Imperio se alzó y sostuvo tantos siglos, gracias a sus hombres, del campo o de la ciudad, del norte o del sur, de Hispania o de Egipto, o de Siria, hombres que muchas veces se alistaban más por hambre que por vocación guerrera. En un mundo en el que es difícil conseguir comer todos los días, apuntarse al ejército puede ser una de las mejores opciones, si lo consigues. Aunque puedes terminar torturado o ejecutado por tus enemigos, también puede que hagas progresar a tu familia.

Conocemos solo a algunos de estos valientes por sus lápidas, por algunas cartas y por sus restos, a veces incluso maltratados, pero fueron hombres como nosotros, que amaron, trabajaron, sufrieron y, a veces, pudieron retirarse a su pueblo tras la jubilación. Ya se dijo que Horacio dijo eso de que «*Dulce et decorum est pro patria mori*», mejor frase es el brindis del siglo XIX que completa así la frase: "*Dulce et decorum est pro patria mori, sed dulcius pro patria vivere, et dulcissimum pro patria bibere. Ergo, bibamus pro salute patriae*"/ Dulce y honroso es morir por la patria, pero más dulce es vivir por la patria y dulcísimo es beber por la patria, luego bebamos por la salud de la patria.

Como cantaba Mecano en el peón del rey de negras:

> «Y soy el novio de la muerte del de enfrente
> como buen legionario».

Y con esta alegre canción, pasemos a ver qué se cuece en los ambientes criminales de la Roma Cruda…

V

CRIMEN ¿Y CASTIGO?

> «Aunque tuvieran cien brazos y cien lenguas y mi voz fuese de hierro, no podría enumerar todas las formas del crimen».
>
> Virgilio, s. I

> «Estoy seguro que a cualquiera le gusta un buen crimen, siempre y cuando no sea la víctima».
>
> Alfred Hitchcock s. XX

Creo que el verdadero lado oscuro de Roma es su lado criminal, más que la noche, más que la pobreza o la esclavitud, más que el sórdido pero pretendidamente divertido mundo de los lupanares y las orgías; la verdadera Roma Undergound, la verdadera Roma Cruda, es el mundo criminal que subyace debajo de cada uno de los adoquines de las empedradas y sombrías calles, el mundo de los bandoleros que pueblan los caminos, de los políticos que aprovechan sus cargos para ser todavía más ricos, de las bandas callejeras que con el pretexto de la protección o el gremialismo atemorizan a los pequeños comerciantes…

La cosa está chunga. ¿Por dónde empezamos? Marcial dijo que: «En Roma, solo con las malas artes se llega a vivir cómodamente; es un prodigio que una persona honrada pueda situarse en la Urbe». Evidentemente, es una exageración y una sátira, pero es curioso que nos haya llegado tal cual, teniendo en cuenta la importancia que los romanos le daban a la fama, al buen nombre y a la dignidad de cada uno y, por encima de todos, la honra de Roma como supuesto Estado "ideal", hasta el punto que la *in-famia*, la no-fama, era un "sambenito" que se colocaba a quien no tuviera buena reputación o una condición que por su trabajo servil o deleznable contraía una persona. Eras infame, por ejemplo, por regentar un lupanar, eras infame (*infamis*) también si trabajabas en él, alquilándote por horas. Eras infame si habías sido juzgado y condenado por cualquier delito. Incluso se te apuntaba así, como infame, en el censo. ¡Qué vergüenza! Si te viera tu padre…

En Roma, lo que la comunidad pensaba sobre un individuo, su reputación, su *existimatio*, era importantísimo, era lo que sostenía su *dignitas* y su *auctoritas*. Como el profesor Jerry Toner explica en su magnífico libro *Infamia*, la Injuria (*iniuria*), el insultar públicamente a otro, era un delito importante (salvo entre políticos en campaña, que se decían de todo menos guapo). Un jurista romano antiguo explica incluso que gritarle un insulto a alguien en público es equivalente a golpearle con el puño o con un palo, o que exhibirse ante una matrona es un delito equivalente a arrojarle estiércol. Evidentemente, hablar mal de Roma era algo mucho más grave puesto que afectaba a la totalidad del Imperio y por lo tanto al Emperador. La libertad de expresión en Roma termina en cuanto te metes con alguien que tenga buena reputación y no digamos si te metes con el Estado o los dioses, eso es un "crimen" (*crimen* en latín), concepto legal que veremos está por encima del "delito". Vamos, que es peor todavía. Los crímenes dependían de la ley Pública y los delitos, de la privada. Los crímenes eran ofensas mayores, la traición, el asesinato de una personalidad pública, el atentado contra lo sagrado, el envenenamiento de una fuente… y eran tratados en una corte especial pública y conllevaban graves penas públicas y publicadas.

Si hoy nos insultan en las redes, pues nos sienta mal, pero normalmente no hay nada que hacer. Bloqueas y tal. En cualquier caso nos parece menos malo eso a que nos den de palos por la calle, como también señala J. Toner, pero para los romanos era igual de espantoso una cosa que la otra (a falta de redes, te podían insultar en la calle) y los dos casos requerían una respuesta agresiva y rotunda, ya que pretendían disminuir la fama, el honor, la reputación, de la persona ofendida. Claro que para eso, la persona ofendida tenía que tener fama, honor y eso. Si no, no pasaba nada. Podías llamar ladrón a uno convicto y confeso, o chulo al proxeneta, que él no podía acusarte de *iniuria*. No podía acusarte de haberle insultado, de haber sido injusto con él, porque macho, es que es la verdad.

Pues que finos con eso del honor y tal, pero ¿los romanos de la Roma under tienen de eso? Pues a lo mejor así se consideran. Los que solo tienen como posesión que son libres (todavía) están muy orgullosos de no ser esclavos, de ser ciudadanos. Hasta los ladrones tienen reputación y normas éticas. Los malos, por malos que sean siguen considerándose romanos de pro, aunque se dediquen a robar. *Los ladrones somos gente honrada*, como en la obra de Enrique Jardiel Poncela de 1941. También Honoré de Balzac escribió en el siglo XIX su *Código de ladrones: para uso de personas honradas*, donde se explicaba que: «Muy felices seremos si, gracias a nuestra experiencia, podemos servirles de guía revelando en este pequeño libro los modos más sorprendentes de robarse unos a otros en sociedad».

Yo creo que el problema viene de origen, de fábrica. Roma está fundada en el crimen y sobre el mismo crimen: en el asesinato de Remo por su hermano Rómulo, en el secuestro de las hijas de los sabinos para tener mujeres, y si me apuras en que loba/*lupa*, también es el nombre que los romanos dan a las prostitutas (todavía decimos lupanar) y una versión tan antigua como la otra sobre la salvación de los gemelos fundadores narra que fueron cuidados y alimentados por una prostituta de mote Luperca, casada con un pastor que se llamaba Faústulo, aunque otra leyenda mejor elaborada y más oficial, cuenta que la mujer, que sí, que era prosti, se llamaba Acca Larentia. "Akka" en sanscrito significa madre, por lo que a la *lupa* Acca se la identifica con la madre de los Lares, los dioses o númenes que protegían los hogares romanos. Los Lares protectores de toda la ciudad de Roma serían, como es lógico: Rómulo y Remo. Por cierto, que la colina Capitolina, en tiempos de Rómulo, parece que se llamaba *Asylum*/asilo por haber sido designada por el fundador de Roma como lugar de gracia de los que acudían a la primitiva ciudad buscando refugio, sin pedirles antecedentes ni nada. Vamos, venid a mí, fugitivos del mundo, que vamos a hacer una ciudad que ríete tú del Chicago de Al Capone.

Acca Larentia, que a lo mejor era la misma persona que Luperca, fue, según la leyenda, enterrada en el *Velabrum*, el mismo sitio entre la colina Palatina y la Capitolina, donde embarrancó la cesta abandonada de los gemelos y donde fue encontrada tal cestilla por la señora, con los bebés llorando a bordo. La festividad de Acca Larentia, la Larentalia, tenía lugar el 23 de diciembre, último día de las saturnales y era presidida por el sacerdote mayor de Quirino, Rómulo divinizado.

Vamos, que si los fundadores de Roma eran por un lado los hijos abandonados de una princesa, Rea Silvia, por otra parte también eran unos completos hijos de p… porque quien los amamantó y crío lo era, o eso creían los romanos. A lo mejor por eso, por esa dualidad entre lo más guay y lo más sórdido, la princesa y la prostituta, la bella y la bestia, el crimen era algo bastante consustancial a lo romano. Vamos, que no les asustaba su existencia, ni pensaban que fuera algo que pudiera erradicarse ni les molestaba mientras no les afectara directamente, ni era pa' tanto, aunque Juvenal dijera en su época que ya no había hierro para espadas porque todo se gastaba en cadenas para los tantísimos presos de tantos criminales como había. No parece que hubiera una sensación de peligrosidad especial en el Imperio, al menos en las ciudades, sino una convivencia con el crimen como algo que sucede, que es normal. Con lo que hay que vivir y que ahí están las leyes para protegernos. Salvo que sean crímenes contra la República, contra el Estado o rompan la *pax deorum*, la paz con los dioses conformada por los contratos entre la ciudad y ellos.

¿Quiénes son los malos? San Pablo nos da pistas en su primera carta a los Corintios (1 Cor., 6:9):

> «¿No sabéis que ningún malhechor heredará el reino de Dios? No os hagáis ilusiones: los inmorales, idólatras, adúlteros, lujuriosos, invertidos, ladrones, codiciosos, borrachos, difamadores o estafadores no heredarán el reino de Dios».

Buena lista, con excepciones, lo mejor de cada casa. También nuestra palabra caco, para referirnos al ladrón, tiene un origen romano. Caco (*Cacus*, en griego *Kakós*) se llamaba un ladrón mítico que vivía en una cueva en el Aventino (barrio y colina de plebeyos), mucho antes de que

Roma existiera. El caso es que Hércules tras cumplir uno de sus doce trabajos (el décimo) que consistía en robar en Hispania el ganado del rey de Cádiz, Gerión, pasó por aquí por Roma en su camino de vuelta, según se nos cuenta en *La Eneida*. El caso es que Hércules, cansado, se echó una siesta (en donde el Foro Boario, enfrente de donde ahora está la Bocca de la Veritá y mientras dormía, Caco le robó parte del ganado y se lo llevó a su cueva. Para despistar, hizo a las reses caminar marcha atrás, para que las huellas pareciera que salían en vez de entrar en la cueva. Valiente y torpe treta. Hércules se despertó, vio que le faltaban *vaques* y fue hacia la cueva de este merluzo, que estaba cerrada con un pedrolo gordo. Pelín molesto, el semidiós levantó la cumbre de la colina con una mano y con la otra sacó al ganado robado y mató a porrazos al ladrón por antonomasia, al caco, residente en la colina donde luego vivirían, según los pijos, las gentes de mal vivir de Roma, la plebe de la plebe. Creo que ya no llaman caco a un ladrón ni las tías solteronas, pero en el siglo de oro todavía se llamaba "la ciencia de caco" al arte de robar, fíjate tú.

Vamos, que los antecedentes de Roma, entre que sus fundadores fueron abandonados por el abuelo y criados por una prosti, que uno asesinó al otro, que el otro promovió que vinieran aquí los perseguidos del mundo y organizó el secuestro en masa de las hijas y hermanas de sus vecinos... y, para terminar, que desde tiempos ancestrales por aquí vivía caco, no sé qué nos extraña de que en Roma pasaran cosas chungas, si la Roma Underground al final es la Roma de verdad... Lo otro es una pátina de mármol sobre el barro...

Toner señala que a lo mejor la criminalidad en el Imperio se debe a las grandísimas diferencias entre los ricos y los pobres romanos, que además compartían muchas veces espacios en los lugares públicos, en los juegos, en las carreras... La ley estaba creada, claro, por los ricos, para mantener las cosas como estaban, a los pijos, ricos y tranquilos... y a los pobres a raya. Curiosamente, sigue Toner, la diferencia entre ricos y pobres en nuestros días es infinitamente superior a la que existía en Roma. Según la BBC (https://www.bbc.com/mundo/noticias-38632955), la mitad; el 50% de la riqueza mundial está en manos del 1% de la población de nuestro planeta. Los ocho hombres más ricos del mundo tienen tanto dinero como la mitad de la población mundial, unos tres mil seiscientos millones de personas. Por cierto, los ocho más ricos, son todos tíos por supuesto. Luego dicen que si Roma era injusta porque había esclavos... Venga hombre. Ocho tíos tienen tanta pasta como tres mil seiscientos millones de personas... Tócate las narices. Nosotros en el siglo XXI, eso sí, lo que procuramos es que los pobres estén más lejos. Mucho más allá del Aventino. Pagamos cientos de euros por camisetas y zapatillas hechas por niños en condiciones deplorables en países como Bangladesh y no pasa nada. Las marcas que financian esta desigualdad no tienen mala prensa ni entre los jóvenes, que se supone están más concienciados. La marca de la diosa griega de la Victoria fabrica, por ejemplo, en China, Vietnam, Indonesia y Tailandia, paraísos de los derechos de los trabajadores, ¿no? Según lo que he encontrado, fabricar una zapatilla de estas super-molonas cuesta menos de 20$ unidad. Sus trabajadores en Vietnam ganan 54$ al mes. Tendrían que dedicar su sueldo íntegro, ¡integro!, tres meses para poder comprarse un par de zapatillas como las que fabrican. Pero no, a eso lo llamamos "deslocalización", que suena mejor que esclavitud.

La primera vez que estuve en Brasil, hace mil años, me chocó que las zapatillas de deporte se vendían a plazos en las tiendas deportivas. La última vez que estuve en Argentina, todavía con el gobierno peronista allí, ya pasaba lo mismo. Si querías unas zapatillas de deporte de marca, podías hipotecarte tres, seis o nueve meses para poder hacerte con ellas. Toda la población mundial infantil y juvenil lleva zapas de estas, que cuestan mínimo cien pavos. Da igual un negro en Atlanta, que un palestino en Cisjordania, un dominicano, un riojano, un pakistaní en Gran Bretaña..., todo el mundo lleva las mismas carísimas *caligae*, aunque cuestan mucho más de lo que valen, aunque todos sepamos que nos están tangando. No lo entenderé jamás, de hecho las nuevas marcas que surgen son todavía más caras y hay incluso coleccionistas de "series especiales" que pagan hasta 560.000 € en Sothebys, lo juro, por unas zapas de los años ochenta, unas Nike Air Jordan. Marcas como Louis Vuitton, Chanel, Balenciaga, Gucci o Prada se dedican también a crear zapatillas, ahora que son más caras todavía. Mientras haya quién las pague, aunque sea a plazos...

En fin, dejemos a un lado los crímenes de hoy y volvamos a los de la Roma under…, sumerjámonos en lo más profundo… Se conserva por ejemplo, la carta de una madre romana de Egipto, llamada Tabethea, cuyo hijo era un asesino…

> «Cuando bajé de nuestra casa en Tonis, no aprobaba que mi hijo confiara en Menas… Y después que le mató, va y me dice que no me preocupe; le dije a Saturnilo que no podía dormir de la preocupación que tenía. (…) Y me fui a Alejandría con mi hijo. Dice que se volvió loco porque no estaba de acuerdo en que Menas y su familia comieran las provisiones. (…) Estaba torturándome con el dolor que me causaba pero absolutamente feliz de que él estuviera vivo».

No es una carta muy clara (y mi traducción tampoco), pero en ella se ve la preocupación de una madre, da igual que sea de hace 1.900 años, y por otro lado la tranquilidad de que a pesar de que su hijo es culpable, saberle vivo y bien. Es un asesino pero es mi hijo… Las madres no han cambiado nada, siguen siendo únicas. Por cierto, que la palabra "asesino", curiosamente, no es romana. Nosotros decíamos más palabras como: *interfector*, *percussor*, *necator*, *occisor*, *sicarius* o *trucidator*. Lo de asesino viene de la secta ismailita nizarí de Hassan-i Sabbah, también llamado "el viejo de la montaña", un líder religioso que gobernaba el castillo de Alamut, situado a más de dos mil metros de altitud al norte del actual Irán, entre los años 1090 y 1124.

Los seguidores de Hassan-i Sabbah eran llamados por sus enemigos, el resto del mundo básicamente, los *hashshashín*, literalmente: seguidores del hachis (del chocolate, vaya). No sé si fumaban o lo que fumaban, pero como el viejo de la montaña utilizaba el asesinato político (hoy diríamos terrorismo) para lograr sus fines, el nombre de sus seguidores se convirtió en sinónimo de criminal homicida en muchos idiomas… y hace no mucho en inspiración de la saga Assasins Creed… Alamut fue arrasada por los mongoles cien años después de que muriera Hassan y desde entonces es más leyenda que Historia…

Desde al menos el siglo v a. C., cuando se escribieron las leyes de las doce tablas, los asesinatos y sus consecuencias estaban legislados en Roma, aunque en general parece que si ese crimen no afecta a la seguridad del Estado, el Estado no lo persigue "de oficio", es decir, no existe una fiscalía ni una policía que se dedique a evitar que haya proliferación de criminales o si aparece muerto el Coronel Mostaza, averiguar quién lo mató en la Biblioteca. Si se ha cometido un crimen, sus allegados son los que tienen que llevar el caso ante la justicia. No hay fiscal, no hay "acusación pública", en Roma. Si crees que una persona que te importa ha sido asesinada, o si han robado a alguien, tienes que encargarte tú de reunir las pruebas y llevárselas el pretor para que juzgue si hay caso y ordene la detención de los supuestos culpables. Si no, no hay caso.

No hubo muchos cambios hasta los años del Dictador Sila, los ochenta del siglo I a. C., en los que la "movida" fue que se hizo una ley sobre sicarios y envenenadores. En ambos casos, el hallado culpable era ejecutado. Nuestro emperador Adriano fue por fin el que en el siglo II de nuestra Era emite una ley en la que por fin se diferencia entre asesinato, voluntario, y homicidio, involuntario. Todo esto lo cuenta muy bien caminandoporlahistoria.com, de donde he obtenido los datos. Pero ¿por qué tantas leyes? ¿Eran comunes los asesinatos en Roma? Pues... es de suponerse que sí, aunque más civilizada que sus vecinos, Roma no deja de ser una civilización antigua y con unos bajos fondos muy bajos y muy grandes, donde la vida no significa lo mismo que hoy, especialmente la vida de los romanos normalitos. Es por eso que las noticias que nos llegan sobre asesinatos se refieren a personas públicas y notorias. Conocemos los asesinatos en los que el muerto o en su caso el criminal es uno de estos que salen en los libros de Historia, pero no conocemos asesinatos del montón, porque muchas veces no dejaron registro alguno. Si queremos conocer el crimen en la Roma Cruda, más nos vale leer las maravillosas novelas de Lindsey Davis y su personaje Marco Didio Falco, un informador, una especie de detective en tiempos de Vespasiano (69-79). Las novelas están tan, pero tan bien documentadas que se aprende más en ellas sobre los bajos fondos de Roma que en veinte libros gordos y aburridos de las mejores universidades del mundo. Y además las novelas son muy entretenidas e incluso divertidas. Las recomiendo pero muy mucho.

Tal vez el asesinato más famoso de la Historia de Roma es el de Cayo Julio César. De no haberse producido, la Historia del mundo podría ser distinta. Como es sabido, fue asesinado por un complot de sesenta senadores, aunque se dice que "solo" recibió 23 puñaladas. Su asesinato terminó con la República que precisamente querían reinstaurar sus asesinos y en cambio dio origen al Imperio, un régimen monárquico y autocrático que duraría medio milenio nada menos. Les salió el tiro por la culata tanto, pero tanto a sus asesinos, que el apellido del interfecto se convirtió en título real: César, Kaiser, Zar, palabra equivalente a "Emperador" era antes del asesinato de Cayo Julio, solo su *cognomen*. Se da el caso que la guardia hispana que protegía a Julio César fue despedida poco antes del asesinato, según contó Suetonio, para que quedara claro para los contrincantes de César que no les tenía miedo.

Matar a un dictador, se pusieran como se pusieran de estupendos los auto-proclamados libertadores (*liberatores*), era un crimen muy gordo. Marco Antonio hizo un discurso magnífico durante los funerales de César, como vimos decir a Marlon Brando en la peli (*Julius Caesar*, 1953): «¡Oh, señores!, si tuviera el propósito de excitar a vuestras mentes y vuestros corazones al motín y a la cólera» (claro, que el discurso lo escribió Shakespeare) y luego hizo la paz con Octavio, heredero de Julio, futuro Augusto. Ambos condenaron a muerte a todos los *liberatores*. Los que quedaban en Roma fueron sacados de sus casas, proscritos y linchados. Otros fueron emboscados por partidas de justicieros donde estuvieran y finalmente los que quedaban, murieron o se suicidaron en la batalla de Filipos, en octubre del 42 a. C., dos años después del magnicidio de Julio César. El mundo había cambiado para siempre. Luego ya Octavio le hizo la guerra y le ganó a Marco Antonio y chimpún, hete aquí a Augusto.

Dijo Hesiodo en el siglo VIII a. C., hace dos mil novecientos años, que: «Desde el instante en que el hombre comete un crimen, entra el castigo en su corazón». Pero fíjate que los romanos, aunque el culpable tenga complejo de culpa y se sienta fatal por lo que ha hecho, somos más de castigarlo que de comprenderlo. Eso de *la sociedad es la culpable* está bien en una canción de Siniestro Total, pero no en la cruda realidad de la Roma Cruda. Lo de buscar venganza debe de ser muy romano, porque por ejemplo en una lápida de Dobretae (Drobeta-Turnu Severin), en la moderna Rumanía, que dice:

> «Lucio Julio Basso, hijo de Lucio, de la tribu Sergia, edil y tesorero de Dobretae. Fue asesinado por bandidos a los 40 años. Julio Juliano y Julio Basso erigieron este monumento en honor de su padre con la colaboración de su hermano Julio Valeriano, que vengó su muerte».

Si el asesino era rico y tenía posición, se le suponía que debía suicidarse para evitar la infamia, al menos para evitársela al resto de la familia. No me creo mucho el relato, pero Tácito cuenta en sus anales la historia de un tal Marco Plaucio Silvano, pretor del año 24, que fue acusado por su suegro Lucio Apronio de matar a su segunda señora, Apronia, arrojándola por la ventana. Preguntado al efecto, dijo que pensó que la mujer se habría suicidado; como todos los ricos, dormían en dormitorios separados y él dijo que estuvo durmiendo como un bendito (en este caso, maldito). El mismísimo emperador Tiberio (César del 14 al 37) decidió tomar cartas en el asunto y visitó la casa del matrimonio, donde dicen que observó señales de pelea y marcas en el alfeizar de la ventana de la habitación. Para no intervenir directamente y que se pensara que tenía favoritismo, Tiberio envió el caso al Senado para que el pretor fuera juzgado por sus iguales. Entonces, el presunto asesino acusó a su primera mujer, Fabia Numantina, de haberle vuelto loco recurriendo a pociones y magia y que en ese estado de locura transitoria habría peleado con su mujer. La señora Fabia Numantina (sí, numantina) fue absuelta de inmediato y tuvo que ser la abuela del pretor, una señora de las de antes, llamada Urgulania, quien le enviara un puñal al presunto por mensajero (¿Glovo?), una señal para que su nieto se dejara de tonterías y salvara el honor clavándoselo en su podrido corazón. Parece ser que tuvo que ser ayudado por algún esclavo, pero al final lo suicidaron.

Por debajo de los "crímenes", en la ley romana estaban los "delitos" (*delicta*, singular *delictum*). Los delitos eran daños entre "ciudadanos privados" a diferencia de los crímenes que eran daños a lo público. Los delitos eran el hurto, la injuria, la pérdida dolosa… La compensación a las víctimas venía escrita en la ley civil y consistía normalmente en la compensación de lo perdido, en una multa o en una suma de ambas.

Conforme la sociedad fue haciéndose más sofisticada, aparecieron delitos que en principio no estaban contemplados en la ley civil, como el fraude, la coacción (*metus*, como en: —¡o haces esto o te metus!… perdón, mal chiste), o la estafa, cuya jurisdicción le fue encargada a los pretores y, por lo tanto, todos estos nuevos delitos se llamaban delitos pretorianos. La mayoría de las penas seguían siendo en cualquier caso monetarias y de compensación, como en el chiste ese que dice: «—Ha cometido usted un crimen matemático—. —Pues, lo asumo—. —Pues, lo arresto—». Perdón, segundo mal chiste en un solo párrafo. Por favor editora, Esperanza, corregid esto que no salga…

La responsabilidad de un delito de estos no podía cancelarse por un mero acuerdo entre las partes (*pactum*), sino que tenía que ser juzgado igualmente ante un juez que dictaminara la condena o no del acusado. Desde la promulgación en el año 286 a. C. de la Lex Aquilia, la *culpa* (palabra latina) o negligencia era suficiente para caracterizar un delito. La ley buscaba el castigo del *infractoris* porque consideraba que los delincuentes actuaban con intención de causar mal (*dolos*). *Infractus*, quiere decir "roto" y se entiende que quien comete una infracción a la ley, está rompiendo metafóricamente la norma. La paz.

Hay quien aprovecha el colarse en una fiesta o en una cena, para llevarse todo lo que puede, como nos cuenta Marcial sobre uno que además es tuerto:

> «No menosprecies a ese tipo. No hay nadie más ladrón que él;
> si lo invitas, acuérdate de vigilarlo con atención:
> se le va entonces la cabeza y, aunque tuerto, ve el doble.
> Los criados, nerviosos, pierden copas y cucharillas
> y una colección de servilletas se oculta en su acogedor seno:
> y no desconoce el hurtar las capas que se caen del brazo
> y muchas veces se marcha cubierto con dos mantos;
> y, redomado, no tiene empacho en robarle a un adormecido esclavo
> de la casa su lámpara, aunque esté encendida».

Las leyes romanas, de todas formas, eran tan modernas que consideraban no culpable al loco (*furiosi*) ni al menor antes de su pubertad, por considerarlos incapaces de actuar conscientemente a mala leche, lo del menor es un precedente de la "ley del menor" que, por cierto, habría que mejorar. Ya en el Derecho Romano se advierte que aunque el niño no es responsable, si está cerca de su pubertad y si es consciente de que lo que hace está mal, puede ser llevado a juicio y condenado como un adulto. Los menores utilizados por bandas para sus delitos y que nadie sea responsable, serían condenados en Roma bajo esta ley.

Las mujeres eran consideradas capaces de delinquir, aunque no tuvieran los mismos derechos que el hombre y también eran capaces de testificar y de representarse a sí mismas ante cualquier tribunal, pudiendo por lo tanto, acusar y defenderse. Valerio Máximo en el siglo I nos cuenta el caso de una señora, Mesia de Sentino, ciudad de Umbría, que fue llevada ante el pretor y se defendió a sí misma con tal capacidad, que fue exonerada casi por unanimidad. Olé la Mesia…

Los esclavos, aunque no fueran personas, sí que se consideraban capaces de delinquir (*doli capaces*), en una curiosa excepción que tampoco beneficia a estos pobres, que son considerados más herramientas que personas. Como lo normal es que cada quien se buscara la justicia por su mano, las víctimas que llevaran su caso ante la justicia tenían que prometer abstenerse de buscar venganza, aceptando la compensación pagada por el delincuente o su familia o la sentencia que se dictase. La compensación a veces ya venía prescrita en la ley y otras veces dependía de la discreción del propio juez. Dos o cuatro veces lo robado, por ejemplo.

La muerte del delincuente no exoneraba a sus herederos de cumplir la pena económica, salvo que el delito hubiera sido una injuria contra el buen nombre de un ciudadano. En ese caso, al ser un delito muy personal, los insultos del padre no los tiene que pagar el hijo, pero en el caso de que un ladrón huyendo se cayera del balcón de tu *cenaculum* y se partiera la crisma con tus cosas en sus manos, sus herederos, de haberlos, tendrán que compensarte. Si el delincuente tenía un *pater familias*, este era responsable también de la compensación. Todavía la ley dice que: «Responderán solidariamente con él (menor) sus padres, tutores, (…) en razón del incumplimiento del deber de prevenir la infracción administrativa que se impute a los menores».

Cuando te robaban algo, si ese algo valía lo suficiente como para que te mereciera la pena ir ante el pretor, ya que todavía se dice eso de que "pleitos tengas y los ganes", se llevaba a cabo la solicitud de que se te devolviera o compensara por lo robado. A esa acción se le llamaba *rei vindicatio*, literalmente la "justificación" o vindicación de las cosas. La compensación y la condena eran distintas, una es que se te reponga o devuelva lo que te han quitado y la otra es que por habértelo quitado al delincuente le den p'al pelo. Eso sí, el acusador tenía que demostrar fehacientemente que lo que decía le habían robado, era suyo de verdad. Si no, podías terminar fatal. En el *Digesto*, recopilación de Derecho Romano, se dice que «incumbe la prueba al que afirma, no al que niega». Es decir, el que dice que eso es suyo tiene que probarlo, no el que niega haberlo robado. El reo es inocente hasta que se demuestre lo contrario. Ya en el código de Hammurabi, del 1750 a. C. (¡hace 3.771 años!) se dice: «Si el propietario de la cosa perdida no presenta testigos que testimonien sobre el objeto perdido, es un estafador, (ya que) ha efectuado una denuncia falsa y será castigado con la muerte». Pocas bromas con las denuncias falsas. Todavía son delito y con razón.

J. Toner nos recuerda que se conserva una petición en un papiro romano de Egipto, en la que el denunciante explica que los ladrones «entraron por una ventana que estaba cerrada con ladrillos y daba sobre una calle pública. Seguramente los ladrones usaron un tronco como ariete. Después que entraron, usando una cuerda robaron la cebada que tenía almacenada, sacándola por la misma ventana». Si el mismo propietario no hubiera averiguado esto, no había fiscal que lo investigara; más le valdría haber contratado a Marco Didio Falco...

En los robos era distinto si al malo se le pillaba con las manos en la masa (*furtum manifestum*) que si se le pillaba después. Si era pillado en flagrante delito (*in flagranti*), la condena podía ser la muerte, si había escapado del lugar del robo y solo tras las investigaciones se hallaba que era culpable la pena era menor, de ahí el interés de escapar del lugar del crimen de los ladrones romanos. Si el ladrón era un esclavo, era condenado a muerte en cualquier caso. Si un ladrón (hombre libre) era pillado robando de noche o si al encontrarle robando se defendía con cualquier arma, aunque fuera de día, podía ser legalmente matado en el acto. La persona que sufriera el robo tenía entonces que llamar a sus vecinos como testigos.

En la Roma under se robaba de todo, todo lo que pudiera guardarse debajo de la túnica o en un saco, como hacían los golfos apandadores o lo que pudiera pillarse oportunamente. Lo típico era cortarle los cordones a la bolsa de un despistado entre la multitud, sobre todo aprovechando las entradas y salidas a los juegos y lugares, como hoy te mangan la cartera donde hay demasiada gente junta. Pero también se robaban hasta ladrillos, perfumes, comida, joyas, lámparas, jarrones, ropa... Los ladrones intentaban vender lo robado rápidamente, nadie hacía preguntas, deshaciéndose así de la prueba y complicando que la víctima pudiera llegar a ellos. Marcial nos cuenta de un tal Zoilo, que roba incluso a un muerto en su pira, lo peor de lo peor:

> «Los perfumes y la casia y la mina que huele a entierro
> y el incienso a medio quemar de en medio de la pira
> y la canela que robaste del lecho estigio,
> sácatelos, despreciable Zoilo, de tu asqueroso bolsillo.
> De tus pies han aprendido a delinquir tus aviesas manos.
> No me sorprende que seas un ladrón, tú que fuiste un esclavo fugitivo».

Una cosa es el que roba porque tiene hambre y pretende vender luego lo obtenido y otra cosa es el que es malo y hace mal a sabiendas, sin importarle ni a quién roba, ni lo que roba, ni respetando lo más mínimo. No me vale lo que decía Marcial de que «aquí el hambre es cara y ruinoso el mercado». Ya hemos visto, y todavía se ve, que no necesariamente los pobres son los más ladrones, sino que como dice el refrán: «Ladrones roban millones, y son grandes señorones».

A veces, los daños, los dolos, suceden sin intención de quien causa el mal, lo que los romanos llamaban casi-delitos. Si se cae un tiesto de tu balcón, por ejemplo, sin estar tú en casa. O si tu perro se escapa y muerde al cartero. En las primeras leyes romanas ya estaban previstos los daños que pudieran hacer los animales a las propiedades ajenas, siempre y cuando fueran animales de cuatro patas (luego se amplió a los de dos patas, como gallinas o patos, por ejemplo). Evidentemente, el responsable de la compensación era el dueño del animal, aunque el animalito fuera incapaz de causar mal a propósito ya que no era racional (algunos más racionales que sus dueños, pero en fin). La ley Aquilia, del siglo III a. C. distinguía si por ejemplo el perro mordía a alguien mientras su dueño lo tenía de la correa. En ese caso se entendía que el daño había sido cometido directamente por el dueño del perrete y por lo tanto él era totalmente el responsable de la acción, como si te hubiera pegado con un palo que sostuviera en la otra mano. Si el dueño no estaba donde el perro cuando éste mordía a alguien, la responsabilidad del propietario, en este caso, pasaba a ser secundaria, algo así como "responsabilidad civil". Vamos, seguía siendo culpa del dueño del perro mordedor, pero menos. Menos multa y castigo. Si un animal salvaje escapado causaba algún daño una vez se había escapado es como si ya no tuviera dueño y por lo tanto al que se le escapó, dueño o cuidador, no era responsable. Y como el animal salvaje es salvaje y no racional, no hay culpable, aunque sea el caso de un león del circo que se escapa a lo loco por las cercanías del Coliseo y se come un grupo de boy-scouts.

Al principio, todos los robos eran considerados como hurtos, luego, con el paso del tiempo, el robo (*rapina*) con violencia paso a ser un asunto del pretor y se fueron especificando tipos de robo y condenas diferentes según el dolo cometido. En los albores del tercer siglo de nuestra Era, Julio Pablo Prudentísimo, uno de los juristas romanos más famosos de la Historia, añadió al robo la nocturnidad como agravante, indicando que: «De entre todos los malhechores, los intrusos nocturnos se consideraban los más abyectos». Y añade que cuando les pillan y después de ser azotados públicamente, está bien enviarles a las minas como esclavos de por vida. Si siguiéramos haciendo algo así, seguro que las bandas esas que asaltan chalets se lo pensarían dos veces.

Y es que las condenas romanas eran la bomba: en el Derecho Romano había dos tipos de penas, la *poena capitalis* o pena capital, y las otras, que siempre empiezan con la pérdida de los derechos del condenado y normalmente terminan en destierro. La pena capital significa literalmente perder la cabeza (*caput*), aunque dentro de esta pena de muerte hay varias modalidades: las más famosas de Roma son la *damnatio ad bestias*, la condena a las bestias, a los leones, reservadas para los peores criminales. Los muy malos eran atados a un palo en la arena del anfiteatro y se soltaba a los animales para que los devoraran vivos. Curiosamente, aunque consideramos a los leones como la "bestia" favorita para este tipo de ejecuciones, parece que los tigres (*tigris*) eran los más populares. Lo de que a los cristianos se les arrojara a los leones, me temo que no está muy bien documentado. Tácito, que en este aspecto no es muy de fiar, dice que se vistió a los cristianos con pieles de animales y fueron lanzados a los perros. No parece un espectáculo, ni una condena viable, francamente. Por otra parte, no existe ninguna evidencia ni testimonio ni nada fiable que pruebe que jamás un cristiano fuera ejecutado en el Coliseo. Por si hiciera falta alguna demostración, todavía en el siglo XVI el papa Sixto V intentó instalar una fábrica de lana allí mismo, en el Coliseo, con los talleres en la arena y las habitaciones de los obreros en las tribunas, curiosa forma de tratar y sacralizar un recinto que se supone bendito por la sangre de los mártires allí condenados. El Papa celebra allí en el Coliseo su *Via Crucis* anual porque mola, pero no porque allí haya muerto por cristiano nadie. No lo digáis muy alto, pero es verdad.

Sí que se conservan relatos (escritos mucho después) de cristianos martirizados arrojados a las bestias, por ejemplo en el Cartago romano de principios del siglo III, como las santas Perpetua y Felicidad, que dicen fueron arrojadas contra una vaca... En lo que sí son comunes todos los relatos sobre cristianos condenados, es que a las mujeres dicen que se las desnudaba, que eran presentadas desnudas, o cubiertas solo por una red o desnudadas y atadas con las manos a la espalda y cosas así, para prepararlas a sufrir su condena. Francamente, me parecen más añadidos morbosos de los escribas célibes monásticos medievales, unos salidos, que la verdad de los hechos. Creo que una mujer desnuda delante de una vaca en el año 203 habría causado más pena y lástima al respetable que otra cosa.

Dicen que el emperador Galieno (César del 260 al 268) condenó a morir por las bestias a un supuesto joyero que había vendido una cristalería a su señora, que supuestamente era de cristal de roca y resultó de vidrio barato. El condenado lo pasó fatal tras escuchar la sentencia y pasar los meses encerrado. Cuando llegó el momento, lo ataron en su poste en la arena del Coliseo, y subió de los sótanos una jaula enorme de la que salió... una gallina para jocosidad del respetable, que se rieron así del estafador. Después de esta original condena, cuentan que fue liberado.

También había otras ejecuciones teatralizadas, diríamos, referidas a esto de *ad bestias*.Marcial nos habla de un condenado que fue vestido como Orfeo y provisto de una lira en un escenario bucólico en el que había también fieras, a ver si podía tranquilizarlas con su música. No funcionó. El condenado fue despedazado por un oso.

Oficialmente este tipo de condena "a los leones" fue abolido en el muy cristiano año 681, aunque se conoce un caso en Constantinopla todavía en el 1022, cuando un eunuco fue condenado por traición y arrojado a las bestias.

Parecida a la condena a las bestias, era la *poena cullei*, la condena al saco, que se empleaba con los parricidas, dicen que desde el año 100 a. C., pero perfeccionada en el siglo II bajo el imperio de Adriano (César del 117 al 138), cuando se especificó que al condenado había que meterle en un saco con cuatro animales vivos, especificando que debían ser un perro, un gallo, una serpiente y un mono. Después se cerraba el saco con los cinco dentro y se arrojaba al Río Tíber. Esta condena tan colorida estuvo vigente hasta el año 892 en el Imperio romano oriental.

La otra condena romana más famosa es, por supuesto, la crucifixión (*crucifixio*), pena a la que se condenaba a esclavos, piratas y reos de traición muy gorda o crimen contra el Estado, siempre que los reos no fueran ciudadanos. Parece ser que tanto hombres como mujeres podían ser condenados a morir en la cruz. Flavio Josefo en el siglo I nos da el nombre de una mujer Ida, liberta, que fue condenada por orden del Emperador Tiberio. En teoría, si un señor era asesinado en su casa y no se hallaba culpable, todos sus esclavos eran condenados a morir en la cruz.

Se supone que Jesucristo fue condenado por Poncio Pilatos, según las leyes romanas, por pretender proclamarse rey (*Iesus Nazarenus Rex Iudeaorum*, INRI), sedición y crimen contra el Estado. Los judíos no podían condenar a nadie a la cruz, como mucho, a lapidación por blasfemia.

Luego estaban las clásicas penas capitales, como la decapitación, reservada a ciudadanos romanos que no se hubieran suicidado al haber sido condenados. En un cementerio romano en Gran Bretaña (hay muchos de estos), en Buckinghamshire, se hallaron 425 esqueletos de la época romana (más menos del siglo III o IV). Alrededor del 10%, más de cuarenta, eran esqueletos de decapitados que fueron enterrados con la cabeza cortada entre sus piernas. Otro misterio que posiblemente nunca resolveremos. Aparentemente no fueron todos enterrados a la vez, no son los cuarenta ladrones de Alí Babá condenados y ejecutados a la vez, sino que sus enterramientos tuvieron lugar a lo largo de muchos años. Tampoco están en una sección especial del cementerio, ni sus tumbas difieren de las de los demás salvo en que sus cabezas están entre o junto a sus piernas, en una especie de condena eterna para que siempre se sepa, como sabemos nosotros, que fueron decapitados. Si sus cabezas hubieran sido enterradas sobre sus hombros, difícilmente habríamos notado que fueron ejecutados por vete tú a saber qué. Lo que está claro, es que eso tan británico de «¡que le corten la cabeza!» ya se hacía en la pérfida Albión mucho antes de que Alicia bajara por la madriguera.

Como cantaba Javier Krahe: «Pero dejadme, ay / que yo prefiera/ la hoguera, la hoguera, la hoguera». Los romanos también condenaban a ser quemado vivo, en ciertos casos muy criminales como la falsificación de moneda. Para ello vestían al reo con la *tunica molesta* (y tanto), un vestido tejido como una cesta de esparto, untado de resina y cera, que ardía de aquella manera, jorobando más todavía al condenado. Lo de quemar vivos a la peña no es solo romano, se practicaba en todas partes y por delitos en mucho menores a los de Roma, como señala por ejemplo la Biblia en el Levítico (20:14): «El que tome como esposas a una mujer y también a la madre de ella comete una infamia: Quemarán en el fuego a él y a ellas, para que no haya infamia entre ustedes». Lo siento por Simon y Garfunkel (y por Dustin Hoffman), pero Mrs. Robinson, a la hoguera, junto con el graduado y su novia. Para los jóvenes lectores que no habrán entendido esto último, *El Graduado* es una peli de 1967 (un Óscar) en la que Dustin Hoffman va a casa de su novia y termina liándose con su suegra, Mrs. Robinson. La música era de Simon & Garfunkel. Lo de: «Es que la madre de José me está volviendo loco» es de antes de Dani Martín, me temo...

Estas penas, como lo de los leones, la cruz o la hoguera y otras que me callo, pueden parecer crueles, pero como decía Valerio Máximo: «Callar sobre la crueldad es acrecentarla». Pero claro, hay que tener en cuenta que hasta muy entrado el siglo XIX, las penas y las condenas eran terribles, sangrientas y públicas y además se llevaban a cabo con la intención de ser ejemplarizantes y espectaculares, no "justas".

Por supuesto había otras condenas, que van desde una multa y la devolución de lo robado y siempre comenzaban con la confiscación de los bienes del interfecto y su expulsión del censo de los ciudadanos romanos, siendo exiliado o desterrado, según la felonía que hubiera hecho. Normalmente la gente de a pie se buscaba la vida para castigar al infractor sin que tuviera que intervenir la ley "oficial". En *el Asno de Oro*, Apuleyo nos cuenta por ejemplo, la historia de un ladrón que hizo un agujero en una puerta para meter la mano y abrir la cerradura, cuando fue pillado *in fraganti* por el dueño de la casa que ya venía preparado y con un clavo y un martillo, clavó la mano del ladrón a la puerta por dentro y se puso a llamar a gritos a los vecinos para que vinieran a socorrerle, que le querían robar... Los compinches del ladrón, no queriendo dejarlo allí, porque sin duda lo matarían entre todos los vecinos, ni pudiendo separar su mano de la puerta, decidieron cortarle el brazo de un tajo y llevárselo mutilado pero vivo, de vuelta a su guarida...

También nos cuenta Apuleyo de una vieja en cuyo *cenaculum* se había colado uno a robar y pillado con las manos en la masa, estaba intentando escapar por la ventana... La vieja le ayudo desde atrás, tirándole al vacío: «que dio con él de allí abajo. El cual, además de caer de la ventana, que era bien alta, dio en una piedra grande que allí estaba, donde se quebró y abrió todas las costillas, de manera que salieron de él ríos de sangre». Hala, pa' que vuelvas.

Claro que también hay gente que no tiene perdón de dios, como la hija de Heliodora, que le robó todo, como le cuenta la señora a la abuela de la joya en esta carta conservada en el Egipto romano del siglo II, ¿hay algo más feo que robarle a tu madre?:

> «Muchos problemas me ha causado mi hija. Molestó muchísimo al casero y a todos los vecinos. Me despojó de todo y se llevó mis adornos de oro y mis pendientes y solo me dejó (...) una túnica usada que (...) pide al dios de mi parte que por favor se apiade de mí».

En cuanto a prisiones, los romanos clásicos no eran mucho de encerrar como condena, pero en la historia de Roma hubo varias, desde la Mamertina, junto al Foro, que básicamente consistía en dos cisternas una encima de otra, estrechas y oscuras, donde se retenía normalmente por poco tiempo al preso o incluso se le ejecutaba en la de arriba y se les arrojaba a la de abajo, como les ocurrió a algunos secuaces de Catilina en el 63 a. C.; realmente se la conocía como *Tullianum*, lo de Mamertina es un nombre medieval. Salustio, el historiador romano del siglo I a. C., la describe así: «Contiene una sala inferior, llamada *Tullianum*, que se hunde a doce pies bajo tierra. Está cerrada por muros espesos y cubierta de una bóveda de piedra. Es un calabozo sucio, oscuro, infecto, cuyo aspecto era algo espantoso y horrible». Se conserva en parte porque sobre ella se construyeron dos iglesias, San Giuseppe dei Falegnami a la altura de la calle y debajo la de San Pietro in Carcere, literalmente San Pedro en la cárcel, ya que según la tradición el primer Papa estuvo encerrado aquí. Como curiosidad, la cruz del altar está boca abajo porque, según la tradición, a San Pedro lo crucificaron cabeza abajo. Cerca del *Tullianum* estaban las *Latumiae*, que eran unas cuevas también utilizadas para celdas de gente de baja estofa y que junto con la roca Tarpeya, lugar de ejecución clásico, y las escaleras gemonias, donde se arrojaban los cuerpos de los condenados por ejemplo en tiempos de Tiberio, formaban un "alegre" conjunto de dependencias carcelarias y similares. Las escaleras gemonias eran conocidas como "la escalera de los sollozos".

Otro esqueleto encontrado en Gran Bretaña, apareció todavía con grilletes en el 2008. Había sido abandonado o tirado o había caído en una zanja, posiblemente en el siglo IV de nuestra Era, cerca de Great Casterton, un pueblo ridículo aunque se llame Great, en el condado de Rutland.

Desde que apareció, algunos arqueólogos se han esforzado en convencer al mundo de que estamos ante una prueba de que la esclavitud existía en el Imperio romano, asunto sobre el cual yo personalmente pensaba que no necesitábamos pruebas forenses. El caso es que lo más probable es que se tratara de un condenado. Un esclavo con grilletes poco va a trabajar. Pero claro, vende más el titular si dices que se ha encontrado el esqueleto de un esclavo de tiempos romanos que el de un ladrón… En cualquier caso, aquí también hay una historia que contar. ¿Le tiraron con grilletes a un pozo lleno de agua para que se ahogara? ¿Estaba huyendo a pesar de sus cadenas y se cayó y se dio en la cocorota con un pedrolo? ¿Por qué nadie recuperó los grilletes del preso y los vendió en la chatarrería? ¿Era un esclavo y los clickbaits tienen razón? En Londres también apareció un tipo arrojado cabeza abajo, en este caso en un pozo de cuando la ciudad era Londinium. Y por allí, por Northamptonshire, entre Londres y Birmingham, apareció todavía otro esqueleto, en este caso en 1991, que tiene ambas piernas cortadas a la altura de las rodillas y fue arrojado boca abajo en el suelo. Por si fuera poco, en vez de lengua, apareció con una piedra en la boca. A lo mejor se había ido, precisamente de la lengua allá por el siglo III y por eso le torturaron contándole la lengua y las piernas… Lo que no se entiende tampoco es la sustitución de la lengua por una piedra o que lo enterraran boca abajo, si es que lo enterraron. A lo mejor fue una venganza por *iniuria*… No se sabe que por allí hubiera ninguna cárcel ni lugar de ejecución ni nada parecido… Señores de Netflix, me ofrezco para hacer el guión: *La lengua de piedra*, próximamente en su plataforma…

En otras ciudades del Imperio fuera de Roma, normalmente sí existían cárceles hasta el tiempo de Adriano, quien ordenó su cierre, se llamaban *ergastula*, una especie de naves industriales, muchas veces bajo el suelo, donde se encerraba a esclavos conflictivos, prisioneros de guerra y similares y también a hombres libres que hubieran cometido algún delito a la espera de su juicio. Eran custodiados por un esclavo de confianza perteneciente al municipio, cuyo trabajo se denominaba *ergastidarius*. El prisionero, en el caso de ser libre, tenía que pagar por su manutención y pernocta y si no podía, tenía que trabajar para pagarse la estancia. Propongo que volvamos a esta costumbre de que los presos financien su estancia en la cárcel, al menos los que estén a la sombra por motivos económicos. Especialmente los políticos que se hayan forrado en su cargo. Y que les cobren carísimo. A dos mil pavos el menú, por ejemplo.

Personalmente estoy de acuerdo en lo que decía Pierre de Villaume en el siglo xix: «La esperanza de impunidad es para muchos hombres una invitación al crimen». Y los políticos que delinquen, lo hacen siempre, siempre, porque se creen que están por encima del bien y del mal y que van a quedar impunes, como por desgracia pasa muchas veces; aforamiento, indulto, amnistía, derogación de la malversación de fondos públicos... ¿Cuál de estas medidas servirá para luchar contra la corrupción? Pues eso... Cicerón decía que: «Los pueblos que ya no tienen solución, que viven ya a la desesperada, suelen tener estos epílogos letales: se rehabilita en todos sus derechos a los condenados, se libera a los presidiarios, se hace regresar a los exiliados, se invalidan las sentencias judiciales. Cuando esto sucede, no hay nadie que no comprenda que eso es el colapso total de tal Estado; donde esto acontece, nadie hay que confíe en esperanza alguna de salvación». Y tenía razón, a la República romana le quedaban dos telediarios. Y siempre son los políticos los que se perdonan unos a otros, me da igual el siglo o la ideología de la que presuman, en su caso no es que se cumpla el refrán «Piensa el ladrón que todos son de su condición», es que todos lo son. Todos iguales. Sí, es injusto, estoy generalizando. Conozco a algunos buenos. Algunos tan buenos, que se salieron de la política, ¿verdad Alberto?

En cualquier caso, vayamos a Roma, que la corrupción política también es Roma Underground. Se ha puesto de moda en ciertos ambientes enrarecidos de la divulgación insistir en que Roma era un Estado corrupto... Como todo lo que se dice sobre Roma, no se debería de tratar de compararlo con nuestros modernos Estados que, por cierto, también tienen lo suyo, sino con los Estados contemporáneos a su Historia y entonces, amigo, la cosa cambia. Para empezar Roma tenía leyes contra la corrupción al menos desde mediados del siglo ii a. C. Todavía hay quien dice: —si hay leyes, es que hay delitos. Vale, pero si no hay leyes, es que esos delitos quedan totalmente impunes, porque ni se consideran tales. En cambio conocemos los casos de "corruptos" romanos, del tiempo de la República y del Imperio, siendo llevados ante la Justicia y, a veces, pagando su culpa. Por ejemplo, Dion Casio nos cuenta de un liberto de Julio César: Licinio, un galo él mismo, que se encargaba de cobrar los impuestos en su zona de la Galia. Cobraba mensualmente lo debido, pero contando catorce meses en cada año…

También Pompeyo, que se las daba de incorruptible y honrado, según él mismo pregonaba, decidió que la Justicia iba a estar a favor de su suegro, que estaba inmerso en nosequé juicio por pasta. Plutarco nos cuenta que: «Habiendo de ser juzgado su suegro Escipión, llamó a su casa a los trescientos setenta jueces y les rogó estuvieran en su favor, y el acusador se apartó de la causa por haber visto a Escipión ir acompañado desde la plaza por los mismos jueces».

La primera ley que se estableció en Roma para perseguir a los que se aprovechaban de su cargo político fue la *Lex Calpurnia* del 149 a. C., desarrollada específicamente para juzgar al malo malísimo Servio Sulpicio Galba, gobernador de la Hispania Ulterior (vaya por Júpiter) a quien se acusó de malversación de fondos públicos, que es lo menos que había hecho. Al fin y al cabo, a Al Capone le llevaron a juicio por delito fiscal. Fue procesado por un jurado de sus iguales, la orden senatorial, algo que era toda una novedad. Sin embargo, esta primera ley no imponía ninguna pena pública, sino la devolución del dinero que se había sustraído. ¿Lo ha devuelto? Pues desde entonces tampoco nadie lo ha hecho, oye… En cualquier caso, éste se libró, porque como decía mi padre "entre bueyes no hay cornadas"… Este Galba es el que traicionó y masacró a los lusitanos durante una tregua y provocó con ello que Viriato se convirtiera al poco en el *terror romanorum*.

Unos años más tarde, en el 123 a. C., se establecieron las llamadas "cuestiones perpetuas" una especie de fiscalía de oficio para investigar las malas prácticas y habituales extorsiones que los gobernadores llevaban a cabo a sus gobernados. Estos tribunales establecieron lo que se llamó el *crimen repetundarum*, el cohecho puro y duro. El *crimen peculatus* se refería a la malversación y, poco a poco, las leyes, que ojalá siguieran vigentes y que hubo que hacer para proteger a los ciudadanos y a los habitantes de las provincias del abuso de los políticos, se fueron sucediendo: la ley Calpurnia, la Sempronia, la Servilia de *Repetundis* y, bajo la dictadura de Sila, la Ley Cornelia, cada una fijándose en la manera en la que los ladrones de toga blanca, hecha la ley, hecha la trampa, se buscaban las mañas para seguir robando, como el delito de *concussio*, corrupción, que consistía en solicitar de los gobernados una contribución especial directamente para su bolsillo, todo esto con la *coniventia* de los jueces, que normalmente no terminaban condenando a uno igual que ellos, al menos hasta que llegó Cicerón y se cargó ante un juez a Verres, corrupto exgobernador de Sicilia, el primer día del juicio, forzándole a huir al exilio al muy ladrón, que era de los que pensaban, como dice el refrán, que "robar mucho es pillería, robar poco, tontería". Justo antes del advenimiento del Imperio, Julio César hizo la ley Iulia, en la que cien capítulos cerraban el paso a la corrupción (¡JA!) y la castigaban con el destierro y multas desorbitadas. Juvenal, en su sátira octava, aconsejaba al noble que fuera a ejercer una gobernación que:

> «Cuando el gobierno que por tantos años
> anhelaste, tomares, de tu ira frena los excesos,
> la codicia depón, piadoso mira
> y no como verdugo,
> las provincias exhaustas (...)
> Atiende lo que ordenan nuestras leyes, lo que manda
> el Senado; considera qué premio aguarda al bueno».

Y el Marx de bigote y cejas, unos siglos más tarde dijo que: «Solo hay una forma de saber si un hombre es honesto: preguntárselo. Y si responde sí, entonces sabes que está corrupto». Julio César, pocos años después de haber promulgado su ley, ordenó que se le abriera el tesoro porque necesitaba pasta para su guerra contra Pompeyo y tal. "Consejos vendo, para mí no tengo".

El caso es que con esto de la "grandísima" y supuesta corrupción política en Roma, pasa como con lo de los pisos que dicen que se quemaban todo el rato. Se han conservado noticias sobre los políticos que fueron corruptos, normalmente porque fueron llevados ante la Justicia gracias a las leyes que se fueron promulgando. Pero... Desde el fin de la Primera

Guerra Púnica hasta el fin del Imperio de Occidente van más de setecientos años en los que muchos miles de magistrados fueron gobernadores de esta o de la otra provincia y, francamente, las estadísticas entre los gobiernos de Roma o nuestro sistema en cuanto a porcentaje de casos de corrupción, las ganamos nosotros por goleada. Nosotros tenemos muchísimos más casos y más personajes digamos corruptos, a pesar de que los políticos en todas las épocas, como hemos visto, intentan ayudarse unos a otros. Creo que no se puede decir que Roma fuera un Estado corrupto, hacían lo que podían. Nosotros tenemos menos excusas. No sé quién dijo eso de que: «La única diferencia entre nuestro sistema y un circo es que en el circo los payasos no son los que gobiernan». Pero me temo que a veces creo que esa frase es verdad. Si no, no se explican ciertas cosas.

Otro aspecto común entre los políticos de Roma y los de ahora es que todos piensan que cualquier tiempo pasado fue mejor; que con Trajano vivíamos mejor y que nos hemos ido haciendo blandos y corruptos con los años y los lujos, como decía hace un rato por ejemplo Tito Livio:

«Roma originalmente, cuando fue pobre y pequeña era un ejemplo único de virtud austera; entonces se corrompió, se echó a perder, se pudrió por todos los vicios; así, poco a poco hemos llegado a la situación actual en la que ni podemos tolerar los males que sufrimos, ni los remedios que necesitaríamos para curarlos».

O como decía Horacio: «Nuestros padres fueron peores que nuestros abuelos, nosotros somos peores que nuestros padres, nuestros hijos harán que nos lamentemos». Vamos, de mal en peor y así llevamos dos mil años y no termina de caer el meteorito... Cada generación se queja de que la de ahora es peor que la suya. —Esto, antes, no pasaba... En cualquier caso, tomemos algo de lo que decía Cicerón como premisa y nuestro sistema mejorará y la política dejará de tener un lado oscuro: «El buen ciudadano es aquel que no puede tolerar en su patria un poder que pretenda hacerse superior a las leyes». ¿Puede alguien por favor grabar esto en la portada del Congreso?

Además de los políticos, en todos esos caminos que te llevan a Roma, o cuando estabas de camino entre un sitio y otro, era posible que te robaran, la Justicia no es tan fuerte allí donde no llega la ciudad. Hace dos mil años, que no había ni Guardia Civil, era además mucho más peligroso viajar; es más fácil que te suceda algo donde nadie te conoce y que lo que te pase no será perseguido, como le pasó a Luciano de Samosata en su viaje a Atenas:

> «Cuando partí en dirección a Atenas a causa de mi afición por la cultura griega, me instalé en Amastris, en el mar Negro (...) Me acompañaba Sisinnes, mi amigo de la infancia. Tras buscar alojamiento cerca del puerto y trasladar nuestro equipaje desde el barco, fuimos a comprar sin sospechar que pudiese ocurrir nada malo. Mientras tanto, los ladrones forzaron la puerta y se llevaron todo, hasta el punto de no dejarnos ni siquiera lo necesario para aquel día».

Cuando uno está fuera de casa y es extranjero, no tiene quién le auxilie. Así nacieron los seguros de viaje. Nadie viaja solo porque si te pasa algo chungo de verdad, no tienes quien te haga justicia ni te lleve al hospital y además los caminos (salvo el de Santiago) son peligrosos para quien camina sin compañía, como le pasó al viajero de Sidón del que nos cuenta el libro de chistes *Filogelos*, que iba con un amigo por una Vía Romana y se quedó atrás porque se hacía pis. Vuelve al camino, solo, y en el siguiente miliario encuentra un mensaje escrito de su amigo: date prisa y alcánzame, entonces escribe debajo: no, mejor espérame tú...

En fin, los caminos son peligrosos, hay bandoleros, que no se inventaron en Sierra Morena (*Mons Marianus*) ni fue el primero Curro Jimenez o Luis Candelas.

Hubo un tiempo en que una sola palabra se utilizaba para decir enemigo o extranjero: *hostis*. Todos los extranjeros que recorrieran un camino eran considerados, por lo menos, gente rara. Y era muy fácil que por esos caminos de los dioses te asaltaran. Hasta en la Biblia lo cuentan (Lucas 10:30): «Un hombre que bajaba por el camino de Jerusalén a Jericó fue asaltado por unos bandidos. Le quitaron hasta la ropa que llevaba puesta, le golpearon y se fueron dejándolo medio muerto». El evangelio sigue contándonos que tuvieron que pasar tres personas al lado de la víctima para que finalmente el último le ayudara, el buen samaritano.

En Navarra apareció una lápida que nos muestra que la peligrosidad de los caminos no es solo lo que dicen en los libros, sino la realidad: «Aquí yace Calaeto, hijo de Eguesi, de veinte años de edad, que fue asesinado por unos ladrones. Acnon, su madre, hizo levantar este monumento». Y de Cartagena, proviene otra que dice: «La tierna edad de Lucio se hallaba adornada en su incipiente juventud de fuerzas y vigor. Añorando los abrazos de su querida hermana pretendió recorrer muchas millas de camino, pero fue asesinado por el inesperado y malhadado encuentro con unos bandoleros». No es de extrañar que muchos viajeros hicieran sacrificios o levantaran altares de agradecimiento a los viajes si sus jornadas terminaban sin novedad.

Dicen que en tiempos del Emperador Septimio Severo (César del 193 al 211) surgió un Robin Hood romano que llevó a cabo sus correrías dos años sin que lo pillaran. Dion Casio nos cuenta que: «*Nunca era visto donde decían haberlo visto, nunca estaba donde se esperaba encontrarlo, nunca se le capturó cuando se pensaba haberlo capturado, gracias a su astucia y a sus abundantes sobornos*».

Se hacía llamar Bulla Felix (el penúltimo dictador de la República, trescientos años antes, se llamaba Sulla Felix; Sila). Dicen que llegó a tener una cuadrilla de seiscientos ladrones (ya serían menos lobos) y que se dedicaba a atracar las caravanas de suministros que iban de Brundisium (Brindisi) a Roma. Bulla, además de armar bulla, fue el primer bandolero romántico; pedía un peaje, como ahora en las autopistas, a las caravanas (hoy diríamos a los tráileres) para dejarles pasar y solo si se negaban, les requisaba todas las mercancías. Robaba solamente a los ricos (claro, los pobres no tienen nada qué les robes) y repartía mucho de lo que rapiñaba entre los pobres de los pueblos cercanos a su guarida y eso. No porque fuera bueno, no, sino porque era listo, como luego Robin de Locksley y así se ganaba el favor del pueblo y una red de espías que le avisara a tiempo de si venía la patrulla o de si había un convoy interesante para ser robado o que no le vendieran por la recompensa ofrecida. Dicen que también secuestraba gentes, normalmente artesanos a los que encargaba distintos trabajos, pero las trataba muy bien y cuando los liberaba les daba pasta como pago por sus servicios. Vamos, que era un cielo de ladrón.

Cuentan que le pillaron por culpa de un lío de faldas, cómo no, ya que se acostaba con la señora de un centurión romano. El centurión se enteró y obligó a su adúltera señora a informarle del lugar de la siguiente cita, una cueva donde pillaron al ya no tan Felix, que fue condenado *ad bestias* y su cuadrilla desperdigada. Tiene mucho de literatura la historia de este ladrón, tanto que todavía cuando fue llevado ante el prefecto del pretorio Papiniano, Bulla Felix estaba tan chulo como para contestar cuando fue preguntado que por qué era bandolero: —por la misma razón que tú eres prefecto... ¡A ver!, ¿quién anotó esto?, ¿un periodista que estaba justo allí?

Los romanos utilizan la palabra *latro* y su plural *latrones* no solo para denominar lo que hacen los bandoleros, sino también para referirse a rebeldes, vengadores, brigantes y gente de mal vivir que se hubiera echado al monte en general. *Latrocinium* quería decir villanía. Ladrones siempre los ha habido, como Corocotta, el *latro* cántabro que en tiempos de Augusto se presentó a cobrar la recompensa que daban por su captura y que le fue entregada por orden del Emperador. En Judea, hubo otro famoso bandido llamado Claudio, como mi amigo, ese que se metió a detective en Brooklyn y resolvió el primer caso que le encargaron, un asesinato pasional: —¿De qué murió?— Lo mató la Soledad... —¿Murió porque estaba solo? —No, murió porque su novia era la Soledad y se lo encontró con la Gabriela...

Curiosamente en las fuentes romanas, los bandidos o bien son algo así como "nobles y justos" o si no "despreciables y depredadores". No hay medias tintas. A los primeros se les pilla siempre por una traición o un amorío y a los segundos, por acción de la Justicia, por eso no parecen muy creíbles, la verdad. A partir de finales del siglo III sobre todo por Bélgica, aunque con los siglos se fueron extendiendo, surgieron los movimientos llamados de *bagaudas*, más que bandoleros, agrupaciones de campesinos empobrecidos y cabreados, estos parece que sí de verdad, que desde el punto de vista de las autoridades eran bandas de pobres que van esquilmando los campos y llevando a cabo actos de pillaje, pillando, vamos, lo que podían. Según algunos escritores antiguos, muy releídos en el siglo XIX buscando similitudes entre los *bagaudas* y las revueltas campesinas y obreras, se dijo que eran levantamientos contra la opresión del clero y nobles en "un Estado que perdía su potencial control", en un Imperio decadente. No deja de ser curioso que las principales rebeliones de este estilo, entre los siglos iii y v, fueron precisamente destruidas por tropas imperiales, pero en fin, algo hubo. Los señores locales desde sus lujosas *Villae* y los obispos desde las ciudades eran cada vez más ricos y los campesinos, cada vez más pobres y con menos tierras. Los latifundistas enterraban hitos de propiedad en tierras anexas a las suyas y le iban arañando terreno a los campos vecinos como si hubieran sido propios, como todavía dice el refrán: «Duérmese mi aledaño, y le gano un surco cada año». Y si no, mediante impuestos, diezmos y abusos, a lo bruto y por la fuerza, los muchos débiles terminaban teniendo que levantarse ante los pocos fuertes. Como son los fuertes los que escribieron la Historia, los *bagaudas* eran bandidos, pero a lo mejor eran rebeldes con causa... Ni idea. Hay más literatura que historia al respecto. Como cantaba en 2011 Mago de Oz:

> «Ponte en pie, alza el puño y ven
> a la fiesta pagana, en la hoguera hay de beber.
> De la misma condición, no es el pueblo ni un señor.
> Ellos tienen el clero y nosotros nuestro sudor».

En Roma también había "bandas", más exactamente, bandas latinas, pero estas, latinas de verdad. Se formaban alrededor de lo que desde siempre se llamaban *collegia*, asociaciones de todo tipo, religiosas, gremiales, de barrio, funerarias, etc. Funcionaban como clubes parecidos a las asociaciones culturales modernas. Tenían estatutos, tenían que estar formadas por un mínimo de tres miembros y se encargaban de componer una red de solidaridad o de intereses comunes entre los habitantes under de los barrios. La libre asociación de ciudadanos libres estaba garantizada desde la ley de las XII tablas, en el siglo v a. C., aunque se solía decir como todo, que venía de tiempos del rey (legendario) Numa Pompilio, del siglo viii a. C. El caso es que ese Derecho de Asociación venía de lejos y a los romanos del montón les gustaba ejercerlo. Las asociaciones estaban abiertas también a libertos y dicen que en todas se celebraban algunas festividades religiosas, como los solsticios y equinoccios. Solían instalarse en locales propiedad de las mismas sociedades, ya que tenían una cierta personalidad jurídica que les permitía poseer inmuebles y también recibir herencias, por ejemplo. ¿Y qué tienen que ver estos *collegia* con la Roma under? Pues mucho. Para empezar sus asociados eran gente de clase baja, bajísima, para seguir, durante la República, desde estos colegios se organizaron revueltas y bandas armadas que influyeron, y mucho, en la política "populista" llevada a cabo por seres como Clodio; un patricio devenido en plebeyo que controlaba los colegios y, a través de ellos, a la masa urbana. La calle era suya. La cosa acabó fatal, Clodio fue asesinado por la banda rival y la masa llevó su cuerpo al Senado donde la Curia entera le sirvió de pira. Al líder de la banda rival no le fue mucho mejor. Tito Annio Milon, que era como se llamaba el de enfrente, había sido un peón de Pompeyo, organizando bandas de exgladiadores y mercenarios para intimidar a los "activistas" de Clodio. Llegó a pretor, pero tras el asesinato de Clodio en el 52 a. C., Pompeyo lo dejó caer, prohibiendo a Cicerón, que era su abogado, que hablara a su favor en el juicio por la muerte de su rival. Cicerón se calló, Milón fue desterrado y sus propiedades subastadas. En el año 48 regresó a Roma y se opuso a Julio César aprovechando la ausencia del Dictador en un intento junto con Marco Celio Rufo, otro populista, de que se condonaran todas las deudas. La cosa no salió bien y ambos fueron arrestados y ejecutados.

Por otra parte, los *collegia* de barrio, o territoriales, además de organizar, como una asociación de vecinos, las fiestas del Distrito, parece que algunas se dedicaban también a "proteger" a los comerciantes y negocios de la zona a cambio de un alguito, vamos, un poco como la mafia, pero a nivel barrio. No está muy documentado, pero pueque, desde luego no me extrañaría nada. El caso es que Augusto los prohibió en la *lex Iulia de colegiis*, dejando solo abiertos los religiosos y los más antiguos. Los había también gremiales, que se encargaban de que no se instalara la competencia en el barrio y cumplían una misión también religiosa, ya que como las cofradías en su origen, garantizaban un buen entierro a sus asociados y ayudar a las viudas. Ya de paso, solían tener una taberna donde el vino era barato y las peleas también. En la serie *Roma* de HBO, se retrata un *collegium* de manera bastante curiosa.

Se ha dicho que estas asociaciones son un precedente de la Masonería, al menos los colegios de albañiles, que también los había (masonry: albañilería), en el sentido que estaban dirigidos por un *magister*-maestro, contaban con ritos de iniciación, los conocimientos se transmitían verbalmente y por grados, sus miembros se enterraban con símbolos del oficio y cosas así. Me temo que es al revés, no es que los *collegia* fueran proto-logias, sino que la masonería se ha basado o inspirado en ellos para algunas de sus características. En Roma había colegios de albañiles, no logias de masones. En cualquier caso, Logia significa "Lonja", que suena menos misterioso y secreto...

En la Roma under, Juvenal preguntaba:

> «¿Cuál es el día festivo en el que cesen de verse el hurto, el fraude y la perfidia y por el crimen alcanzado el lucro, por el veneno o por la espada el oro?»

Pues nunca, ¿no? No pasa un día sin que pase algo. Hay muchos malos, asesinos, ladrones, bandoleros, políticos, mafiosillos... Decía Albert Einstein que: «La vida es muy peligrosa. No por las personas que hacen el mal, sino por las que se sientan a ver lo que pasa». Ya me conocéis, yo no discuto con los sabios. Será verdad. Bueno, ahora a trabajar con los proletarios, que los pobres lo tienen más que crudo en la Roma Cruda...

VI

PROLETARII DEL IMPERIO, UNÍOS

«Ut sementem feceris, ita metes»
(Lo que siembres, cosecharás).
Cicerón s. I a. C.

«El trabajo no es malo, lo malo es tener que trabajar».
Don Ramón, *El Chavo del 8.* s. XX

El trabajo es una maldición bíblica, literalmente; Dios mismo dice en la Biblia: «Ganarás el pan con el sudor de tu frente» (Genesis 3:19) y así nos va, sudando para poder llevarnos un chusco de pan a la mesa. Y a veces ni eso. Cada vez cuesta más ganar un trozo de pan y el trozo de pan cada vez es más caro y más pequeño. En la antigua Roma, para ganar ese pan había un montón de empleos, algunos muy similares a los nuestros, otros para nada. Los romanos, al menos los que nos dejaron escrita su opinión, no parece que distinguieran entre asalariados o artesanos (vale, autónomos). Porque para los ricos, todos los trabajos eran malos porque tener que trabajar directamente es malo y de pobres. Si trabajas, sudas y sudar es una porquería que los romanos pijos no hacen, bueno sí, en las termas, pero para de contar. Trabajar con las manos, en contacto con el público o vendiendo algo, está demodé, es lo peor, es de pobretón. Los pijos, en boca de Cicerón, decían: «El dinero que proviene de la venta de tu trabajo es vulgar e inaceptable para un hombre libre. Los sueldos son las cadenas de la esclavitud». Claro, Marco Tulio, qué fácil es decir cosas así cuando estás forrado y tu esposa más y no tienes que trabajar. Ya me gustaría verte necesitado o con hambre o teniéndole que pagar los libros de texto a tu hija y a ver qué hacías...

En la antigüedad era complicado no ya trabajar, sino incluso tener trabajo diariamente. Hay gente hoy, y entonces, que se levanta cada día sin saber si va a tener para vivir, que es lo que ocurría en la Roma Cruda si eras un asalariado, como el caso que nos cuenta Apuleyo casi sin querer, del hombre que vuelve a su casa a media mañana y su señora le regaña por no estar trabajando. Él contesta: «Aunque nuestro amo está hoy ocupado en un pleito y no pudo llevarnos a trabajar, yo he provisto a lo que habremos para comer». En este caso, se refiere a que para poder comer, tenía previsto vender una cosa que tenían en la casa. ¿Mientras tengas algo que vender, tienes un pasar, pero cuando se acabe lo que tienes y ni en el cash converter te hagan caso?... Me recuerda mis primeros tiempos independizado, que tuve que vender muchos libros y discos de mi colección para poder comer, porque el sueldo se iba totalmente en pagar el alquiler... Me temo que cosas así siguen pasando igual ahora que hace dos mil años. En cualquier caso ya se dijo que en la antigua Roma el término "trabajo precario" es aplicable a toooodo el trabajo por cuenta de terceros. Ni contratos indefinidos, ni vacaciones pagadas, ni descanso dominical hasta por lo menos el año 321, cuando Constantino (César del 306 al 337) proclamó que: «En el venerable día del Sol, que los magistrados y todas las gentes residentes en las ciudades descansen, (...) y que todos los talleres estén cerrados». En el año 321 hacía 1074 años que Roma se había fundado y llevábamos trabajando o intentándolo cada día de sol a sol. Bueno, exactamente trabajábamos lo que dijera el empleador.

Por cierto, que eso de no trabajar un día, ya venía en la Torah Judía, en el libro de Shemot y luego en la Biblia, en el libro del Éxodo, cuando Moisés recibe los diez mandamientos (Éxodo, 20: 2-17). En el cuarto (a veces el tercero o el octavo) que está escrito por el mismo Dios se dice que:

> «Guardarás el sábado para santificarlo, como Jehová, tu Dios, te ha mandado. Seis días trabajarás y harás toda tu obra, pero el séptimo día

> es de reposo para Jehová, tu Dios. Ninguna obra harás tú, ni tu hijo, ni tu hija, ni tu siervo, ni tu sierva, ni tu buey, ni tu asno, ni ningún animal tuyo, ni el extranjero que está dentro de tus puertas, para que tu siervo y tu sierva puedan descansar como tú».

Pero luego la Iglesia resumió este parrafazo en: «Santificarás las fiestas», bastante menos explícito y explicado que lo que pone clarito en la Biblia (dos veces en el Génesis y otra en el Deuteronomio). Según el catecismo de la Iglesia Católica con lo de "santificar" basta, lo que les permitió que el sábado y el domingo tuviéramos que trabajar, al menos hasta creo que el año 1896 en Estados Unidos, (en España en el 1904). Cuando yo era pequeño y durante el franquismo se le había dado tanto la vuelta a la tortilla y éramos tan meapilas que no es que pudieras no hacerlo, es que estaba prohibido trabajar en domingo, y por tanto no había periódicos el lunes (salvo la *Hoja del lunes*) por no imprimirlos en domingo y tampoco las panaderías podían vender pan los domingos y si pillaba la policía a alguien trabajando, podía multarle con 250 pesetas, 1,50€, por no seguir la ley divina... El sueldo medio mensual en los cincuenta eran 10.000 pesetas, unos 60€, así que la multa no era poca cosa. Recuerdo que la panadería de Magallanes, que hoy todavía existe en la acera de enfrente de donde estaba en la misma calle y con el nombre de *Antigua Tahona de Magallanes*, fue la primera en el barrio en saltarse la norma y hacer pan, que como dijo Jesucristo (Mateo 2:27): «El sábado se hizo para el hombre, y no el hombre para el sábado». La *Hoja del Lunes* fue oficialmente el único periódico autorizado (desde la época de Primo de Rivera) a editarse los lunes en Spain, desde 1925 hasta 1982, aunque el *Diario 16* comenzó a salir los lunes en 1980. Conviene recordar dos cosas: una, que Franco (¡chupito, han dicho Franco!) había muerto ya en 1975 y dos, que durante la Segunda República, se mantuvo la exclusiva autorización pertinente.

El caso es que la relación entre el trabajo, el trabajador, el empleador y los días de descanso, siempre ha sido complicadilla. Ya lo dijo Marx: «Ningún hombre se va antes de que llegue su hora... a menos que el jefe se vaya temprano». ¿Cómo que qué Marx? Julius Henry, Groucho, por supuesto.

En la zona de Sardis, actual Sardes en Turquía, apareció una inscripción del siglo v, en la que parece que el constructor intenta asegurarse que los trabajadores se presenten al laburo y para ello les ofrece 20 días libres al año, pudiendo ser sustituidos los trabajadores esos días solo por obreros del mismo *collegium* (en este caso, hoy diríamos sindicato). Imagino que esta negociación vendría de una huelga, como las que vemos en la aventura de Astérix: *Los Laureles del César*, cuando los legionarios se niegan a trabajar y se amotinan, algo que ocurrió históricamente en el año 48 a. C. con la décima legión, hasta el punto que tuvo que intervenir directamente Julio César para resolver la huelga, según nos cuenta el cotilla y poco de fiar Suetonio:

> «Como los soldados de la legión décima pidieran en Roma su licencia y sus recompensas, profiriendo terribles amenazas que exponían la ciudad a graves peligros (...) César no vaciló en presentarse ante los amotinados y licenciarlos. Pero llamándoles Ciudadanos en vez de soldados, cambió por completo su ánimo. ¡Somos soldados!, le contestaron en seguida; y le siguieron a África, lo cual no impidió que castigase a los instigadores».

Pero esto de las huelgas viene de muy lejos... Según se cuenta, la primera de la que tenemos constancia es del 1157 a. C., ¡de hace más de tres mil ciento ochenta años!, en Egipto; parece ser que los trabajadores de las tumbas de Tebas, que eran pagados mensualmente y además en comida, no recibieron sus raciones a tiempo. Indignados marcharon por la ciudad gritando: «¡Tenemos hambre!» y finalmente fueron recibidos por un representante oficial al que dijeron que: «La perspectiva del hambre nos ha llevado a esto; no tenemos ropa, no tenemos aceite, no tenemos pescado, no tenemos vegetales. Envíe recado a Faraón, nuestro señor, al respecto y envíe al Visir, nuestro superior, para que se nos entreguen provisiones». Muy buenas palabras y alguna mejoría pero tampoco cambió mucho el tema y al mes siguiente les pasó lo mismo, no les pagaron y llegaron a cortar los accesos al Valle de los Reyes, impidiendo que la gente pudiente pudiera enterrarse. Parece que el tema fue para largo, porque tardaron tres años, tres, en solucionarse completamente estos problemas, que nos han llegado escritos en el llamado Papiro Judicial de Turín, conservado en el Museo Egipcio de esa ciudad italiana. Pocas bromas con los constructores de tumbas...

La huelga más antigua de la que sabemos algo en Roma, fue una huelga de flautistas..., sí de flautistas, allá por el 311 a. C. El caso es que los flautistas eran muy importantes para las ceremonias religiosas. Según Plinio el Viejo la práctica ritual de los cultos requería de un flautista:

> «Hemos notado que nuestros más altos magistrados han adoptado rezos escritos y para que ninguna palabra sea omitida o dicha en el lugar que no le corresponde, uno de los oficiantes lee la oración del texto escrito, otro lo va comprobando y un tercero se encarga de asegurar silencio, mientras un flautista toca de tal manera que solo el rezo sea escuchado».

Es decir, que hacía falta una flauta y un flautista para que no se escuchara ningún sonido que pudiera ser de mal augurio durante el recitado de la oración. El caso es que a los flautistas, me imagino por qué, se les prohibió hacer fiestuquis en un templo de Júpiter (no sé cuál) y también porque se limitó el número de flautistas que podían contratarse para los sepelios, curro del que pillaban bastantes bolos. Enfadadísimos se fueron todos de la ciudad, como una premonición de lo de Hamelin, pero yéndose los flautistas en vez de los ratones... Y se mudaron a Tibur (Tívoli) donde se dedicaron a tocarse la flauta hasta que viniera el Senado a negociar, cosa que tuvo que hacer sí o sí, para poder seguir haciendo los ritos y cumplir con la *pax deorum* como había de hacerse.

Según cuenta Tito Livio, se les dijo que su deber con la ciudad y los dioses era regresar y cumplir su papel, pero que ni flores, oye. Que te pires, que nos quedamos aquí en el campo que es todo muy bucólico y pastoril...

Entonces se le ocurrió a algún senador organizar una fiesta a tutiplén para los flautistas en el campo, el primer pícnic, a ver si sonaba la flauta. El caso es que los flautistas se pusieron finos a rebujitos, ya se sabe, si es gratis está más rico, y terminaron con un pedal del 15, momento en el que fueron subidos a las mismas carretas que habían traído las provisiones del pícnic y devueltos a Roma mientras dormían la mona. Livio dice que:

> «Al igual que al resto de los de su clase, les gustaba el vino, y se les proporcionó hasta que se emborracharon cayendo en un estado de letargo. En esta condición les subieron en carretas y se los llevaron a Roma. Les dejaron en las carretas, en el Foro, toda la noche, y no recobraron el conocimiento hasta que les sorprendió el amanecer, sufriendo aún los efectos de la resaca. La gente se agolpó a su alrededor y consiguieron convencerlos para que se quedasen».

Hombre, es que en medio de la resaca, dices que sí a cualquier cosa con tal de que te dejen en paz un rato más... En cualquier caso, Roma fue generosa: les permitieron volver a celebrar fiestuquis en el templo a los que participaran de los sacrificios (eso sí, me lo recogéis todo luego), les dieron permiso para desfilar tres días con largos vestidos y máscaras tocando la flauta por la ciudad, como si fuera el desfile del orgullo y se limitó el número de flautistas por funeral, pero solo a diez flautistas, que no está mal... Lo de la resaca de los flautistas en las carretas, me recuerda lo que dijo Mecano en 1980, eso de que «hoy no me puedo levantar», o lo que escribió el satírico romano Aulo Persio Flaco en el siglo I:

> «¿Y siempre así ? La claridad del día
> entra ensanchando ya por las ventanas
> las angostas rendijas con sus rayos.
> ¡Y roncamos aún, pues es preciso
> digerir el indómito vino!»

Las llamada *Seccesio Plebis*, o secesión de la plebe, fueron realmente una serie de protestas llevadas a cabo de vez en cuando, desde el 494 a. C. hasta el 287 a. C., en las que los plebeyos literalmente abandonaban Roma, se separaban (secesión viene de aquí) y se marchaban al Monte Sacro, hasta que se cumplieran sus demandas. Al principio de la República, todas las magistraturas y los derechos eran solo para los Patricios y estaban prohibidos hasta los matrimonios entre ellos y los plebeyos. Tampoco las leyes estaban escritas, los patricios se las inventaban según les conviniera y, en general, la plebe no pintaba nada, aunque no por ser plebe eran necesariamente más pobres, se dijo ya. Estas injusticias fueron poco a poco subsanándose, hasta que, por ejemplo, los cargos tuvieron que dividirse entre los dos órdenes, eligiéndose de los dos cónsules desde entonces, uno patricio y otro plebeyo, e instaurándose también la magistratura de Tribuno de la Plebe, un colegio de hombres elegidos entre los plebeyos para defender sus derechos con poder de veto sobre todas las leyes. Por cierto, que el primer hispano que fuera Tribuno de la plebe en Roma fue el valenciano de Sucro: Quinto Vario Severo Hybrida Sucronensis, alrededor del año 90 a. C.

En el 287 a. C., en otra *secessio* de estas, se decidió que lo que se le preguntara al pueblo, la plebe, en *referendum*, tendría carácter de ley si se votaba en un *plebis scitum*, en un plebiscito. Este hito se considera fundamental en la Historia de la Democracia en Europa y todavía utilizamos su figura y la llamamos todavía en latín, gracias a que los plebeyos de Roma se plantaron ante los patricios y dijeron que hasta aquí hemos llegado, monada.

Todavía hay noticia gorda de otra huelga ya en el Imperio, en este caso una huelga gremial; alrededor del año 200 de nuestra Era los panaderos de Éfeso se juntaron en la plaza del mercado protestando por un edicto que les obligaba a vender el pan más barato de lo que les costaba el grano. Grano que, por otra parte, llegaba poco y con dificultad. Seguramente la limitación de precio fue una medida de emergencia para evitar que la gente no pudiera pagar el pan y que la revuelta, en vez de ser protagonizada por los pocos panaderos, lo fuera por los muchos pobres que no pudieran comer. Finalmente los huelguistas fueron arrestados y juzgados, supongo que terminaron mal y el oficial del caso señaló que en adelante los panaderos debían cumplir: «los mandatos oficiales proveyendo con el necesario trabajo» que cumplían en su papel fundamental en la ciudad. Se conserva noticia de esto en un mármol que se conserva fragmentado en el Museo de Estambul, muy roto pero que da idea de lo que pasó y que los panaderos terminaron tostados.

Ya se dijo que los *proletarii*, los proletarios, lo único que producían para el Estado era prole (de *proles*, descendientes, hijos), conformando lo que se llamaba el *capite censi*, el censo por cabezas, gente que al no tener propiedad alguna, para contarlas en el censo, en vez de por sus propiedades, había que contarlas por sí mismos, por sus personas (o cabezas). El caso es que no todos los trabajadores eran proletarios, algunos tenían alguna propiedad, su taller o tienducha, lo cual habría confundido al Marx menos gracioso. El mismo Karl junto con su simpático cómplice Engels inventaron la frase *lumpen proletariat* para referirse a los que están todavía por debajo de los proletarios trabajadores y que no tienen ni conciencia de clase ni les importa un mango la revolución; ellos llamaban así a los criminales, los mendigos o los desempleados crónicos. En la mayoría de idiomas se acortó a lumpen (andrajo en alemán), y es una palabra que serviría para englobar a gran parte de los habitantes de nuestra Roma under. Vamos, que por mal que te vaya, siempre hay alguien a quien le va todavía un poquito peor.

Se calcula que antes de César podía haber unos 300.000 parados en Roma. Para evitar que la gota derramara el vaso, de vez en cuando se organizaban y establecían colonias en provincias para asentar cientos de familias, con una parcelita y lo que hiciera falta, para sacarlos de la ciudad, que pudieran ganarse el pan y de paso romanizar un área poco poblada del mundo, pero no se daba abasto. Dicen que Julio César llegó a establecer en colonias a unos 80.000 pobres, pero no me fiaría mucho de ninguna cifra antigua. Además, los más recalcitrantes, serían los que no quisieran irse nunca, que yo soy romano, oiga y no se me ha perdido nada en Germania... Los que se quedaban daban más la lata, se buscaban la vida y, entre ellos, algunos conseguían trabajo de vez en cuando, o estaban apuntados para recibir grano del Estado (150.000 familias en tiempos de César, que también entregaba aceite a los subvencionados de esta paguita).

¿Qué pasaba con el trabajo en Roma?

Por un lado, que los filósofos, todos ricos, como Sócrates y Platón, fomentaron entre sus seguidores y entre los snobs que trabajar era un dolor, un castigo, como vimos que hasta en la Biblia se señala. Algo propio de los esclavos, que no son ni personas. Ahora decimos que el trabajo dignifica, pero a los listos que tienen tiempo para pasear, como por ejemplo los peripatéticos, les daba asquito. Se llamaba así a los seguidores de Aristóteles, porque paseaban mientras discutían de filosofías y eso, que tiene que haber

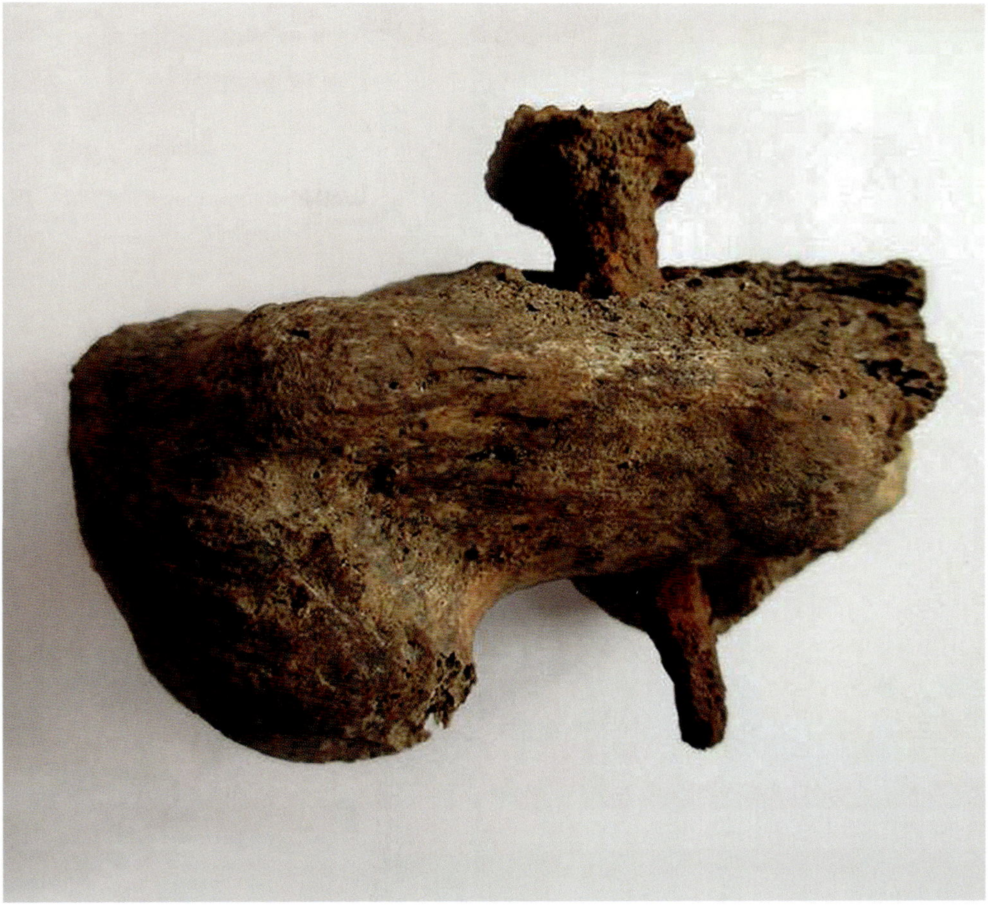

El talón del Esqueleto 4926, con la prueba de su crucifixión. ¡Todavía duele!

Balbo Ladrón, el primer grafiti de Cádiz... o la primera chirigota en piedra.

Lápida de un Vadiniense: Tridio Alongun / Bode(ri) f(ilio) Va(diniensi) / an(norum) XXV / Fronto Doideri/gum amico suo / pos(u)it h(ic) s(itus) e(st) / t(erra) l(evis). Tridio Alongo, hijo de Boderio, Vadiniense de 25 años. Fronto Doidero, su amigo erigió este monumento. ¡Que la tierra te sea leve!

Dados romanos. Los romanos jugaban a todo lo que podían y sus dados son iguales que los nuestros; de hecho, nuestros dados son romanos.

Estatua de un mendigo. Francamente fea. ¡Una limosna para un exleproso!

Orinal romano. Difícil de distinguir de otro tipo de objetos cerámicos; hasta que se analizaron restos de su interior y se hallaron parásitos intestinales de más de 1500 años de antigüedad, no estaba claro si era una maceta. Obviamente, había orinales más lujosos, pero no para los romanos de la Roma Underground.

Roma la Nuit. ¿Larga y peligrosa?

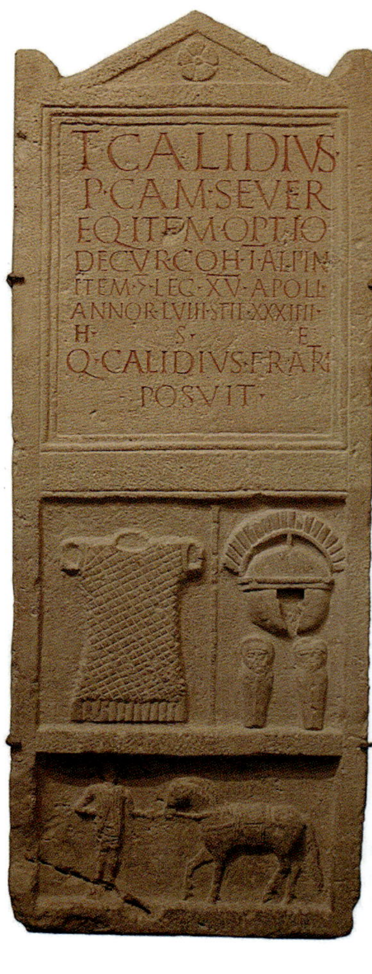

Tumba de Tito Calidio, un tipo con mucha mili: T(itus) Calidius / P(ublii filius) Cam(ilia tribu) Sever(us)/ eq(ues) item optio/ decur(io) coh(ortis) I Alpin(orum) / item (centurio) leg(ionis) XV Apoll(inaris) / annnor(um) LVIII stip(endorium) XXXIIII / h(ic) s(itus) e(est) / Q(uintus) Calidius fratri / posuit . Tito Calidio, hijo de Publio de la Tribu Camilia, caballero y después Optio y Decurión de la I Alpina, y después centurión de la XV Apolinea. De 58 años, sirvió 34. Aquí yace. Lo erigió su hermano Quinto.

Casco de soldado romano, época Alto-Imperial. Este modelo se estuvo utilizando con alguna variante hasta el siglo III.

Tumba de Regina. Mestizaje a tope. Soldado romano nacido en Palmira conoce a chica britana y se casan. D(is) M(anibus) Regina liberta et coniuge
Barates Palmyrenus natione Catuvallauna
an(norum) XXX
RGYNᵓ BT ḤRY BR ʿTᵓ ḤBL
A los dioses manes y a Regina, de la nación de los catuvellaunos, de 30 años. Liberta y mujer de Barates de Palmira, que hizo esto. Y debajo en palmiriense pone: Regina la liberta de Barates.

Soldado sertoriano torturado y muerto en Valencia, en la guerra civil romana. Conservado en el Museo de la Almoina.

Grilletes romanos hallados en el Reino Unido. ¿De un preso, de un esclavo?

Lápida de Prima Florencia, mujer de 16 años asesinada por su asqueroso marido, que espero siga pudriéndose en el peor infierno.

Tablilla de maldición de Tongeren, Bélgica. Casi todo son palabras mágicas, apenas se entiende el nombre del objetivo de la maldición: Cayo Julio Viator.

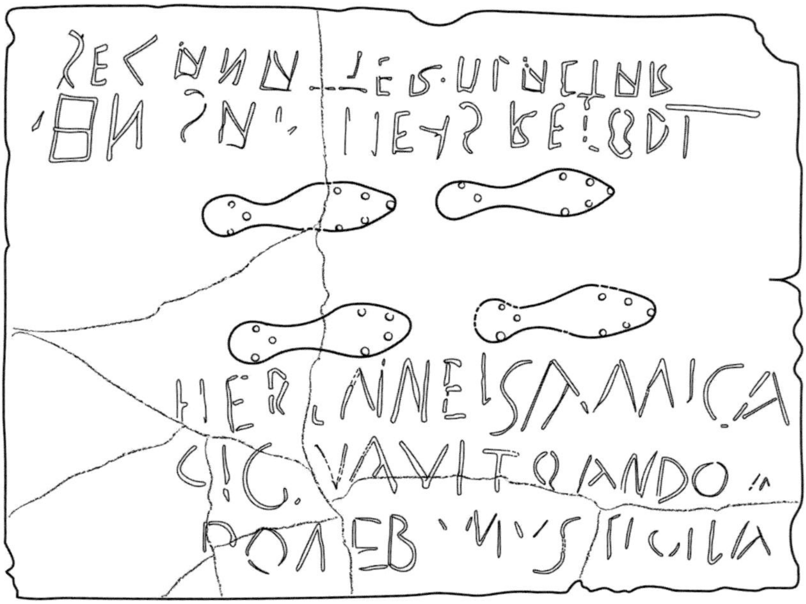

La teja de las amigas: Detfri, esclava de Herenio Satio y Amica, esclava de Herenio. Dos amigas, esclavas, gentes de la Roma Underground, que dejaron su huella en esta teja escondida…

De piedra ha de ser la cama… Cama de obra de uno de los lupanares de Pompeya. Aquí trabajaron mujeres que sólo podían vender su cuerpo y a veces, ni siquiera el dinero era para ellas. Por desgracia, en esto hemos cambiado poco.

gente pa' tóo. *Peripatêîn* significa dar vueltas, deambular. Y los trabajadores y menos los autónomos, no tenemos tiempo para eso. A lo que le damos vueltas es a ver cómo llegamos a fin de mes. O al fin de semana…

Seguramente el que todas las sociedades primitivas tuvieran esclavos y que, evidentemente, los trabajos más duros y chungos les fueran encargados a estos, no hacía precisamente que el trabajo se pusiera de moda entre los influencers y eso. La tenencia de esclavos suponía librarse de trabajar para siempre y además tener trabajadores a los que no tenías que pagar porque eran tuyos, como tu mesa o tu olivar. Por eso decía Aristóteles que: «La ciudad más perfecta no hará ciudadano al trabajador», vamos, que si trabajar es malo, el trabajador según este barbudo no debería de ser considerado ciudadano. Vaya con el griego este de las narices. Pero no todo lo que viene de Grecia es malo. Los griegos inventaron casi todo, también la economía, que viene de *oikos*, casa, como el yogur, y nomos, norma. *Oikonomía* sería algo así como las normas de casa (para no pasar hambre, podría añadirse). Ellos, tan griegos, también distinguían entre "profesiones manuales" y "profesiones liberales". La jurisprudencia romana y Cicerón también dividieron el trabajo de esa manera, señalando a los que trabajan manualmente, los que percibían un salario por sus esfuerzos (*activitates inliberales et sordidi*) como gente mala y under. Estos trabajadores reciben a cambio de lo que hacen, una *merces*, una merced, es decir: un salario, razón por las que se les llama *mercenarii*, palabra de la que claramente viene "mercenario", que tampoco tiene muy buenas connotaciones que se diga.

Cicerón también dice que la mayoría de las fuentes de ingreso que no provengan de las tierras que uno posea, son vulgares y asquerositas, algunas, como los préstamos ("interés" en latín se dice *usura*), por los cuestionables métodos empleados, otras como el comercio, porque demandan estar en contacto cercano con la multitud… Con la multitud dice el cachondo, ojalá entraran multitudes en los pequeños comercios, como en las librerías, por ejemplo…

En cambio, para esta gente tan finolis, los "trabajadores intelectuales" lo que reciben en metálico no serían *merces*, serían *honoraria* (honorarios), como los juristas o los abogados (*advocati*), que se encargaban de representar a sus clientes y, salvo que se llegara a las manos con la parte contraria, no trabajaban manualmente. Estos trabajos "intelectuales" fueron variando con el paso de los siglos ya que todavía en el siglo I, Séneca, otro pijo, no considera que por ejemplo pintores y escultores se dediquen a una profesión liberal, sino a un oficio manual e incluso servil, porque dependen "del lujo ajeno" y eran considerados *mercenarii*, porque percibían un salario por su trabajo, aunque fuera especializado. No es lo mismo la que restauró el *Ecce Homo* que Murillo, por ejemplo, pero bueno. Por fin Constantino en el año 337 eximió de impuestos a muchos de estos profesionales, reconociendo su trabajo como un Arte, con mayúsculas, algo más allá de un *ars*, una habilidad.

A los médicos, al principio también se les consideraba mercenarios, todavía en el siglo I. Para los conservadores los médicos eran mal asunto, entre otras cosas, porque eran griegos; Plinio el Viejo le prohibió al Plinio Joven que tuviera contacto con ellos. —Ya papá, pero es que estoy malito. —Pues te fastidias, al médico, no vas... (A lo mejor no era tan sabio). Además, muchos de estos médicos eran libertos, qué grima. Tampoco la medicina funcionaba fenomenal, así que no tenían muy buena prensa hasta que dejaron de tenerla, se les concedió la ciudadanía y la exención de impuestos y su profesión pasó a considerarse liberal, ya la ejerciera un hombre o una mujer. Por la *Historia Augusta*, una recopilación que tampoco es muy de fiar, sabemos que Augusto:

> «Estableció unos honorarios públicos para los retóricos, gramáticos, médicos, arúspices, astrólogos, ingenieros y arquitectos y ordenó que se les confiara como discípulos a los hijos de ciudadanos pobres, con tal de que fueran de condición libre, pero con las correspondientes raciones alimenticias».

En Hispania, conocemos por sus epitafios al menos a veintiséis médicos de la época romana, el más famoso Antonio Musa, que dicen salvó la vida al Emperador en Tarraco, razón por la que se le dedicó una estatua en el templo de Esculapio en Roma y se le nombró caballero. También conocemos a un Celio, quien construyó un hospital para enfermos en el 258 de nuestra Era en Mérida y a dos mujeres, una Iulia de Cádiz y otra Iula Saturnina de Mérida. También tres oftalmólogos, lo que demuestra que los médicos también se especializaban como ahora; sabemos de uno de cerca de Córduba, Marco Fulvio Icaros, otro en Mérida, Quinto Aponio Rústico y un tercero en Cádiz. Su lápida, en el precioso Museo de Cádiz, reza: «D.M. Aquí yace Albanio Artemidoro. Médico oculista, de cuarenta y siete años, querido de los suyos. Séale la tierra ligera».

Para que la medicina fuera medio seria, habría que esperar a tiempos de nuestro emperador Trajano (César del 98 al 117), cuando el médico Sorano de Efeso desarrolló la llamada "escuela Metódica" en la que el tratamiento se deduce de la diagnosis, no de causas mágicas o misteriosas como se creía hasta entonces. Bueno, y también se creía después. Ahora es todavía peor, que miramos en internet lo que nos han dicho que tenemos y nos ponemos malos solo de verlo... Y por si fuera poco, nos creemos las conspiraciones.

No todos los doctores eran ricos como en la películas americanas, muchos ejercían desde lo que se llamaban *tabernae medicae*, tiendas de medicina, una especie de consultas abiertas a la calle donde el público se acercaba a recibir cuidados médicos a cambio de no mucho dinero y, seguramente, sin cita previa. Los médicos caros, como siempre, son los que van a domicilio. Existía la figura del médico municipal o de pueblo, el *archiater*, que se encargaba de la salud de su municipio. Eran nombrados de forma directa por la Curia de cada sitio, y en teoría les proporcionaban casa, consulta y sueldo fijo. Ni tan mal. En muchos pueblos de Castilla no hay médico, pero para que al menos haya bar, que también ayuda, se siguen llegando a este tipo de acuerdos.

Por cierto, que en la antigua Roma también había dentistas. Sabemos que desde el siglo VII a. C. los etruscos comenzaron a desarrollar técnicas de odontología y, por ejemplo, nuestro Marcial, nos habla de un dentista que tenía su consulta en el Aventino llamado Cascelio y de varios personajes que tienen prótesis dentales, de hueso y marfil, oro y hasta de plomo. Queda claro que los dientes postizos lucían mejor que los propios muchas veces, como señala Marcial:

> «Tais tiene los dientes negros; Lecania, blancos. ¿Cuál es la razón?
> Ésta los tiene comprados, aquélla naturales».

También conocían los palillos de dientes, *dentiscalpia*, y los romanos que podían, hasta se lavaban los dientes; la emperatriz Mesalina se los cepillaba (no voy a hacer chistes) con una mezcla de masilla, salamoniaco y cuerno de ciervo molido. Otra receta, del médico Escribonio Largo, consistía en polvo de piedra pómez, vinagre, miel y sal. No sé si serviría para mucho. En enterramientos romanos se han encontrado puentes hechos con marfil y oro. Había una ley que prohibía cremar a los muertos con oro, pero hacía la excepción de "con dientes de oro", con lo que no era tan raro.

Para el dolor de muelas, que creían provocaba un "gusano dental", recomendaban un montón de tonterías. La palma se la llevaba un método que dicen consistía en atrapar una rana a la luz de la luna, escupirle en la cara y decirle que se llevara el dolor de muelas...; no curaba, pero te entretenías...

Para el mal aliento, masticaban laurel, hierbas aromáticas, plomo, que te cura el mal aliento y que si lo usas mucho además te mata y te lo cura del todo... Plinio el Viejo recomienda para mejorar el aliento tomar vino antes de dormir... No sé, no sé. Por lo menos eran conscientes de la halitosis, no como los bárbaros, como recuerda Marcial: «¿Te admiras de que le huela mal la oreja a Mario? La culpa es tuya: le cuchicheas, Néstor, al oído». Y para mejorar ese alientuzo, también utilizaban pastillas perfumadas, las más famosas a finales del siglo I parece que eran las que fabricaba el perfumista Cosmo.

Bueno, ya que la boca nos huele a rosas, volvamos al trabajo.

No existía en esos años la "formación profesional", sino que los oficios se aprendían entrando como aprendiz. No sé si fue un invento romano, pero es algo que se estuvo haciendo hasta hace muy poco, eso de entrar como machaca de algún maestro en algún gremio y estar allí la tira de años aprendiendo el oficio. Plutarco dejó escrito que: «Incluso los pobres deben de intentar al máximo dejar a sus hijos la mejor educación o, si no pueden, intentar que alcancen lo mejor que sus habilidades les permitan». Yo creo que Plutarco aquí indica que aunque los pobres no puedan pagarse un gramático o un retor, o no puedan llevar a Princeton a su hijo, pueden y deben conseguir que entre como aprendiz con este o el otro maestro a aprender aunque sea para ser herrero. Enseñarles un oficio es lo mejor que se puede hacer. Y francamente, creo que tiene razón.

Esto del "aprendizaje" era necesario en todos los oficios, pero especialmente en los de habilidad, pintura, escultura, medicina, etc. Tampoco tenía el sistema romano de educación previsto nada de nada para que los chavales aprendieran jurisprudencia, administración y contabilidad, por ejemplo. La costumbre era que los jóvenes que quisieran despuntar como abogados o contables o secretarios se registraran y siguieran a figuras eminentes en esos campos como observadores y para ir ganando práctica con el tiempo. Así por ejemplo, Cicerón aprendió leyes con Quinto Mucio Escévola y, años más tarde, con Cicerón aprendió el oficio Marco Celio Rufo. Este aprendizaje (*tirocinium*) era ventajoso para los jóvenes, pero también para los maestros que veían así reforzada su imagen, en función del número y nivel de los aprendices que tenían.

También tenemos datos de aprendices de oficios más normalitos, más de los nuestros de la Roma under, gracias a papiros conservados en Egipto que son auténticos contratos de aprendizaje, como el del año 20 de nuestra Era en la que un granjero de Teadelfia llamado Hartotes firmó para que su hija Tahaunes aprendiera el empleo en un molino de aceite en Filagris, donde estuvo dos años y luego renovó el contrato por otros dos antes de volver a su pueblo hecha una experta curranta. Peor le fue a su hermano Aunes, que se quedó en casa y tuvo que hacer trabajos forzados en el dique y canal de Teadelfia…

Los aprendizajes podían durar hasta ocho años, durante este tiempo no cobraban un duro, salvo comida y manutención, y seguramente hacían todo tipo de trabajos para el maestro. Cuando terminaban el aprendizaje, el maestro los tomaba como trabajadores, ahora sí, cobrando y eventualmente podían progresar hasta convertirse ellos mismos en maestros y tomar sus propios aprendices. En Oxirrinco, Egipto, han aparecido al menos 20 contratos de aprendizaje, como este que manda a su hijo en el año 63 de nuestra Era a aprender a tejer al templo de Hermes:

> «A Teon, inspector de impuestos de tejedores de Pausirio, hijo de Amonio (…) deseo por la presente asignar como aprendiz a mi hijo Pausirio, menor de edad, al maestro tejedor Epinikos, hijo de Teon, del Templo de Hermes, para que aprenda el oficio de tejedor y pago la tasa correspondiente. Por lo tanto, pido que mi hijo sea registrado como aprendiz cuando sea conveniente (…)».

También se podían nombrar aprendices a los propios esclavos, que retornarían de ese aprendizaje generando dinero para su dueño, ejerciendo el trabajo que hubieran aprendido. En el año 271, se conserva un contrato de estos de Egipto:

> Aurelio Ision, hijo de Nilammon y residente en Karanis ha entregado a Aurelia Libouke residente del barrio de los Bitinios una niña esclava del mismo Ision para que aprenda la labor de tejedora con Aurelia durante un año (...) cuando la niña esclava haya completado lo acordado sin falta, la maestra la devolverá cuando haya adquirido la técnica acorde con su edad (...)

Este Ision quería hacerse con un taller de costura a base de tener unas cuantas, o al menos una, esclavas tejiendo para él... Tonto no era. No es lo mismo ser tú artesano, con lo mal visto que está por los pijos, que tener esclavos que sean artesanos para ti, que mola más.

Un papiro del 20 de mayo del 164 contrata a «Memmio, hijo de Asclepio, para que trabaje en las minas hasta los idus de noviembre (176 días, N. del A.). El contratante, Aurelio Auditor, proveerá de comer y abonará 70 denarios, más una bonificación de otros diez por el trabajo de los hijos de Memmio».

La palabra *artifex* no solo abarcaba trabajos en los que el artesano hiciera algo con sus manos, como cordeleros, orfebres y alfareros, sino que también los cocineros, pescadores y carniceros eran considerados artesanos. Entre los oficios clásicos romanos encontramos, además de los mencionados: cristaleros, cerrajeros, tenderos, lavanderos, barberos, maestros, inspectores de Hacienda, funcionarios, albañiles como Peculiaris y Communis, que conocemos de su sello de albañiles en la base de una columna en la Villa de Fishbourne o como Firmino, albañil de la Villa de Barnsley Park, ambas en Reino Unido, pintores de brocha gorda, como los que dejaron el andamio puesto y el cubo con pinceles en una casa a medio pintar en Pompeya..., fruteros, floristas, actores, gladiadores, panaderos, cesteros, pilotos de cuadrigas, cambistas, banqueros, *vigiles*, fontaneros, como Servatus de Cambridge, al que conocemos porque ponía su sello en las tuberías que fabricaba «Servatus plomero, lo hizo», camareros, carpinteros, como el retratado en la casa de los Vettii en Pompeya, donde se ve en el fresco a un carpintero usando un martillo en unos tablones mientras a sus pies hay otras herramientas…, etc.

En Vindolanda, gracias a las tablillas conservadas, podemos estudiar el microcosmos de trabajadores que convivían en la zona. Se halló que de 343 trabajadores, doce eran zapateros que trabajaban haciendo y remendando los zapatos, dieciocho construían la casa de baños que luego dirigiría el *Balneator* Vitalis, otros eran yeseros, otros trabajaban en el hospital, también había dos veterinarios, llamados Virilis y Alio, un constructor de escudos que se llamaba Lucio, un farmacéutico llamado también Vitalis, varios trabajadores asignados a los hornos, otros a la carga y descarga de las caravanas, un médico llamado Marco y, lo que es más importante, un cervecero llamado Atrecto. Incluso sabemos que este Atrecto debía dinero al carnicero local por un pedido de manteca de cerdo anotado en una tablilla… También tenemos una lista de reparto de trigo del panadero del mismo fuerte, de antes del año 120, que nos da una pincelada de la gente que había en ese puesto al norte del Imperio:

> «Cuenta del trigo que yo mismo he puesto en el barril:
> 26 de septiembre
> —Para mí, para pan 6 *modii*
> —Para Felicio Victor, 15 *modii*
> —Para Crescens, 9 *modii*
> —Para los legionarios a las órdenes de Firmus, 11 *modii*
> (…)
> —Para Lucco, a cargo de los cerdos…
> … en la centuria de Voturio (…)»

Un modio (*modius*, plural *modii*) viene a ser algo menos de nueve litros, así que estaba entregando trigo para un tiempo largo…

Intentando averiguar a qué se dedicaba la gente en la antigua Roma, las universidades de Bohemia occidental, República Checa, y la de Aarhus en Dinamarca, llevaron a cabo una aproximación cuantitativa para intentar averiguar, en base a los epitafios conservados, a qué se dedicaban los romanos. Es decir, estudiar lo que los romanos ponían en sus tumbas con respecto a sus oficios e intentar averiguar más cosas sobre los romanos normales, los nuestros de la Roma under, aplicando la tecnología a la epigrafía.

Primero se utilizaron métodos computacionales para identificar todos los empleos grabados en todas las inscripciones romanas conservadas del Imperio Occidental y se distribuyeron estos empleos entre sectores, por ejemplo: alimentación, compañeros del metal, etc. Después se focalizó el trabajo individualizando las ciudades analizadas para intentar averiguar si había ciudades especializadas en oficios específicos o en distintos sectores. Se analizaron 500.000 textos latinos de 889 ciudades de la parte occidental del Imperio. En 360 ciudades se hallaron más de una inscripciones que hicieran referencias a empleos. Como dicen los buenos arqueólogos, la ausencia de evidencia no es evidencia de ausencia; como no podemos saber qué ha ocurrido con todos los epitafios en piedra grabados durante el Imperio, tendremos que conformarnos con lo que ha sobrevivido, evidentemente había trabajadores en todas las 889 ciudades analizadas, pero no se conservan lápidas que hagan referencia al oficio de los finados.

En cualquier caso, las 360 ciudades analizadas representan aproximadamente el 60% de la población urbana estimada para esta parte del Imperio; más de tres millones de habitantes. No está mal. Y a partir de aquí, vienen los problemas… Uno supondría que utilizando la epigrafía, muestras auténticas de lo que los romanos grabaron y escribieron, sin modificaciones a lo largo de los siglos, sería suficiente para encontrar la verdad. Los porcentajes de trabajadores de este u este otro oficio se acercarían a los porcentajes reales existentes en esas ciudades… Pero nunca nada es fácil y menos en Historia Antigua.

Resulta que las personas que señalan su oficio en sus epitafios reseñan generalmente oficios guays. Es más, el 60% de los epitafios por ejemplo de Roma, en los que se señalan oficios, corresponden a libertos que orgullosamente muestran el elevado status social que alcanzaron en su vida a pesar de haber comenzado siendo esclavos. Así, la mayoría de los epitafios nos hablan de directivos, de trabajos que requieren habilidades intelectuales y educación y que claramente no son trabajos manuales. Con honrosas excepciones, como la espectacular tumba del panadero Marco Virgilio Eurysaco, junto a la Porta Maggiore, la mayoría de los epitafios corresponden a *curatores*, algo así como directores o capataces, *horrearius*, director de almacén, *mensores*, inspectores de terrenos, *unctores*, ungidores, o si no a médicos... Se supone que alrededor del 90% de la población trabajaba en sectores implicados en la agricultura, pesca, ganadería y en el procesado de esos alimentos, pero con mucho, la inmensa mayoría de los trabajos citados son siempre trabajos superchulos. Incluso en Tibur, cerca de Roma, donde las lápidas de *tignuarii*, constructores o de *dendrophoros*, trabajadores de la madera, son altas sin duda por ser un pueblo cerca de Roma, la mayoría de la lápidas encontradas que señalen oficio, se refieren también a trabajos ejecutivos... Vamos, que en el cementerio hay más jefes que indios.

No puede ser, pero es. Los trabajos cuantitativos no sirven cuando los aplicamos a epigrafía antigua. Es como hacer un puzle de 1.000 piezas sin saber qué porcentaje de piezas tienes, ni a que parte del puzle corresponden, ni si todas las piezas son del mismo puzle... El caso es que uno no puede fiarse ni de los epitafios antiguos. La gente miente y exagera, hasta en sus epitafios, hasta en sus lápidas. Hasta muertos.

Sol lucet ommnibus, pero a unos les pone morenos sin querer y otros quieren ponerse morenos. Para los romanos y mucho menos para las romanas, estar moreno estaba mal visto, quería decir que trabajabas al aire libre o pasabas tiempo bajo el sol. Las chicas gustaban lucir pálidas, con colorete y carmín pero pálidas, y los chicos, un poco más morenos, pero solo si podían explicar su tostado por estar en la milicia o hacer deporte, si no, mal asunto. Lo de ponerse moreno dicen que no estuvo de moda hasta 1923, cuando Cocó Chanel se puso morenica en un yate y claro, todo el mundo quería lucir "espléndida" como Cocó... Para 1927 ya se vendían lociones bronceadoras que ni necesitaban sol, vamos, potingues. En México cuando yo tenía 15 años, no estaba bien visto tampoco que las chicas güeras (rubias) tomaran el sol y se pusieran morenas. Los chicos sí, pero sin pasarse. Curiosamente, lo de ponerse moreno, si te fijas, solo se puso de moda cuando pasó a demostrar lo contrario de lo que significaba. Si antes estabas moreno/a, era porque tenías que trabajar al sol. Ahora si estás morena/o, es porque puedes permitirte estar de vacaciones tumbado a la bartola al sol... o mejor en un yate, como Cocó...

A pesar de que la romana era, como todas las de su tiempo, una sociedad esclavista, la mayoría de los trabajadores eran libres; además las manumisiones incrementaban el número de los libres todo el rato. Mientras que el número de esclavos fue disminuyendo. Ya se mencionó de pasada que a lo mejor los trabajadores, siempre eventuales, no vivían mejor a veces que los esclavos, que por lo menos tenían casa y comida garantizados. Pero el trabajador era libre y lo sabía y tenía eso sí, vida social (y entierro) garantizado en su *collegium*, termas gratis o casi gratis, acceso a los juegos, circo y teatros, que eran también gratuitos y con suerte compañía y, ya puestos, un poco de vino de vez en cuando. Lo normal era levantarse al amanecer. Los trabajos en general comenzaban poco después, tras un pequeño *ientaculum* o desayuno comido sobre la marcha, normalmente un trozo de pan de ayer con ajo untado o un poco de fruta o lo que hubiera, si había algo. El horario de trabajo solía variar entre ocho y doce horas aproximadamente, pero los días, como cuando se habló de las noches, no duraban lo mismo, así que se trabajaban más horas de sol en verano y menos en invierno. Por cierto, pregunta: ¿Por qué permitimos los sonidos estridentes, como los despertadores, las campanas de clase, las sirenas de la poli o las alarmas de los coches, en un mundo moderno como el nuestro? Son sonidos que nos mantienen a raya, que nos enseñan que no pintamos nada, que son otros los que marcan nuestros tiempos: Cuándo debemos levantarnos, cuándo podemos salir al recreo, cuándo tenemos que ceder el paso, quién tiene un coche guay... Francamente, prefiero los toques de corneta del ejército, allí al menos, sabes dónde estás... Todo hace demasiado ruido hoy. A ver si encuentro una tienda donde comprarme unos tapones para el oído o unos auriculares para solo escuchar música buena... al volumen que me dé la gana.

Los comercios en la antigua Roma, fueran de lo que fueren, solían consistir en un local diáfano con un mostrador, con un altillo donde solían vivir los tenderos más pobres y un cierre de madera que se echaba por la noche. Muchas veces lo que se vendía en el mostrador se preparaba detrás del mismo o ese espacio se utilizaba como rebotica y almacén, sobre todo en las tiendas de cerámica, caldererías, cristalerías... Los clientes paseaban por la calle comprando, regateando o "mirando escaparates", según la suerte del tendero ese día. Marcial critica a un finolis que se pasa la tarde mirando y remirando todas las tiendas, haciendo que le atiendan exquisitamente y, al final, después de toda la tarde tocando las narices, compra en la tienda más barata un par de copas de a un As cada una y se las lleva cargando él mismo a su casa... Hace tiempo, tuvimos una tienda de decoración mi mujer y yo. Me acuerdo de una clienta del tipo este que menciona Marcial. Digamos que se llamaba, por ejemplo, Claudia. Venía a la tienda y pasaba las horas mirando todo y remirando todo y no compraba nada nunca. Un día, por fin compró un biombo con espejos sobre madera blanca, una pieza belga de dos metros de alto, muy chula, que tuve que llevar a su casa y cuyo precio regateó. No supimos más de la señora hasta unos siete u ocho meses más tarde, que vino a la tienda y nos dijo que ya no necesitaba el biombo y que quería devolverlo, que le diéramos su dinero y que, encima, pasáramos a recogerlo a su casa. No voy a reproducir aquí lo que se le contestó, pero es que hay gente... Supongo que el biombo seguirá luciendo en su casa o que lo habrá vendido en Wallapop. A mí, plín.

Vayamos a por pan, que me apetece un bocata de calamares. En Pompeya se han encontrado hasta el momento 36 panaderías y unos 200 talleres de todo tipo. Además de las panaderías, se sabe que el pan se vendía en otros sitios, por ejemplo, junto al templo de Apolo una pintada indica que «Verecundo Libario y Pudens Libario venden pan sacrificial aquí». En un fresco se conserva un retrato de Terencio Neo y su esposa, panaderos de la Via de la Abundancia. Por desgracia, no conservamos el nombre de la señora panadera, pero aquí, casi por única vez, podemos ver la cara de un autónomo, uno al que parece que no le iba mal, porque pudo encargar su retrato, alrededor del año 30 de nuestra Era. O a lo mejor un pintor le pagó con el retrato el pan de un mes, quién sabe. Hay también en Pompeya un fresco, conocido como el de la casa de los panaderos, en el que se ve un mostrador lleno de hogazas romanas y gente recibiéndolas, pero no representa una tienda, sino un político repartiendo pan entre el pueblo para que le vote.

Los romanos tenían distintos tipos de pan, el mejor se llamaba *panis sigilineus*, pan blanco, también estaba el *panis ruralis*, que era pan como de pueblo y el *secundari panis*, mezclado con salvado u otros cereales, casi como el pan integral, más basto. En algunas panaderías, como en la encontrada en la llamada casa de Pana, en Pompeya, tenían molinos propios, accionados por burros que estaban todo el día vuelta la mula al trigo, como decía mi padre cuando quería llamarme terco. Los hornos de las panaderías, que son como los hornos de leña de las pizzerías y los asadores buenos, alcanzaron su máxima calidad en época romana y no han cambiado ni mejorado ni un poquito, porque es imposible. En algunos hornos de panaderías de Pompeya se quedó el pan dentro (un poco moreno) lo que nos ha permitido estudiarlo perfectamente. El *colegium* de panaderos de Roma se fundó en el 168 a. C. y dicen que los hijos de los panaderos estaban obligados a continuar la profesión del padre, lo que por otra parte no era tan raro, porque los hijos eran los primeros aprendices y ayudantes en casi todas las profesiones, desde servir como recaderos hasta ir poco a poco aprendiendo el negocio familiar, si había negocio familiar...; aunque a veces los niños te salían artistas y querían irse a vivir su vida, como cantaba la gran Concha Velasco: «Mamá, quiero ser artista». Ante esto, además de llevarte las manos a la cabeza e invocar a las *Furias* (palabra latina), poco se podía hacer.

Había "músicos de la legua" que iban por los pueblos y las tabernas recitando cantos, tocando flautas y tamboriles y bailando (mejor les iba si tenían chicas para esto último). Los llamaban *grassatores* y bueno, vivían de bolo en bolo y pidiendo, como la tuna, si no actuaban en cenas privadas y eso. Tocaban canciones tipo la tarantela, según Mommsen, que debe de ser que estaba allí para echarles óbolos... En cualquier caso el entretenimiento era una parte importante del sector servicios. Aunque los actores eran considerados casi como infames, los hubo famosos. Conocemos los nombres de Metrobio, de quien se decía (Plutarco, que era un cotilla) que era amante del Dictador Sila en el siglo I a. C.; el actor trágico Claudio Esopo, de tiempos de Cicerón...; dicen que el más famoso de la Historia fue Quinto Roscio Galo, amigo de Craso, que llegó a fundar una escuela de actuación; también conocemos a Stephanio, Hylas o Pylades de tiempos de Augusto, contemporáneos del esclavo y luego liberto de Mecenas Batilo de Alejandría, de quien se dice que era el mejor actor cómico de su siglo; también conocemos al actor Mnester, de tiempos de Calígula y de Claudio (Suetonio, otro cotilla, dice que le ejecutaron por acostarse con Mesalina).

Los ingleses discuten mucho sobre si había actrices en Roma o no, porque ellos, a diferencia de los países mediterráneos y católicos, tenían prohibido a las mujeres actuar en el teatro hasta por lo menos 1660 y les choca que sociedades más antiguas permitieran tal cosa tan normal (Ver *Shakespeare in Love*, peli regulera —7 óscars, 3 globos de oro y 4 BAFTA— en 1998, cuyo guión se basa en esa premisa). En cualquier caso, está demostrado que sí, que había actrices en Roma sin ninguna duda; para empezar, tenemos pruebas de que existía por lo menos un *collegium* específico para mujeres en Roma, la *Sociae Mimae*, o sindicato de actrices; en Sicilia también había otro colegio como este: la asociación de artistas de Afrodita la feliz. Para seguir, conocemos los nombres de varias actrices: Ecloga, famosa en el siglo I a. C. en la África romana, Fabia Arete, *archimima*, protagonista según su lápida o Bassilia, conocida en muchas ciudades, cuya lápida, con retrato y todo, fue sufragada por su pareja y compañero actor Herakleides, siendo enterrada en Aquileia. Y para terminar, en el *Asno de Oro* Apuleyo no solo nos confirma que había actrices en el siglo I en escena, sino que a veces iban ligeras de ropa. Nadie en una novela cómica metería una escena en la que se representa el juicio de Paris con mujeres en la escena de un teatro si una actuación similar no ocurría en la vida real. Y que al menos una es mujer, lo señala el texto y la poca ropa que lleva quien representa a Venus para deleite del personal:

> «Después de éstas entró (en la escena) otra muy poderosa; con hermosa vista y la gracia de su divina color manifestaba que debía ser la diosa Venus, la cual ella era cuando fue doncella, el cuerpo desnudo y sin ninguna vestidura, mostrando su perfecta hermosura, salvo que con un velo de sutil seda anunciaba su espectáculo, el cual velo un airecillo curioso enamoradamente meneaba, ahora burlándoselo se alzaba en tal manera que apartado, descubría la flor de su edad; y luego con mayor amor se le allegaba tan apretadamente que señalaba las líneas hermosas

> de su cuerpo. El color de esta diosa era tan hermoso, que el cuerpo era blanco y claro como cuando sale del cielo, y la vestidura azul, como cuando torna del mar».

A los romanos a diferencia de los griegos les gustaban las comedias, palabra que viene del latín *comedia*. Por eso tenemos desde en el siglo III a. C. a Plauto, a Livio Andrónico, a Cneo Naevio, a Terencio, a Titinio, etc., como autores de comedias que todavía se representan. Por ejemplo, el musical *Golfus de Roma* es una adaptación de las obras de Plauto. La comedia es una sátira y una crítica a la sociedad, una manera en la que Roma se ríe de sí misma. El mimo, la pantomima, la incorporación de la música y el baile a las representaciones y el que los actores no utilizaran máscaras, popularizó las *ludi sceanici*, las actuaciones, a veces vulgares o soeces, hasta el punto que el sabio del siglo I a. C. Varrón indica que: «Lo feo tiene el nombre de *obscaenum* porque, excepto en escena, no debe decirse públicamente». Esa no es realmente la etimología de "obsceno", pero aceptamos la acotación de Varrón como prueba de que los carcas consideraban obscenidades lo que veían en la *scaena*. Lo que está claro es que los chistes escatológicos y sexuales todavía nos hacen gracia y estas pantomimas, a falta de tener a Goyo Jimenez en *scaena*, hacían que toda Roma, incluyendo los romanos under, pudieran pasar un buen rato y olvidarse de lo suyo. Ya dijo Oscar Wilde que: «El arte es la única cosa seria en este mundo. Y el artista es la única persona que jamás está seria». Y yo creo, sinceramente, que quien te hace reír es, sin ninguna duda, un artista.

Pero no todo era escena y artisteo, también eran artistas los escultores, pintores de pincel, joyeros, armeros y orfebres, pero no eran considerados como tales, como se dijo. En estos casos era más común todavía que el hijo del artista aprendiese desde pequeño el arte y continuara el trabajo familiar.

Creo que el peor trabajo en las ciudades romanas era el que se efectuaba en las *fullonicae*, en las lavanderías. César Dorado @CDorado75 en X (antes Twitter), subió un buen hilo al respecto. En la Piazza Pia de Roma, en el Vaticano, unas obras sacaron en el 2024 a la luz los restos de una de estas grandes lavanderías, en este caso, de finales del siglo II. En Alcalá de Henares y en Barcelona, tenemos ejemplos hispanos de lavanderías romanas. La de Barcino es visitable en los espacios del Museo de Historia de Barcelona. En las *fullonicae* romanas, la ropa se lavaba por inmersión en pilas de orina y sosa que eran literalmente pisadas como si estuvieran pisando uvas por sus trabajadores, en esta fase, habitualmente niños. De esta pileta, la ropa pasaba a través de varias piletas más hasta ser aclarada en la *lacuna fullonica*, para después ser blanqueada con arcilla blanca y en una cesta sobre sulfuro, que blanqueaba más todavía, y finalmente ser escurrida y tendida al sol. Antes de entregarse al cliente se planchaba mediante una curiosa técnica que consistía en estirar la ropa insertándola en marcos de madera y estirándola mediante unas prensas que la tensaban hasta que desaparecieran las arrugas. En el exterior de la *fullonica* solían instalarse ánforas con el cuello roto para recolectar la orina fundamental para su trabajo, ya que desconocían el cloro y en cambio el pis, con perdón, contiene amoniaco que limpia bastante bien. Si esto del pis os da cosita, pensad que la Urea, que contiene tantas cremas de belleza chulis, precisamente se encuentra en el pis, el sudor y las heces humanas. Y por las cremas pagamos una pasta, a pesar de que sabemos de qué está hecha.

Entre el azufre que se respiraba y lo de tener los pies ocho horas al día mínimo sumergidos en orina, supongo que los trabajadores de estos sitios lo pasaban bastante mal. En las ruinas de la famosa *fullonica* de Stephanos en Pompeya, apareció el cadáver de un señor que quedó atrapado con una bolsa que contenía más de mil sestercios. ¿El dueño de la lavandería?, ¿un trabajador que en ausencia del dueño decidió cobrarse los atrasos? Otra historia que no se conocerá nunca. Yo prefiero pensar que era un trabajador de la *fullonica* y que durante sus últimos momentos pensó que era libre y rico… y se fue con una sonrisa.

Los niños trabajaban en todo desde siempre. Se conserva un contrato de Mesopotamia del año 2.200 antes de Cristo, en el que una madre entrega a su hijo pequeño Marduk-Nasir para que trabaje con un tal Mar-Sippar. En el Museo Arqueológico Nacional en Madrid, se conserva una lápida con el retrato de un niño minero de cuatro años, Quartulus, del siglo I de la Bética en tiempos romanos. Lo de proteger a la infancia del trabajo, sigue siendo ciencia ficción en gran parte del mundo. En cualquier caso, si en esas partes del mundo prohibieran del todo el trabajo infantil, las familias de esos niños y ellos mismos no sobrevivirían, no todo es tan fácil en el mundo real.

Tampoco estaba mal el trabajo de zapatero, *sutor*, que se encargaba de fabricar y arreglar los muchos tipos de zapatos que se utilizaban en Roma, desde el *calceus*, de donde viene nuestro calzado, hasta las *caligae* de los soldados, las *soleae,* que eran las sandalias de estar en casa, el *campagus*, zapato de oficial militar, la *baxae*, una como alpargata, la *crepida*, sandalia acordonada típica de los trabajadores en general, los *cothurni*, que podían ser zapatos de tacón, la *gallica*, un zapato de suela gruesa, como los que se llevan ahora de plataforma, entonces típico de campesinos y tal, el *soccus*, zueco de donde viene nuestra expresión de "hacerse el sueco", porque era un zapato que solían vestir en escena los comediantes y mimos, las *sclponae*, que eran como madreñas de madera que utilizaban esclavos o trabajadores del campo y finalmente las *carbatinae*, zapatos muy básicos que consistían en una sola pieza de cuero que daba vuelta al pie y se cosía y ataba por delante, más una funda de pie que un zapato. Los cordones de cualquier *calcei* se llamaban *vincula* y con el *corriagi*, correaje, se sujetaban al tobillo. Parece que el de zapatero era un trabajo muy humilde y Luciano nos cuenta el caso de uno que cuando llega la muerte, se va con ella encantado:

> «En lo que a mí respecta, no teniendo nada que perder en la vida (...) ni reputación, cuando Átropos simplemente me señaló, alegremente solté mi cuchillo y el cuero (estaba trabajando en una sandalia) y me levanté y la seguí, descalzo como estaba y sin siquiera limpiarme el betún».

Por otro lado, los trabajadores más famosos de la antigua Roma son los gladiadores tan denostados y mitificados. De ellos (y ellas) ha hablado en sus novelas mi amigo Juan Tranche, así que seré breve. Lo que quería señalar es que durante el Imperio la mayoría de los gladiadores eran voluntarios. Si eras pobre o no eras ciudadano o ambas cosas y eras un fortachón o muy hábil con las armas, podías apuntarte a una escuela de gladiadores, donde renunciabas a muchos de tus derechos y de paso podías morir en la arena, pero te daban casa, comida y entrenamiento, que ríete del gym, y se te brindaba la posibilidad de ser el favorito de las nenas, literalmente forrarte y convertirte en el brazo ejecutor de algunos criminales que soltarían en la plaza para que les dieras matarile. Es sabido que lo de *Morituri te salutant* no lo dijo nunca un gladiador y que lo de la seña pulgar arriba o abajo, no es tampoco lo que hacían los que salvarían o no al gladiador caído, pero mola igual. La serie *Los que van a morir* está muy entretenida, por no hablar de *Gladiator y Gladiator II*, (por favor, pronúnciese gladiator, no gladieitor, es latín). Había diferentes clases de gladiadores, que solían emparejarse uno pesado y con buen armamento con otro ligero pero peor armado. Había reglas y árbitros; si un luchador se rendía, habitualmente señalando hacia arriba con su dedo índice de la mano izquierda, la multitud, si estaba de acuerdo, considerando que el chaval ya había hecho bastante, gritaba ensordecedora: *missus* y normalmente era sacado deshonrosamente de la arena. Si la multitud gritaba *iugula*, el ganador debía matarle de un golpe certero y el perdedor ofrecer graciosamente su cuello para morir honrosamente. Los *munera*, los juegos gladiatorios tenían que ser dignos del Emperador que habitualmente los disfrutaba y entregaba premios a los ganadores. Si el espectáculo era regulero, como nos cuentan en *Astérix Gladiador*, los organizadores podían terminar en la arena, como Suetonio cuenta que en una ocasión ordenó Claudio (el de *Yo, Claudio,* César del 41 al 54).

Marcial nos cuenta una lucha única en la que en unos juegos presididos por Domiciano fueron declarados vencedores los dos gladiatores:

> «Prolongando el combate Prisco, prolongándolo Vero y estando igualado el valor de ambos durante mucho tiempo, se pidió reiteradamente y a grandes voces que se licenciase a los dos combatientes; pero el César mismo se atuvo a su propia norma: la norma era luchar, dejando los escudos, hasta que uno de ellos levantase el dedo. Hizo lo permitido: les dio varias veces fuentes (de alimentos) y regalos. Sin embargo se llegó al fin de un combate igualado: lucharon iguales, se rindieron a la par. El César envió a uno y a otro la espada de madera y a uno y otro las palmas de la victoria. Tal fue el premio de su valor denodado. Un hecho semejante no se había visto sino en tu reinado, oh César: que luchando dos, quedaron vencedores ambos».

A lo que se podría añadir el refrán romano *Nisi paria non pugnant*, dos no pelean si uno no quiere. Eso sí, con lo que hay que pelear, es con la pobreza...

En la Antigua Roma, también podías endeudarte; para evitarlo el Estado en tiempos de la República, alrededor del 350 a. C. puso en marcha un servicio de Banca Pública conocida como *Mensarii*, literalmente meseros; mesas a las que, sobre todo en épocas de carestía, guerra o algo chungo, los pobres pero no tanto se acercaban para conseguir préstamos estatales que les ayudaran a disminuir sus niveles de deudas y de paso mantener el dinero circulando y a la gente lo suficientemente tranquila para no liarse la manta a la cabeza. Eso no evitaba que de vez en cuando hubiera crisis gordas, como ahora. Juvenal ya decía que: «Las dificultades domésticas deprimen el ánimo e impiden al virtuoso mostrar su valor (...) Alimentarse con suficiencia cuesta cantidades exorbitantes». Juvenal escribe en el siglo II de nuestra Era, pero cuatrocientos años antes, Plauto hace decir en una de sus comedias a un personaje que cuando acudía al mercado solo hallaba productos caros, fuera del alcance de su bolsillo. Qué casualidad, lo mismo me pasa a mí en el Súper...

Cuentan que en el año 33, en tiempos de Tiberio, todo el mundo estaba endeudado hasta las cejas y los bancos cobraban unos intereses abusivos. El Emperador quiso hacer una moratoria de pagos para revisar los intereses, pero los prestamistas, asustados pensando que iba a haber una quita, quisieron ejecutar los préstamos y el sistema colapsó cuando los ricos tuvieron que empezar a vender sus propiedades para pagar las deudas y las propiedades bajaron de precio... y los productos básicos cada vez fueron más caros. Los que no tenían nada que vender, no podían ni endeudarse, porque nadie les daba créditos. No había dinero. El que lo tenía, lo tenía guardado. Para solucionarlo, el Emperador tuvo que ordenar que se inyectara dinero en el sistema, por ejemplo a través de los *mensarii*, con préstamos sin interés. También aprovechó para acusar a algunos ricachones de traición y cosas así, incautándoles la pasta para financiar el rescate de la economía. No le fue mal. Recaudó dinero de más y se salvó la cosa al menos otro par de siglos, cuando la inflación de nuevo creció tanto que hubo que hacer un edicto limitando los precios de todo. Pero esas medidas, como se demostró hace mil setecientos años, no funcionan. Si se topan los precios de las mercancías, estas desaparecen del mercado. Nadie vende a pérdidas si puede evitarlo. Al hermano de mi amigo Félix, que es agricultor, le pagaban el kilo de cebollas el año pasado a céntimo. En el Súper estaban a 1,49€ el kilo, ya me dirás..., no merece la pena ni recogerlas. Lo único que provocan esas medidas es el surgimiento del mercado negro y el empobrecimiento aún mayor de la gente normal que termina como en Cuba, no pudiendo comprar ni papel higiénico porque no lo hay ni a los precios que el gobierno pretende que se venda ni de ninguna manera. Literalmente, los datos que tengo, en el año 2022, cuando se debían fabricar cincuenta y cinco millones de rollos en la isla, se fabricaron solo dieciséis y más cortos, con lo que estuvieron disponibles exclusivamente para los turistas. ¿Por qué se fabricaron menos? Porque no hay plata para pagar por el papel ni la celulosa ni mucho menos para importarlos. Money makes the world go round y los comunistas todavía no lo saben. Si intervienes en el mercado, el mercado te come. En teoría y con el precio limitado, un paquete de cuatro rollos de papel higiénico en Cuba cuesta 2,62€. El sueldo mensual de un cubano es de unos 13€ (hay quien dice que menos de 3€). El sueldo íntegro del mes te daría para comprar casi veinte rollos, espero que seáis pocos de familia... pero no te preocupes. ¡No hay! No lo puedes comprar de todas formas. Bueno, pues el edicto de precios de Diocleciano provocó más o menos lo mismo, pero en todo el Imperio y antes de que se inventara el papel de vater, por supuesto. Un trabajador tiene que ganar lo suficiente para que viva y coma y tenga ambición. Si cobras una *merda* (latín puro) trabajas una *merda*. En una fábula de Babrio, nos cuentan que un joven vendió la avena de su caballo al mesonero una noche a cambio de vino. Al día siguiente el caballo no andaba nada por más que le diera el tipo con la fusta. El caballo le dijo: «Si quieres que funcione estupendamente, no vendas mi comida, carajo...». Pues eso.

Hay cosas que es mejor no tocar y temas que es mejor dejar como están. El mercado es una de ellas y la motivación de los trabajadores en las oficinas, otra. Me contaron la historia de un empresario de hace algo más de cien años, pongamos que se llamaba Claudio, que pensó que sería bueno motivar a sus empleados decorando las oficinas con carteles que dijeran: ¡Hazlo! Funcionó mejor de lo que pensaba. Unos cuantos empleados pidieron que les subieran el sueldo. El contable se fugó con su secretaria, el cajero desapareció con la pasta de la caja, el botones se fue al oeste a buscarse la vida... Pues eso, mejor no meneallo.

Por cierto, la banca siempre gana. Otro personaje de Plauto nos cuenta que: «Vas y haces cuentas con el banquero y luego de hacerlas resulta que eres tú quien le debe a él»...

Las mujeres trabajaban en Roma. Cuando más under fueran, más posible es que trabajaran. Las ricas en cambio, estaban menos "liberadas" como decía mi madre. Las ricas se supone que lo que hacían era quedarse en casa tejiendo lana o haciendo túnicas para el *pater familias* y los churumbeles, hay un montón de lápidas que presumen eso de sus señoras allí enterradas, pero creo que esto es un poco como lo de los epitafios que resultan ser todos de directivos, vamos, que es falso. No vas a poner que la finada trabajaba fregando escaleras. Si no puedes decir que "tejía en casa" pues pones que era "casta" y ya está, tampoco hay que decirlo todo en las lápidas, aunque hay señoras que sí lo ponen, como Septimia Estratonice, zapatera (*sutrix*) de Ostia. No quiero decir que fuera una zapatera de narices, sino que era zapatera en el puerto de Ostia... en Pompeya conocemos por pintadas los talleres de Asellina, Fortunata, Glycera, Foebe. Por otra parte, Caprasia, Iunia, Lollia, Petronia y Statipero, siendo mujeres, pedían el voto que ellas no tenían para distintos candidatos en otras tantas pintadas. Que suenen y no se olviden sus nombres... Pero en fin, de mujeres, hablaremos en el siguiente capítulo...

VII

AY MUJER

«La mujer fue creada para ser amada,
no para ser comprendida».

Oscar Wilde s. XIX

«Las mujeres se negaran o aceptaran,
pero siempre quieren que se lo preguntemos».

Publio Ovidio Nasón s. I

Tengo un amigo, de verdad, no como Claudio, este se llama Javier Santamarta. Uno de sus libros se llama *Siempre estuvieron ellas* y trata sobre algunas de las muchas mujeres fundamentales en la Historia de España y sus gestas. Desde que lo publicó, siempre le han mirado raro en ciertos ambientes y medios por haber escrito un libro sobre mujeres sin ser él mismo mujer; debe de ser que, en estos tiempos absurdos, no puedes escribir sobre algo si no eres ese algo, lo que implica que tampoco puedes escribir sobre marcianos si no eres marciano ni sobre vikingos si eres del Atleti como yo y que, por ejemplo, *Mujeres al borde de un ataque de nervios* también debería de estar proscrita porque, que yo sepa, Pedro es un tío. Gay como un palomo cojo, pero un tío. Menos mal que a mí me salva que todos somos romanos… y por eso puedo escribir, de momento, estos libros sin que demasiada gente se meta conmigo. En cualquier caso y aunque yo tampoco soy mujer, lo confieso, nadie es perfecto, voy a intentar hablar un poco de las mujeres romanas, aprovechando mi lado femenino, que para un capítulo me da y porque me da la gana y creo que en general todas ellas, por ser mujeres, eran personas más de la Roma under que de la Roma guachi, aunque por encima de la discriminación por sexo, existía y existe la discriminación por pasta. Las ricas están por encima del bien y del mal. Las no tan ricas, pues no, y las no tan guapas, pues tampoco, me temo. Charlotte Whitton, la mujer que fuera primera alcaldesa en la Historia de una ciudad grande (Ottawa, 1951-56), dijo que: «Hagan lo que hagan las mujeres deben hacerlo el doble de bien que los hombres para que se piense que son la mitad de buenas. Por suerte, esto no es difícil». Pues en Roma, pasaba parecido.

Se ha puesto de moda en la nueva divulgación, copiando mucho a los ingleses que no dejan de ser unos bárbaros, el criticar a la mujer romana y su status, comparándola con la mujer de hoy, en vez de con sus contemporáneas; eso no es correcto ni sirve de nada más que para mirarse el ombligo. Desde luego no sirve para aprender nada de Roma. Para empezar, habría que puntualizar qué es eso de "la mujer de hoy". La mujer solo es libre "hoy" en occidente y al paso que vamos, me temo que está involucionando si seguimos permitiendo burkas y similares actitudes en Europa. O si las feministas se manifiestan a favor de Palestina. Y por otra parte, entiendo que es más fácil para esta gente ideologizada, woke, protocrítica y adanista, criticar la mujer en Roma porque tenemos muchos datos de ella en vez de ponerse a investigar sobre la mujer en Germania o entre los hunos, porque no hay ni flores, ni fuentes por dónde empezar, pero eso no es excusa. Vale, la mujer romana tenía menos derechos que su contraparte masculina, pero tenía derechos y le iba mejor que a ninguna otra mujer del mundo en su siglo. En el resto del planeta, la mujer era poco más que una propiedad o una esclava. Antes de criticar por su "poco feminismo" al Imperio, hay que tener esto en mente.

El año pasado tuve la suerte y el honor de hacer un taller en la Universidad de Valladolid en Segovia, dirigido por la profesora Teresa Gema Martín Casado sobre la mujer romana, dentro de su proyecto *Commujeres* (Premio Meninas 2023). El objetivo de mi taller era hacerle ver a las chicas que igual que las romanas tenían unos derechos, como el de divorciarse sin ir más lejos, el resto de sus contemporáneas en todo el mundo no los tenían, y que cuando se terminó Roma, se terminaron poco a poco esos derechos. Es decir, la mujer romana, por mucho que lo critiquen los de siempre, tenía un status único en su mundo y lo perdió. Con la mujer occidental pasa lo mismo. Tiene un status único en nuestro mundo y lo puede perder. No se da cuenta la sociedad, especialmente la que mira con suavidad y simpatía eso del multiculturalismo y el islam, que la Sharia es incompatible con la libertad de la mujer y la mujer es más de la mitad de la población europea hoy, pero cada vez está más sometida a la religión y a su marido en la mayor parte del mundo, especialmente donde se confunde religión con ley y Estado. Hace no mucho, la ajedrecista iraní Dorsa Derakhshani recibió un ultimátum del régimen islámico que soportan allí: o usaba el hijab o no se le permitiría competir. No solo se negó a usar el hijab, sino que emigró, se unió al equipo de Estados Unidos of America y se convirtió en campeona mundial. A estas mujeres es a las que hay que ayudar, impulsar y como dicen ahora "visualizar". O a las afganas, a quienes ya no se permite ni hablar en público. Espero que más pronto que tarde nos demos cuenta de que los derechos de la mujer están tan amenazados hoy como cuando el Imperio estaba cayendo. Es necesario que protejamos esos derechos y expulsemos de nuestra sociedad a cualquiera que considere a la mujer como inferior. A cualquiera; me da igual raza, color, religión o país de origen.

Para Aristóteles, griego él, el orden de las cosas de mayor a menor –el status de los derechos– seguía el siguiente escalafón: varón adulto griego, anciano griego, mujer griega, niño griego. Ya por debajo de estos, estaban los metecos (extranjeros) y los esclavos, que en este último caso serían inferiores no solo por una cuestión fáctica sino por naturaleza.

Vamos, que si fuéramos aristotélicos, consideraríamos que el esclavo lo es porque se lo merece y que la mujer griega es solo superior a los esclavos, a los extranjeros y a los niños. Este tío está estagirita... (Aristóteles era de Estagira, Grecia). Afortunadamente, el siglo IV a. C. ya les quedaba muy lejos a los romanos del Imperio y la mujer romana, la ciudadana, creo que solo era inferior en derechos al ciudadano varón y como ya no había derecho al voto en las elecciones generales para nadie, ya no tanto. La mujer podía casarse según su voluntad, divorciarse, tener propiedades, testar, recibir testamentos, actuar judicialmente, trabajar, elegir religión, pagar impuestos... Ya se vio que había mujeres en Pompeya que aun no pudiendo votar, recomendaban a este o al otro candidato. El 15% de las pintadas políticas de Pompeya las firman mujeres. ¿Buscamos cuántas hay en Afganistán? El historiador Cornelio Nepote, en el siglo I a. C. decía que en Roma, a diferencia de en Grecia, la mujer compartía espacios públicos y privados con el hombre: «Muchas cosas que entre los griegos se consideran impropias, están sancionadas por nuestras costumbres. ¿Alguien se extrañaría de ir junto con su mujer a cenar fuera?». No hay que hacer mucho caso de lo que digan los griegos sobre las mujeres, que son unos misóginos. Por algo los romanos ya llamaban *amor mos graeciae*, amor según la costumbre griega, al que excluía a la mujer de la ecuación en cualquier sentido y postura. No hay que tampoco hacer mucho caso a lo que dice Robe Iniesta en su canción *Buscando una Luna*, que hacía Penélope para pasar las noches: «Y por la noche qué harás, las paso descosiendo que hay un arco por tensar». Seguro que Pe tenía mejores cosas que hacer por la noche...

Una mujer emancipada, viuda o sin *pater familias*, se convertía legalmente en *sui iuris*, guardiana de sí misma. Si su padre fallecía sin otorgar testamento o habiéndolo otorgado, el Derecho Romano establecía la división equitativa de sus bienes entre los hijos, sin tener en cuenta su edad o sexo. Es más, la parte que heredara la mujer, con o sin testamento, estaba libre de lo que sus hermanos opinaran sobre la propiedad, por ejemplo, si la parcelita era indivisible y propiedad de cuatro hermanos, una chica y tres tíos, los tíos no podían hacer nada de venderla ni eso, sin el concurso de su hermana. Ni tan mal. Ya lo dijo Catón el censor: «Toda la humanidad dirige a sus mujeres, y nosotros dirigimos a toda la humanidad, pero nuestras mujeres nos dirigen a nosotros».

Antes que las tonterías de Aristóteles, a principios de ese siglo IV antes de nuestra Era se comenta que Sócrates había dicho: «Cásate: si por casualidad das con una buena mujer, serás feliz; si no, te volverás filósofo, lo que siempre es útil para el hombre». Resumiendo, que los filósofos sabrían algo de la naturaleza y de metafísica y geometría y eso, pero de mujeres, ni idea, tú. Hay muchas cosas interesantes que aprender sobre Roma si miramos a sus mujeres, que no pueden aprenderse si solo miramos a sus hombres. En cualquier caso, si la inmensa mayoría de los hombres, no salen en la Historia, el caso de las mujeres es casi universal. Lo raro es que salgan, salvo que salgan mal, como Mesalina, Cleopatra, Clodia, Eva, Pandora... No tenemos casi nunca, sus voces, ni sus nombres. Si hay romanos under, las mujeres, todas, estaban todavía más underground.

Pero empecemos por el principio y el principio suele ser nacer, algo difícil y complicado en la antigüedad, sobre todo si nacías niña. En nuestro Imperio, ¿cómo comenzaba esa aventura tan difícil? Pues...

La edad ideal de las mujeres se consideraba la edad fértil y desde la primera menstruación, las chicas estaban en disposición de ser casadas. Dependía de ellas y de su parentela que iniciaran la aventura de una nueva familia antes o después, pero lo normal era que para los dieciséis años estuvieran encarando su primer matrimonio. Evidentemente estos matrimonios eran para crear *matres*, madres, así que el objetivo de casarse para las romanas de la Roma under era tener romanitos y romanitas (y hacer sitio en casa, que lo poco que había no llegaba para todos). Ya en época de Augusto, las autoridades, es decir, él mismo, se preocupaban por la baja natalidad entre ciudadanos romanos, así que se promovieron leyes para fomentar el nacimiento de nuevos ciudadanos. Entre las medidas dispuestas estaba la exención total de impuestos para las madres de tres hijos. Eso es ayudar a las familias numerosas y no las chorradas que proponen ahora, hombre ya...

Bueno, evidentemente los romanitos y romanitas nacían dentro de un matrimonio de ciudadana y ciudadano romano, pero los otros, los nacidos en otras formas de unión al menos hasta el siglo III, pues non. Por ejemplo lo del *Ius trium liberorum*, lo de la exención de impuestos por tener tres hijos, que también incluye la independencia jurídica, solo se aplicaba a las ciudadanas de pleno derecho; las libertas, por ejemplo, tenían que tener cuatro hijos para alcanzar el mismo privilegio. A Marcial, sin tener ningún hijo y sin ser madre, se le concedió esta prebenda, honoríficamente, pero de estar exento de impuestos no se vive. Y de ser *sui iuris*, tampoco. Y menos si hay un churumbel en camino. Y menos si es el tercero o el cuarto.

En cualquier matrimonio se consideraba una bendición un embarazo, aunque entrañara tantísimos peligros. Era todo muy complicado y peligroso; para empezar, el embarazo duraba diez meses..., sí, diez meses lunares, diez meses de 28 días, al final lo mismo que los nuestros, cuarenta semanas, 280 días aproximadamente. Pero de golpe asusta ¿no? Evidentemente, se consideraba que había una relación entre el embarazo y la luna. De hecho todavía existe el mito de que en los días de luna llena hay más partos, pero me temo que solo es un mito. María Soledad Saiz, matrona del Hospital Príncipe de Asturias de Alcalá de Henares (Madrid), hizo un estudio analizando 2.137 partos naturales durante todo el año 2007 y dedujo que de ninguna manera la luna influyó en ningún alumbramiento. Pero, oye, cada quien cree lo que quiere, hay mucho lunático suelto y yo el primero. En Roma sí que se creía en la relación entre la luna y el embarazo, tanto como se creía que nunca había que cruzarse de brazos y mucho menos de piernas, delante de una embarazada, que daba mala malísima suerte para el embarazo y el parto.

Se pensaba que los días más fértiles en la mujer eran después del término de cada menstruación; como normalmente esto sucede a los 28 días, esa coincidencia apuntalaba más la relación sospechada y sospechosa entre ciclo lunar y mujer y embarazo. Si se buscaba la concepción, se recomendaba que tras el coito la señora permaneciera tumbada en la cama con las piernas cruzadas descansando un rato y permitiendo que la semilla arraigase. En esta época, se creía que la mujer era solo el receptáculo, el tiesto (con perdón), donde la semilla fabricada en exclusiva por el varón, crecería y se desarrollaría si todo iba bien. No obstante entre los pobres lo normal era no desear más embarazos en la medida de lo posible, porque cada niño es una boca nueva a la que infraalimentar. Para ello existían métodos anticonceptivos tan variados y poco efectivos como la lana fina introducida en el útero, la miel, la menta poleo, zanahoria... Francamente, no sé si funcionaban mucho... aunque fueran cultura popular y remedio de abuelas. Recuerdo el chiste en el que a uno que tiene miedo a tener hijos le recetan un preservativo de lana y él dice: —¿Doctor y con este preservativo de lana evitaré los embarazos?—. Y le contesta el doctor: —No, pero le sudará la p...—.

Evidentemente, los ricos y eso tenían médicos y matronas, pero los pobres, es decir, casi todo el mundo, tenían sobre todo que encomendarse a los dioses. Precisamente el paso del folclore a la medicina digamos más de verdad, tuvo lugar en la antigua Roma, pero claro, no había seguridad social y los médicos eran caros, así que a la mayoría de las y los romanos solo les quedó seguir rezando. Antes del año 138, el médico Sorano de Efeso escribió el primer tratado serio de ginecología, en el que, de paso, señala lo absurdo que le resulta que entre los ricos siempre «buscan un matrimonio conveniente política o económicamente, pero no averiguan en cambio si la chica será capaz de concebir o es apta para procrear». También de manera muy moderna relata los cuidados que hay que tener durante el embarazo, comenzando con la protección de «la semilla inyectada» y relatando cómo tratar las náuseas, o recomendando ejercicios (Pilates y tal). Si la chica era demasiado joven y el embarazo ponía en peligro la vida de la madre, Sorano recomendaba sin dudar su interrupción.

Dicen que el aborto, al menos hasta el siglo II fue un asunto privado. Algo que se solucionaba en casa, de puertas adentro y que nadie tenía que enterarse. La mujer en teoría no debía abortar sin el consentimiento del marido por faltar a su deber de traer al mundo ciudadanos. Eso siempre y cuando el marido se enterara del asunto. En el caso de fallecimiento de la mujer durante el aborto, la pena podía ser capital, aunque podía recaer en la propia mujer fallecida. En cualquier caso, lo que se castiga en el derecho Romano primitivo es más la decisión unilateral de abortar que el propio aborto. Siempre último recurso y siempre, desde hace más de dos mil años, la triste historia de un fracaso.

Para las embarazadas se recomendaba una dieta ligera a base de huevos, gachas de harina, gambas, a veces perdices y patos, y ya si acaso se pone muy de antojo, matriz de cerda. Mmmmm. Se recomendaba la abstención sexual durante el embarazo porque se creía que podía dar al traste con el proceso y se aconsejaba vendar y untar de aceite la tripa para prevenir estrías, que luego viene la operación bikini y todo son llantos y se nota…

Ya se dijo en *Somos Romanos* que se conocen más de cincuenta y cuatro dioses romanos encargados de cuidar del embarazo, desde Alémona, encargada de alimentar al *nasciturus*, Nona, encargada de decidir cuándo nace el niño, Carmenta, diosa de las profecías, Vagitanus, encargada de abrir la boca del recién nacido para que suelte su primer llanto, Pártula, otra encargada del parto no sé de qué, Ossipago, constructor de huesos fuertes... Mis favoritas son Lucina, quien ayuda a la mujer en el parto, y Candelífera, que enciende en su palacio del cielo una luz por cada niño que nace. Gracias a ellas, los humanos damos a luz, no parimos como los demás animales.

También había una diosa del alumbramiento: Ilitia, que sale en los mitos de Hércules, porque Juno, celosa de la aventura de Júpiter con Alcmena, se negó a que el niño naciera y ordenó que en el umbral de la parturienta se sentara cruzada de brazos y piernas esta diosa, así que el semidiós no podía nacer por más que se esforzaba la madre ni las matronas. Esa es la razón por la que fuera de mal agüero cruzar las piernas o los brazos delante de una embarazada. El caso es que Alcmena estuvo nueve días con sus noches de parto, en una época sin epidural además... Y el asunto no tenía visos de salir bien hasta que a Galintias, una amiga de Alcmena que llevaba ahí todo el rato ayudando, se le ocurrió salir a la puerta a decir que el niño, por voluntad y orden expresa de Júpiter, ya había nacido. Ilitia se enfadó, viendo que su autoridad había sido mandada a la porra por el dios de dioses y se levantó de muy mala leche, momento, que gracias a que descruzó sus piernas y brazos, pudo por fin el churumbel nacer y dejar descansar a la madre.

Durante el parto nunca había hombres en la sala, salvo que fuera necesario llamar a un médico y que el que acudiese fuera un hombre. Pero claro, eso en casa de los pobres, no iba a suceder; si hacía falta un médico, se rezaba más. Matronas sí que había de todos los precios, normalmente igual de pobres que el resto, y las familiares y amigas que ya hubieran sido madres también ayudaban a la parturienta en sus trabajos. Para aliviar los dolores, Plinio nos propone varias recetas que propongo no probar, van desde un vaso de agua mezclado con semen de ganso (¿Y esto cómo se obtiene?) hasta un bebedizo a base de estiércol de cerda... Menos mal que también se utilizaba simplemente vino, que por lo menos está más rico seguro, y también es más fácil de conseguir.

Se sabe que existían "sillas de parto" pero, evidentemente, las chicas del montón, las romanas under, daban a luz como podían. En su cama o en cuclillas, con la espalda en la pared... Durante el parto en la tripita de la señora se ponían toallas empapadas en aceite de oliva y también se utilizaba una bolsa, como una bota de vino, que se llenaba de aceite calentito para ser utilizado durante el proceso y para darle calorcete a la futura mamá.

Por fin cuando el nene aparecía, se cortaba el cordón umbilical exactamente a cuatro dedos del cuerpo y la matrona revisaba al recién nacido para observar posibles malformaciones y de paso limpiarle. Entonces salía del cuarto con el bebé en brazos y, según cuenta la tradición, lo dejaba en el suelo delante del padre. El padre lo levantaba si lo reconocía como propio y se responsabilizaba de él como su hijo. Este acto se llamaba *tollere liberum*, que significa literalmente "alzar al libre".

En el caso de que fuera producto de una infidelidad, tuviera malformaciones visibles o simplemente la familia no pudiera aceptar otra boca en la casa, el niño podía ser expuesto. Antes de que nos parezca una salvajada, pensad en el apellido Expósito, por ejemplo, que tiene su origen siempre en un niño abandonado en la Inclusa o recordad los niños que son abandonados todavía hoy.

En Roma, a falta de Inclusa, existía la Columna Lactaria, de la que ya se ha hablado en otro libro y que era un lugar donde podía abandonarse a los recién nacidos, que serían amamantados por nodrizas públicas hasta ser adoptados o pasar a ser propiedad del Imperio. Juvenal nos cuenta que a veces el bebé abandonado puede tener buena suerte: «La Fortuna (...) prodigando al niño abandonado sus favores, lo colma de riquezas y de honores».

Bueno, una vez reconocido el bebé y alzado por su (presunto) progenitor, ya que como decían los abuelos: «los hijos de mi hija, mis nietos son, los de mi hijo ni sí, ni non», el chaval es devuelto a la matrona, que le rocía con un poco de sal y aceite y luego lo envuelve en vendas de lana, cada extremidad por separado y luego todo junto, envueltito como una momia, porque creían que así se daba forma al cuerpecillo. El vendaje se retiraba diariamente para ser bañado y masajeado el infante. Se da el caso que a las niñas se les apretaba especialmente el vendaje en los senos, tal vez procurando que no le crecieran mucho cuando fuera mujer, ya que a diferencia de ahora, no estaba nada bien visto que los pechos femeninos fueran grandes. Los vendajes se mantenían hasta cuarenta días tras el alumbramiento y se retiraban poco a poco, unos cuantos al día, entendiéndose que ya se había ayudado lo bastante al muñeco a moldear su cuerpecillo.

Los médicos recomendaban que no se le diere nada de comer al recién nacido durante los dos días posteriores al parto, que ya tenía comida de cuando estaba dentro de su mamá y que tenía que descansar después del trabajazo que era nacer. Antes de darle el pecho ese segundo día, se le daba a lamer un poco de miel, para abrirle el apetito, como si no llevara el pobre dos días llorando…

Entre el quinto y el decimoquinto día, se marchita y cae el cordón umbilical. Entre los métodos populares en la antigua Roma, se cauterizaba la herida con caracol molido, hueso de cerdo machacado o incluso plomo, que más insalubre no puede ser… Esto me recuerda una amiga, pongamos que se llamaba Claudia, que cuando nació su primer bebé hubo que ponerle una crema para los ojos (al bebé no a ella) y que cuando le preguntó a la matrona que hasta cuándo debía ponerle la pomada, la matrona contestó: —hasta que se le caiga el ombligo…—; y Claudia dijo: —hay que ver la ciencia cómo es de avanzada, que poniéndole una crema al bebé en los ojos, se le cae el ombligo…—, en fin. El caso es que a todos se nos cae el ombligo, pero a algunos no se les cae la ignorancia… ni con crema, ni a gorrazos.

Pasados ocho días para las chicas y nueve para los chicos, se celebraba por fin el bautizo, digo el *dies lustricus*, fiesta familiar en la que se reunían amigos y parientes, se hacía un lavado ritual al recién nacido (lustrare), se le daba nombre oficial al bebé y finalmente se le ponía en un collar en el cuello, su primer amuleto: una *lúnula* (luna pequeña) si era niña y si era niño una *bulla*, especie de concha conteniendo varios mini amuletos, cabellos y hierbas. *Bulla* quiere decir burbuja y el chaval la llevaría hasta que se hiciera un hombre, cuando se le imponga la toga viril en otra fiesta familiar, normalmente a los dieciséis años. La chica llevará la lúnula, otra imagen que reafirma la relación entre la luna y la mujer hasta la víspera de su matrimonio, cuando la joven entregará su amuleto y sus juguetes infantiles. Estos amuletos se compraban en el material que pudieran permitirse los padres o familiares de los churumbeles; que se sepa no se heredaban, sino que tenían que ser personales e intransferibles. En casa de los muy muy pobres, las joyas se sustituían por un simple nudo en una cinta de cuero que se ponía como collar a los niños del sexo que fueran. No es lo mismo tener una *bulla* o *lunula* de plata que un nudo en el collar, por lo que resulta que los niños ricos están más protegidos de males de ojo y penalidades varias que los niños pobres. Hasta en eso. Mecachis, que chungo es ser pobre.

Sobre las cunas se solían poner móviles (no los teléfonos, lo que da vueltas) con campanillas que además de entretener al niño, le protegían de las *estriges*, un monstruo horripilante, con alas de murciélago, ojos amarillos y pico de rapaz, capaz de chuparle la sangre al bebé. Remedio muy bueno era también esconder en la cuna una cabeza de ajo, porque como todos sabemos, los vampiros odian el ajo. Seguramente el origen de esa creencia venga de aquí, de la Roma Cruda. Y un ajo es más barato que un móvil de nubecitas, fijo.

A los bebés, incluso ya bautizados se les llamaba cariñosamente: *pupus* al niño y *pupa* a la niña, palabras que significan muñeco, muñeca (como en francés Poupée). Y aunque se supone que el padre no se mezclaba en la educación de los bebés, al menos si quería seguir pareciendo un padre serio de cara a los amigotes, tenemos muchos ejemplos que demuestran que de puertas adentro, los que podían eran unos padrazos. Aunque las madres eran como siempre las que se encargaban de todo, pero de todo. Para empezar, de alimentar con su propia leche a los infantes ya que sin los anticuerpos que proporciona la leche materna, a pesar de que los romanos no lo sabían, era imposible sobrevivir en ese ambiente antiguo. Si era necesario o posible, se contrataban amas de cría e incluso niñeras. Si no, se conocen entre los pobres la, digamos solidaridad lactaria, que sobrevivió hasta el siglo pasado, en la que las amigas con bebés se intercambiaban los críos para ayudarse mutuamente en la crianza, ya que no podían contratar a terceros ni de broma y total, la leche materna no cuesta denarios ni dineros.

En Hispania se conservan varias lápidas de los siglos II y III que atestiguan que hubo amas de cría tan queridas que se merecieron un monumento fúnebre, conocemos hasta seis nombres: Secundilla, de Cádiz; Clovatia Irena y Fabia Cellaria, de Mérida; Fabia Tertula, de Barcelona; Pontiena Novella, de un pueblo de Cuenca: Valera de Arriba; Briseis, de Écija, Sevilla. Se conserva otra lápida de Conímbriga, Portugal, de la que nos falta el nombre. No sabemos si eran esclavas o libres, aunque parece más probable esto último y que fueron queridas y recordadas por las familias que ayudaron a criar; en el caso de Briseis, la lápida fue dedicada por su marido y por el chaval que alimentó, un tal Fabius Suppestos.

Además del ama de cría o la nodriza, los romanos conocían y utilizaban los biberones para dar de comer a sus muñecos, se conservan algunos muy curiosos con forma de delfín o perrito en el museo de Melilla (ciudad fenicia y luego romana llamada Russadir desde el siglo VII a. C. hasta el VII de nuestra Era), aprovechándose por el artesano romano el hocico de los animales para simular la tetina. Eran de cerámica y se utilizaban, según parece, para suplementar con leche animal la dieta de los infantes y también para darles de beber otros líquidos. Los primeros juguetes, como ahora, eran los sonajeros, llamados en plural *crepitaculum*; los ricos los podían tener de plata o bronce, pero los normales eran de barro o una carraca de madera, vamos que hacer ruido es algo que siguen haciendo los bebés desde hace tantos años. La alegría de la casa, sobre todo de noche.

Por cierto, que los niños acudían junto con las niñas a la escuela hasta los doce años; el cole era una silla en la calle para el profe con unos cuantos bancos para que se sentaran los y las alumnas. Si la madre no tenía ni las poquísimas monedas que costaba la escuela de la esquina, enseñaba en casa lo que pudiera a la niña, idealmente algo de escritura y matemáticas o a tejer... o ella ayudaba en lo que fuera que hacía la familia para sobrevivir, incluyendo pedir limosna. A partir de los doce años, si eran púberes, ya podían casarse y por lo menos ya no eran una carga para sus padres... al menos hasta que se divorciaran y volvieran. Como dice el refrán, si tu hija se casa, no pierdes una hija, ganas un cuarto de baño. Evidentemente, los ricos tenían todos los hijos (y cuartos de baño) que los dioses les trajeran, todos los que quisieran, pero los pobres tenían solo los hijos que pudieran, que a veces eran pocos o ninguno. Uno de los papiros de Oxirrinco nos cuenta la terrible historia de un padre ausente que:

> «Me quedo en Alejandría, te pido que te entretengas y cuides al bebé, y si recibo mi paga pronto, te la enviaré. Sobre todo, si das a luz un bebé y es macho, déjalo estar, si es mujer, exponlo. Le has dicho a Afrodisias que no te olvide, pero cómo podría olvidarte, sobre esto, no te preocupes».

Este tipo del siglo I dice de exponer, abandonar al bebé si es niña, con la misma facilidad que le dice que no se olvida de su novia... Eran tiempos difíciles. Me gustaría saber cómo terminó la historia. Con muy mala suerte, como una similar que nos cuenta Apuleyo en el *Asno de Oro*, en la que «mandole (el marido) que si pariese hija, que, luego que fuese nacida, la matase». La madre no la mató sino que la dio a criar a unos vecinos. Pasados un montón de años, la madre le confesó a su hijo que la vecina era su hermana y el hijo quiso acogerla en su casa y dotarla para que pudiera casarse, pero tantos cariños despertaron los celos de su esposa, que pensó que la que era hermana secreta era en verdad amante y terminó asesinándola. Y no contenta, asesinó al marido y a unos cuantos más, intentando que no la descubrieran. El caso es que a veces tu destino es tu destino. La pobre estaba condenada a ser asesinada.

Muchos artículos señalan que la mujer en Roma era principalmente considerada madre, esposa o hija. Francamente, no sé cómo quieren que se la considere hace dos mil años, ¿astronauta? Seamos serios. También hay quien señala que la mujer siempre estaba bajo la tutela del *pater familias* o de un tutor. Veremos esto más despacio, pero lo de tener que obedecer al padre también les pasaba a los chicos, con las excepciones de si estaban ejerciendo un cargo público o eran soldados o gladiadores o esclavos, creo que las únicas excepciones en las que salvo que el *pater familias* fuera él mismo, podía librarse uno de la tutela de su padre. Así que no hay que rasgarse las vestiduras, ni mucho menos señalar que la mujer romana no estaba liberada. Pues no. Evidentemente, como la abuela tampoco. Luciano de Samosata decía: «Algunos no ven la rosa, pero observan y señalan las espinas del tallo». Mejor, antes de comparar lo que ocurría en

Roma hace dos mil años con lo que ocurre hoy, hay que comparar nuestra libertad hoy con la de Irán, por ejemplo. Y luchar por eso, en vez de señalar el pasado como imperfecto.

No hay que hacer caso a lo que decía Séneca, que consideraba ejemplo y espejo de lo que debía de ser una mujer a su tía Helvia, *perfectissima fémina*, que fue esposa de un solo hombre, que vivió discretamente dedicada a las labores del hogar. Ni a lo que Livio pone en boca de Catón el censor: «Nuestros padres no quisieron que la mujer pudiera llegar a ningún acuerdo sin consentimiento de su tutor, para que permanecieran bajo la mano de su padre, marido o hermano». Peor es lo de San Pablo (1ª Cor. 11:3): «Pero quiero que sepáis que Cristo es la cabeza de todo varón, y el varón es la cabeza de la mujer, y Dios la cabeza de Cristo». Una cosa es la que digan los moralistas y otra, la verdad. Lo que realmente ocurra. Lo de estar "bajo la mano", bajo la custodia, es el origen de que todavía se pida "la mano" de la novia para casarse. Primitivamente significaba que el novio pedía al padre que cediese para él la custodia de su hija que al casarse dejaría de ser parte de la familia del padre y pasaría, púdicamente, a la de su marido. La *Pudicitia* podía considerarse la virtud cardinal de una mujer romana, el ideal. Una mezcla de castidad, modestia, fidelidad sexual y fertilidad. En casa, la mujer ideal sería siempre la *Domina*, la señora y gobernadora de todo, menos de su marido, y también la personificación de la concordia. Esto parece tan antiguo como un manual de "la vida familiar" de los años cincuenta del pasado siglo. *Pudicitia* y *Concordia* eran también diosas, porque muchas virtudes lo eran. Curiosamente, casi todas las virtudes eran diosas *mulieres*. Por otra parte, también hay textos que señalan que la mujer romana tiene que tener las tres gracias equilibradas, esto es, *Castitas, Pulchritudo* y *Voluptas*, es decir, la castidad, la pulcritud y la voluptuosidad. En general, intentar averiguar cómo era o debía de ser el ideal de la mujer romana viendo lo que escribían los moralistas o filósofos sobre ellas, me parece una pérdida de tiempo. Por muchas veces que se repita en internet o aquí, la romana no era una sociedad misógina. Sí, existía una dualidad entre el ideal de la mujer perfecta, la de la sección femenina y la que luego se querían llevar los hombres al huerto, las que gustaban, las *probrosae* (desgraciadas), que no podían casarse con un ciudadano por tener la moral distraída, pero que eran con las que todo tío soñaba. Ante la duda, la más tetuda; se ha dicho siempre. No seamos hipócritas.

Se dice por ahí que la mujer en Roma era débil en su juicio y que debía estar perpetuamente bajo la tutela de un hombre, *Tutela mulierum perpetua*. Con respecto a esto, la misma mujer y las leyes que se fueron promoviendo, digamos que suavizaron bastante ese aspecto de la vida femenina romana. Para empezar, el marido podía en el testamento otorgarle a su mujer, su heredera, la capacidad de elegir el tutor (*optio tutoris*) que le viniera en gana. Es más, ella podía cambiar de tutor cada vez que quisiera (o cada vez que su tutor no dijera lo suficientemente rápido: —Señora, sí, señora—).

Augusto, en la misma ley que liberaba de impuestos a las madres de tres hijos y a las libertas madres de cuatro, las liberó de tener que tener un tutor en cualquier caso, dejando al descubierto la hipocresía de la antigua ley, porque si la mujer es el sexo débil y hay que custodiarla, ¿cómo es que tener tres hijos la convierte en más lista?

El emperador Claudio abolió la regla general de que los parientes masculinos fueran tutores de sus familiares *feminae*, salvo en los casos de mujeres manumitidas. En paralelo, se terminó con esta farsa mediante varios "usos" por una parte, si la mujer quería firmar un contrato y su tutor se negaba, la mujer podía apelar al pretor y el pretor estaba obligado a autorizar ese contrato. También si el tutor estaba "ausente" la mujer podía pedir otro tutor, pero como no se definió lo que era "ausencia", en la práctica la mujer podía cambiar de tutor hasta que le diera la gana y encontrara uno que dijera sí a todo. La jurisprudencia eliminó en la práctica esta tutoría sobre la mujer. Creo que en pleno apogeo del Imperio el famoso jurista del siglo III Julio Cornelio Paulo Prudentísimo, muy prudente él, nos dice: «No parece haber razón merecedora de que mujeres que han alcanzado su edad madura tengan que tener un tutor; porque el argumento comúnmente creído, que no son lo suficientemente inteligentes (...) parece ser más engañoso que cierto, ya que las mujeres mayores de edad se ocupan de sus asuntos por sí mismas y, si su tutor no estuviera de acuerdo en lo que ellas dicen, el pretor le obligaría a dar su autorización». Resumiendo: Sí, en teoría y sobre el papel, la mujer hasta bien entrado el Imperio tenía que tener un tutor, aunque de hecho fuera una figura más decorativa que real. Tampoco hay que olvidar que hasta 1953, la ONU no recomendó a los países miembros que se «adoptasen todas las medidas posibles para garantizar la igualdad de derechos y deberes del marido y la mujer en los asuntos relativos a la familia y tomasen todas las medidas posibles para garantizar a la mujer casada la plena igualdad jurídica, el derecho de trabajar fuera del hogar y el derecho, en condiciones de igualdad con su marido, de adquirir y administrar bienes y de disfrutar y disponer de ellos». Nótese y señálese lo de "mujer casada". No fue hasta los años ochenta del pasado siglo que la mujer occidental, insisto, occidental, recuperó maneras y libertades jurídicas que de facto (perdón por el latinajo), ya disfrutaba en Roma. Uno ve las mujeres del festival de Woodstock, en plena era de Acuario y verano del amor y le cuesta trabajo pensar que en esos mismos años sesenta estaba prohibido, por ejemplo, el divorcio en más de medio mundo civilizado. ¿Quiere eso decir que Janis Joplin no era libre? Pues francamente, creo que sí lo era. Es más, las mujeres en los ochenta, veinte años después, en España eran más libres que ahora en muchos aspectos, para empezar podían decir lo que les daba la gana, cantar y bailar lo que les viniera en gana, incluyendo algo de los Hombres G «devuélveme a mí chica» y no tener que mantener la corrección política imperante.

Veamos cómo la mujer romana, a pesar de la moral (de *mores*, costumbres) y de las leyes, o gracias a ellas, podía ser más libre con sus posesiones y de hecho lo fue, que lo que las expectativas de los romanos carcas preveían. Por un lado, lo de que pudieran recibir herencias en los mismos términos e igualdad de condiciones que sus hermanos, es un concepto tan moderno y subversivo que durante siglos se consideró por parte de los estudiosos como una errata, un error del copista. ¿Cómo iba una herencia a dividirse igual entre una mujer y sus hermanos varones? Estos paganos... Pero no, era verdad. Vayamos por partes. Para poder heredar, tiene que haber una propiedad. La propiedad en el Derecho Romano es el *dominium*, un poder tan fuerte que va más allá de la tumba, ya que permite disponer de tus bienes después de muerto y que se respete tu voluntad.

Esta "última voluntad" tiene que ser aplicada sin ninguna restricción y así lo es desde las leyes de las doce tablas, hace veintiséis siglos.

> «Así como dispuso de sus bienes y su custodia, así sea la ley».

Por lo tanto, lo que diga en el testamento va a misa, y si dice que hereda una mujer (no habiendo otros herederos en primera instancia que puedan pleitear) entonces hereda solo una mujer y punto.

En las doce Tablas también venía escrita una ley por la que la mujer podía escapar de la tutela del marido, la llamada *ius trinoctii*, que decía que si la mujer pasaba tres noches al año durmiendo fuera de la casa conyugal, evitaba de esta manera estar subordinada a su marido y, por ejemplo, sus bienes no pasaban a ser gananciales, incluida la dote si la había, que en cualquier caso tenía que en principio ser devuelta a la mujer en caso de divorcio.

Siglos después, en el año 169 a. C., creo, se votó la ley Voconia; en ella, Catón el censor consiguió que se prohibiera a los varones de la primera clase nombrar heredera universal a una mujer, no solo eso, sino que una mujer no pudiera recibir más de la mitad de la herencia de un hombre de la primera clase. Los motivos, más que misóginos, parecen en este caso estar relacionados con que la mujer, viuda heredera con pasta, si se casaba con un patán, podía convertir al gigoló en miembro de la primera clase y desestabilizar así la República, ya que los de la primera clase eran los que partían el bacalao. Los primeros en votar y los que tenían votos que valían mucho más que los de los miembros de las demás clases.

Como cuando se hace la ley, se hace la trampa, enseguida se inventaron varias maneras de saltarse a la torera la prohibición. Una era regalar a la mujer la mitad de los bienes mediante un *legatum portionis*, un legado, que es diferente de una herencia. Así en el mismo testamento, el marido podía legar, regalar, la mitad de sus posesiones a su mujer y nombrarla heredera de la otra mitad. También en el testamento se podía indicar la devolución a la señora de su dote, y el importe de esa devolución podía ser superior a la dote porque el testador así lo dijera, porque yo lo valgo y ese importe se deducía del 100% a repartir. Otro invento para saltarse esta ley fue la invención del *fideicommissum*, el fideicomiso. Un encargo por su honor, a un heredero honorable para que traspasase lo que hubiera recibido a través de un testamento a otro beneficiario, a un tercero o en este caso, a una tercera. Y para terminar, los romanos inventaron el *ususfructus*, usufructo, una figura según la cual la viuda podía tener el uso y disfrute de todos los bienes de su parte contraria durante toda su vida y ya luego, si eso a su muerte, pasarían a los hijos y herederos del marido ausente. Vamos, que las mujeres y sus abogados se buscaban las triquiñuelas para que las leyes no impidieran a las mujeres hacer lo que siempre han hecho: lo que les da la gana. Como dijo Dolly Parton: «No me ofenden los chistes de rubias porque sé que no soy tonta. Y porque también sé que no soy rubia». Pues eso. Las mujeres romanas, de tontas ni un pelo. Ni rubio.

El matrimonio en Roma (hasta el advenimiento de los emperadores cristianos) dependía únicamente del acuerdo entre las partes. Esto implica que cada una de sus partes puede decir en cualquier momento que "tenemos que hablar". El divorcio (*divortium*) no es un derecho que volvieran a tener las mujeres en igualdad con sus maridos hasta hace un rato en la mayoría del mundo y las romanas ya lo tenían, así que, por favor, no consideremos a las romanas como sometidas al varón, porque eran más libres que nuestras madres, nuestras abuelas. Ya sé que me pongo pesado con esto, pero es que me enerva. Todo el día la misma historia...

He encontrado por ahí, en los archivos de la Universidad de Michigan, un contrato matrimonial de tiempos de nuestro emperador Adriano en el que se especifica la dote que aporta la señora (no mucha) y las cláusulas que la protegen:

> «Chairemonis, hija de Sokrates (no el filósofo, N. del A.), con su pariente Sarapion hijo de Seutes actuando como tutor, a Pasion (...) que ha recibido de Chairemonis una dote de sí misma consistente en cuarenta dracmas de plata y una túnica blanca valorada en otros veinte dracmas. Y vivirán juntos uno con el otro, Pasion la proveerá de todo lo necesario y con vestidos convenientes para una mujer casada, de acuerdo con sus medios; y cuando una separación tenga lugar, Pasion devolverá a Chairemonis la mencionada dote y túnica en la misma valoración».

Es verdad que si tu marido se llama Pasion, tienes mucho ganado... Por otra parte, me llama la atención que en el contrato se dice: "cuando una separación" no "si una separación", por lo tanto, casi se presupone que con el tiempo Chairemonis se va a cansar de tanta Pasion. En los divorcios de la antigua Roma, lo que era distinto con respecto a los nuestros es que lo normal era que los hijos se quedasen en custodia del padre y no de la madre como ahora. Una carta enviada a Cicerón le cuenta un cotilleo (Ay que ver cuánto le gustaban) sobre un divorcio:

> «Paula Valeria, la hermana de Triario, se ha divorciado de su marido sin aportar razón alguna, el mismo día en el que éste regresaba de su misión en el extranjero. Se va a casar con Décimo Bruto. Ha ordenado que le envían todo su vestuario».

Hombre, si pides el divorcio justo el día que tu marido vuelve de viaje y ya se sabe con quién vas a casarte en cuanto puedas... resulta todo pelín sospechoso... Pero en fin, Girls just wanna have fun.

Aunque el afecto y el respeto mutuo se supone que era la norma en los matrimonios romanos, a diferencia de lo que ocurría fuera del Imperio, a veces las cosas se iban a la porra y maltratadores los ha habido siempre. Catón, con el que casi nunca estoy de acuerdo, dijo, y esta vez le aplaudo, que «el hombre que golpea a su esposa o hijo, pone manos violentas sobre lo más sagrado de las cosas sagradas». También añadió que él pensaba que era «más loable ser un buen marido que un buen Senador», según señala Plutarco en su bio sobre Catón. Evidentemente, el maltrato era motivo de divorcio (y de venganza por parte de la familia de la señora), al menos hasta tiempos de Constantino. El cristianismo en Roma me temo que no fue una buena noticia para los Derechos de la mujer. En cualquier caso y por desgracia, conocemos algunos casos de asesinato de mujeres por parte de sus maridos.

Por ejemplo, se conserva el epitafio de Iulia Maiana, que según dice, fue asesinada después de veintiocho años de matrimonio, dejando un hijo de diecinueve y una hija de dieciocho, que espero la vengaran o llevaran ante la justicia al *mariti crudelissimo* al que se refiere su triste lápida. Iulia «se fue antes del tiempo que el destino le había decretado».

También es conocido el caso de Prima Florencia, de solo dieciséis años, asesinada por su marido, quien la arrojó al Tíber. Una pequeña placa en Ostia recuerda que la pobre chica existió en algún momento del siglo II:

> «Restuto Piscinensis y Prima Restituta encargaron (esto) para su muy llorada hija Prima Florencia, quien fue arrojada al Tíber por su marido Orfeo. Sus parientes prepararon (esta placa). Vivió dieciséis años y medio».

Lo de *Piscinensis* a lo mejor no era un apellido, sino que trabajaba el padre en una *fullonica* a cargo de una tina. Es una breve y pobre placa pero al menos sirve para la eterna vergüenza de que conozcamos el nombre del asesino de Prima, la hija mayor del matrimonio. En las lápidas y epitafios romanos casi nunca se dice "murió" siempre se indica más orgullosamente: "vivió", lo que resulta más poético y de paso no se menciona a la parca, que trae mala suerte.

Más gorda todavía es la historia de Appia Annia Regilla, que fue asesinada en el año 160. Regilla, de familia consular (su padre y su hermano llegaron al cargo) y pariente del mismísimo Adriano y de toda la familia imperial hispana, se casó en el año 139, cuando tenía 14 años con Herodes Ático, de 40 años, tutor de Marco Aurelio y amigo de Antonino Pío. Herodes era uno de los personajes más ricos de Grecia y Roma, «patrón de las ciencias y las artes», con propiedades en medio Imperio. Él mismo llegó al consulado en el año 143, bajo el principado de Antonino. El caso es que después de muchos años sin que se supiera nada de ninguna desavenencia en este matrimonio, se mudaron ambos a Grecia, donde Regilla, por ejemplo, dedicó una fuente chulísima en Olimpia. Varias estatuas de este monumento, incluyendo una de la propia Regilla, se conservan en el museo de la Villa Olímpica por excelencia, es decir, en el Museo de Olimpia.

Después de diecisiete años de matrimonio residiendo la pareja y sus hijos en Atenas, el mismo año que su hermano era Cónsul, Regilla, embarazada de ocho meses, recibió una fuerte patada (o un golpe) propinada por un liberto de su marido, llamado Alcimedón. El brutal ataque le provocó el parto, matándola a ella y a su bebé nonato en el proceso.

El escándalo fue tremendo. Se acusó al liberto de actuar por encargo del marido Herodes. Se le llevó a juicio en Roma, pero fue exonerado, se dice que por orden de Marco Aurelio, su antiguo alumno... La historia nos la cuenta Filostrato, sofista contemporáneo de la pareja y fuente favorable a Herodes, con lo cual nunca sabremos si el asesino actuó inspirado por el marido de la pobre. En cualquier caso, dicen que Herodes se quedó roto por el dolor (¿arrepentido?). Entregó las joyas de su mujer al templo de Ceres y Proserpina y mandó grabar unas columnas en griego y latín en la villa que tenían (y en más sitios, se conservan varias) cerca de la Vía Apia donde estaba la primera casa que compartieron juntos (ahora el parco della Cafarella, en Roma), donde todavía está la tumba de Regilla. En las columnas pone:

> «A la memoria de Annia Regilla, esposa de Herodes, la luz y alma de la casa, a quien estas tierras una vez pertenecieron».

En Atenas, una calle recuerda el nombre de esta chica, Regilles Dromos, o calle de Regilla, donde tiene su residencia el Primer Ministro Griego, vamos como la más famosa Downing St. en Londres. La calle está muy cerca, creo que a una manzana del Yacimiento del Liceo de Aristóteles, no tiene pérdida.

Evidentemente conocemos más la historia de esta mujer porque era de buena familia, y en cambio, desconocemos los miles de mujeres de la Roma Cruda que hubieran podido ser asesinadas a lo largo de la Historia. Una sola ya sería demasiado, pero me temo que no fue así, aunque no tengamos muchos ejemplos de nombres de mujeres maltratadas, todas están en la gloria de los dioses y estoy seguro que sus asquerosos asesinos se pudren en el infierno.

Otra cosa que quiero dejar clara de una vez, es que, a pesar de que lo dicen en muchos sitios y libros, incluso en algunos más serios que este, escritos por mujeres y todo, no está nada claro que las mujeres en Roma tuvieran prohibido beber vino. La famosa y triste anécdota que siempre se cita para probar esto es el teórico asesinato de su señora, a palos, por parte de un tal Egnacio Mecenio, que fue absuelto por Rómulo de tal asesinato, ya que el desgraciado adujo como eximente que su señora había bebido vino. El mismo caso exacto, y creo que sin mención del nombre de la dama aparece en varios escritos antiguos, como Plinio el Viejo y Valerio Máximo, que cambia el apellido del bestia por Egnacio Metelo, por ejemplo. Vale, analicemos esto despacio y sin ponernos estupendos antes de llegar a conclusiones extremas.

Primero. No sabemos si existió Rómulo. Es un personaje legendario, no hay ninguna prueba de su existencia. Ni una. Es como Ulises o Hércules. Aunque se supone que vivió a mediados del siglo VIII a. C. Nadie lo mencionó jamás hasta el siglo III a. C. quinientos años después de su supuesta fundación y reinado en Roma.

Segundo. Si no sabemos nada de este tipo, menos todavía del tal Egnatius, que curiosamente tiene nombre y apellido romano en tiempos de la fundación pero su apellido no se corresponde con ninguna de las familias patricias, de los *patres*... de las familias que vivían en Roma teóricamente entonces. Desde luego no hay constancia ni de los Metelos ni los Mecenios en la lista de patricios. Hubo una familia de Menenios, no de Mecenios, pero doscientos cincuenta años después del supuesto reinado de Rómulo. En cuanto a los Mételos no eran patricios sino plebeyos y no aparecen en la Historia hasta mediados del siglo III a. C. quinientos años después de este tipejo que dicen hizo lo que dicen que hizo.

Tercero. ¿Había vino en el siglo VIII a. C. en Roma? Me temo que lo más seguro es que no. No se tiene constancia ni de un poquito hasta el siglo V en Etruria, trescientos años más tarde y eso con mucho optimismo.

Y cuarto. ¿Estaba esta ley vigente hasta cuándo? ¿Una ley de hace ochocientos años está vigente hoy? Como decían Los Panchos: lo dudo, lo dudo, lo dudo. Del mismo modo que las leyes del año 1325 no están vigentes hoy, las de la fundación de Roma, del año 753 a. C. tampoco lo estaban en la Roma Clásica y menos en el año 100.

Entonces, por favor, dejemos de utilizar este relato para intentar demostrar que estaba prohibido que las mujeres bebieran en Roma. Por ahí uno hablará del *ius osculi*, el derecho a beso, derecho que tenían los maridos, hijos y dicen que sobrinos, de besar a la mujer. Según cuentan algunos, ese beso era para comprobar que la mujer no hubiera bebido. Qué lástima... Yo creo que era el derecho que los familiares tenían de saludarse con besos, incluso públicamente, sin parecer inmodestos. Personalmente dudo mucho que este *osculum* fuera en la boca. Se dice también que Tiberio lo prohibió, tampoco queda muy claro, dicen que para que evitar contagios de nosequé, lo cual sería presuponer que los romanos del siglo I tenían conocimientos sobre las vías de contagio de los virus... Vamos, no flipemos. Éramos modernos, pero no tanto. Desde siempre los mediterráneos, somos así, nos damos besos para saludarnos o despedirnos y normalmente no en la boca, salvo con tu pareja y no para saber si ha bebido quién o qué. Eso lo dice Catón el censor, el primer plasta de su familia, pero más parece que la intención de su escrito es la de recomendar que si se cree que la mujer ha bebido *temetum*, que la bese para comprobarlo. Por cierto, *temetum* no está claro si es una manera pija de decir vino o si se refiere a algún licor más jevy. Pero esto del aliento... no sé, debe de ser que ninguna mujer romana leyó el capítulo anterior ni sabía qué hacer con su aliento, pobrecicas... En cambio, Marcial nos habla de mujeres que beben vino, sin nunca entrar a decir si está mal visto o no, ni mucho menos prohibido. Lo que hace es señalar a algunas porque beben de más, igual que hace con los hombres que beben también más de lo normal... y para Marcial lo normal, ya era mucho. Jamás hay una referencia en ningún texto normal, de los que reflejan la Roma under, en los que se diga que las mujeres tuvieran prohibido beber vino. Marcial no hace diferenciación entre sexos en lo que a ser borrachuzo se refiere. Por ejemplo:

> «Habiéndose dado a cada caballero diez bonos (de vino), ¿por qué, Sextiliano, tú solo te bebes veinte? Ya se habrían quedado sin agua caliente los sirvientes que la traen, si tú no bebieras, Sextiliano, el vino sin mezclar»
>
> «Para no oler demasiado, Fescennia, cargada del vino de ayer, devoras con avaricia caramelos de Cosmo. Estos desayunos limpian los dientes, pero no son ningún obstáculo cuando brota un eructo desde profundidades abisales (...) Deja ya esos engaños demasiado conocidos y esos subterfugios descubiertos y preséntate simplemente borracha».

Otro que dice que las mujeres tenían prohibido beber vino en Roma es el historiador griego Polibio, que solo vivió en Roma dieciséis años, del 166 al 150 a. C. y luego ya de muy mayor. Que sepamos, no se casó con ninguna mujer ni sabemos de dónde sacó esa idea, que oye, que a lo mejor venía en alguna ley desconocida y vieja, pero de dudosa existencia. A lo mejor lo que pasaba es que no estaba bien visto que la mujer bebiera o bebiera de más, como ocurría con el tema de fumar hace sesenta años, que no estaba bien visto en las mujeres, pero de ahí a que esté prohibido y penado con la muerte, va un largo, muuuuy largo trecho. Por ejemplo, puede que aducir que tu señora bebiera, fuera un motivo admisible para divorciarse de ella, como ocurrió en la pretoría de Domicio Ahenobarbo, en el 96 a. C. cuando un señor cuyo nombre desconocemos, dijo esto como excusa. Es de suponer que la señora bebía mucho, mucho, porque no era necesario publicar ninguna razón para divorciarse. Si además quería llamarla borracha, pues peor para él, que quedaría como un tipejo que no sabe ni tener paz en casa (ni machistamente, controlar a la señora).

Parecido a esto del vino pasa con lo de las Vestales, que sí, que eran vírgenes treinta años de su vida, vírgenes en el sentido romano, es decir, que no habían tenido pareja conocida, que eran doncellas. En *Crónica Rosa Rosae*, libro muy recomendable, se habla de esto de la virginidad que, en los términos que lo entendemos los que hemos tenido educación católica no es como lo entendían los antiguos romanos, que incluso desconocían la existencia física del himen. Para no alargarme, solo señalar que las Vestales eran seis mujeres romanas seis (al principio eran solo dos), entre los muchos millones de mujeres del Imperio y que sacerdotisas las había a mogollón en todas partes y religiones y cultos del Imperio y no tenían que ser "vírgenes" ni nada de eso. Los romanos no tenían ningún alto (ni bajo) concepto de la llamada "virginidad", a pesar de que muchos utilicen a las pobres seis Vestales para insistir en que miremos el dedo que señala la Luna y no la Luna. En Hispania se conocen más de 45 sacerdotisas más o menos importantes, muchas casadas, como Aelia Apra, *sacerdos perpetua*, de Antequera, Málaga, o por poner un solo ejemplo, que si no nos tiramos todo el día, este de una *flamínica* (sacerdotisa) cántabra del siglo III enterrada en Tarraco cuyo marido mandó grabar:

> «LucioAntonio Modesto, de Intercatia, de la gente de los vacceos, dedicó este epitafio con su propio dinero y de común acuerdo, a su piadosísima esposa Paetina Paterna, hija de Paternus, natural de Amoca,

Cluniense, de la gente de los cántabros, flamínica de la provincia hispana citerior».

Augusto puso de moda que los señores hablaran bien en público de sus señoras para presumir de lo bien que cada quien gobernaba su casa y eso se quedó reflejado en las lápidas y epitafios de las mujeres que se marcharon antes, porque leyéndolos, resulta que todas son: *dulcissima, carissima, pientissima, bene merenti* (bien merecedora), *fidelissima* y cosas así. Vamos que todas eran buenas o que los romanos seguían su propio refrán que dice: *De mortuis nihil nisi bonum*, sobre los muertos no se dice nada que no sea bueno. Las lápidas y epitafios, situadas en las vías de acceso de las ciudades, se colocaban ahí para ser leídas, para que los nombres de las personas que se han ido no fueran olvidadas, para que de alguna manera, todavía ahora cuando leemos esas frías piedras, insuflemos un poco de vida al recuerdo de tantos romanos que solo tienen esa línea escrita en las enormes páginas de la Historia. La mujer del siglo IV de Carlisle en UK, de la que su lápida solo dice: «Tancorix, mujer, vivió sesenta años (*Tancorix mulier vixit annos sexaginta*)», se merece ser recordada, aunque solo sea unos segundos, aunque solo sea en esta página o por la poca gente que lea su epitafio en el pequeño museo de pueblo donde se conserva (Tullie House Museum, Carlisle). Esta breve señal de la existencia de Tancorix, el epitafio más corto de una mujer que he encontrado, choca cuando lo comparamos con la lápida de Iucunda de Segóbriga, Cuenca, una esclava del siglo II, pero que nos dejó un monumento, en el que se incluye su retrato tocando un instrumento para que viéramos que era lo suficientemente culta como para interpretar música o que, a lo mejor, ese era su trabajo en la casa donde servía. Es un monumento caro en el que dice:

«A Iucunda, sierva de Manio Valerio Vítulo. Su madre, Nigela, dedicó este (monumento). Gravemente enferma a los quince años, y con un año más en mis espaldas, sucumbí derrotada a mi destino. La triste causa de mi muerte prematura es tan terrible que podría turbarte el corazón, tú que lees; pero es preferible haber terminado ya y estar descansando bajo esta piadosa morada a continuar sufriendo las acometidas de la enfermedad que estaban destrozando violentamente

> mi cuerpo (...) ¡Ay de vosotros, padres, a quienes embarga ahora la inquietud por mí! ¡Ay de ti, esposo a quien quiero más que a mí misma, adiós para siempre! Que a mí la tierra me sea ligera, que a vosotros las divinidades os sean favorables, y que Febo sea propicio al poeta como antes lo fue para mí».

Lo normal es que la tumba o el monumento sea para una sola mujer, pero en York, en este caso de principios del siglo III, el dedicante recuerda a su mujer y a la madre de esta, que espero estuvieran descansando para siempre juntas:

> «A los Dioses Manes y para Mantinia Maerica y su madre, Candida Barita, Marco Aurinio Simno erigió esta inscripción».

Durante la República, se cree que las mujeres romanas recibían solo un *nomen*, versión femenina del nombre de la familia, en vez de la *tria nomina*, de los tres nombres de los varones. Por ejemplo, la hija de Cayo Julio César, se llamaría Iulia; si Julio tenía dos hijas, la mayor se llamaría Iulia Maior y la otra Iulia Minor. Si todavía tenía más hijas (bendito), pasarían a llamarse Iulia Prima, Iulia Secunda, Iulia Tertia, etc.

He leído que esto era un sistema de posesión y control de las mujeres en Roma. ¡Venga ya! ¿Alguien conoce nombres de mujeres sajonas? Además, no sé qué tiene que ver el "control" con que tu nombre sea el de tu familia. Peor me parece que tu nombre sea el de la familia del marido francamente, como pasa en el según ellos muy liberado Reino Unido y mundo sajón. En el Imperio, además, la mujer dejó de tener un *nomen* simple y, según la enjundia de la familia, pasó a tener más y más nombres. La pobre Regilla, de la que hablamos antes, se llamaba por ejemplo Appia Annia Regilla Atilia Caucidia Tertulla, igual que la abuela de S.M. Felipe VI se llamaba María de las Mercedes Cristina Genara Isabel Luisa Carolina Victoria de Todos los Santos, porque en su época, las mujeres de buena familia, se ponían más nombres. La hermana de nuestro Emperador Adriano se llamaba Aelia Domicia Paulina. Hemos visto que las señoras inglesas de aquella lápida se llamaban Mantinia Maerica, Candida Barita y así. Con lo que resulta ser mentira que la mujer en Roma, durante los más de mil cien años de su Historia, tuvieran solo un nombre. De hecho, como hay más nombres de familias romanas, por los que se nombraba a las mujeres que *praenomenes* por los que se nombraba a los hombres, hay muchos más nombres de mujeres romanas, solo los más comunes más de cien, que de hombres: menos de dieciocho y también se llamaban igual que el padre, es más, en familias como la de Servio Sulpicio Galba, hay tipos con el mismo *tria nomina* y más de cien años de diferencia, con lo que su individualidad sí que queda en entredicho.

La estupidez y la falsa idea de que la mujer en el Imperio vivía horrible y universalmente oprimida es típica de quien quiere vender un relato, pero ha leído y estudiado lo justito sobre Roma. La mujer no estaba encerrada en casa y con la pata quebrada. A lo mejor eso es lo que hubiera querido Catón, pero no ocurría y mucho menos en la época del Imperio. No se puede homogeneizar a la mujer romana como si fuera masa para bizcocho y menos sin tener en cuenta sus diferentes espacios temporales. El mundo romano no es uno ni monolítico, es muchos diferentes, según sus tiempos, sus divisiones sociales e incluso sus religiones. Si se dice: —El espacio de la mujer romana era su casa—, resulta que solo estaríamos hablando de mujeres que pueden permitirse quedarse en su casa. En ese relato habríamos borrado a la inmensísima mayoría de las romanas, como las que son esclavas y las que tienen que trabajar. No se puede leer la Historia de la mujer romana con los ojos de hoy. Bueno, ninguna Historia se puede leer con anteojeras. La Historia no es ideología, ni siquiera ideología de género.

Pompeya, como se vio al final del otro capítulo, está llena de grafitos en los que las mujeres tienen voz, una voz que resuena a lo largo del tiempo. Durante mucho tiempo, se pensó que las pintadas de Pompeya estaban hechas solo por hombres. Bueno, todavía hay quien dice que las mujeres no recibían educación en la antigua Roma, pero, evidentemente, la realidad es otra, aunque les estropee el relato.

Una pintada en Pompeya dice: «Estoy embarazada de Atimeto». Aparte de la sorpresa que seguramente supuso esto para el señalado y futuro orgulloso padre, el texto me parece prueba suficiente de que estamos ante una pintada realizada por una mujer. ¿Por qué escribió esto en una pared? ¿Fue una especie de terapia? ¿Quería decírselo a alguien y no sabía a quién? El nombre de ella no está escrito, pero tal vez sus allegados podrían sospechar de quién se trataba... Atimeto, vaya nombre para un amante..., mala rima. ¿Estaba libre el muchacho? Desde luego si es tu marido y todo está en orden, no creo que hagas esa pintada, salvo que lo hagas para informar a alguien que vaya a pasar por esa calle y quieras comunicarle el mensaje... No sé, una amiga que camino del trabajo siempre pasa por esa calle... En ese caso y si era adolescente, la pintada sería una especie de wasap, en plan: —tía, no te lo vas a creer, tía, estoy embarazada de Atimeto, tía, qué fuerte... o similar: Estoy embarazada lit. de Ati, 😨.

Otra pintada simplemente dice desde hace dos mil años: «Cruel Lalago, ¿por qué no me amas?». Ojalá la pintada dejó de tener sentido y Lalago y la (oye, o el) escritor tuvieron una estupenda historia de amor y se fueron de Pompeya antes de la erupción y eso... Una chica llamada Satura estuvo en una calle cualquiera de Pompeya y quiso dejar constancia. «Satura estuvo aquí el tres de septiembre». No sabemos el año, pero sabemos que Satura sabía escribir y quiso que alguien supiera que había estado allí. ¿Una cita a la que no acudió el match? Quién sabe... Una mujer, enamorada de su marido, escribió en otra pared: «No vendería a mi marido ni por todo el oro del mundo». Nos alegramos, nos alegramos. Antes de marchar a la taberna o a rezar al templo en el siguiente capítulo, quiero dejar aquí señalada una de mis pintadas favoritas de Pompeya, en las que alguien ¿una amiga, el novio? nos habla de una romana de la Roma under, una esclava, pero una esclava enamorada:

> «Mete, de Atela, esclava de Cominia, ama a Cresto. Que Venus Pompeyana sonría favorablemente en sus corazones y les deje siempre vivir en armonía».

VIII

Del templo a la taberna

«Cuando rezamos hablamos con Dios,
pero cuando leemos es Dios quien habla con nosotros».

San Agustín s. v

«Es bueno dejar la bebida, lo malo es no acordarse dónde».

Anónimo s. xxi

Las supersticiones y el vino, o el amor al vino, podrían ser dos características que nos sirvieran para dibujar de una pincelada como era la sociedad under en la Roma antigua. Desde luego están relacionadas. Como decía Groucho y se citó en *Somos Romanos*: «Todos debemos creer algo y yo creo que me voy a tomar otra copa». Por una parte, la suma de todas las creencias que habían ido conociendo los romanos a lo largo y ancho del Mediterráneo más las que ya tenían de fábrica los convirtieron en un pueblo, si no religioso, sí supersticioso y creyente en todo tipo de fuerzas, suertes, númenes y sortilegios necesarios para protegerse (y a veces para atacar) en un mundo absurdo, agresivo y cambiante, en una vida dura, chunga y breve. Los ricos podían permitirse dudar de los dioses, pero los pobres los necesitaban. Virgilio dijo: «Deja de pensar que los decretos de los dioses puedan cambiarse rezando». A los pobres muchas veces solo les queda rezar… así que vamosandanomejodas.

Y por otra parte, si te va mal y te preguntas por qué los dioses no te ayudan, el vino está ahí, si no para darte respuestas, para hacer que te olvides de las preguntas. Así que sí, podemos decir sin riesgo a equivocarnos que los romanos antiguos de la Roma under eran unos borrachuzos supersticiosos. Normalmente, si nos va mal en la vida, le echamos la culpa a los otros, como cuando "nos catean", que no es que suspendamos nosotros, ojo, sino que las fuerzas del mal se han conjurado para que saquemos un tres y medio en el examen. "Me han cateao". En cambio, cuando nuestro equipo gana el partido decimos "hemos ganao", "hemos", con dos narices. Como si hubiéramos rematado a la red desde el segundo palo. Y si la culpa de que nos vaya mal es de los demás, pues ¿qué nos queda? Nos queda rezar, para pedir que a los otros se los lleve el diablo y si no nos funciona, pues a beber, que es consuelo que hasta el más pobre se puede permitir... Y siempre funciona, no como lo de rezar. Como ponía en aquella cantina en México: «Si tiene estrés tome tres. Y si no hay remedio, tome el litro y medio». Como dijo Víctor Hugo: «Dios no hizo más que el agua, pero el hombre hizo el vino». En resumen, que andar *Del Templo a la taberna*, como cantaban los del Último de la fila, puede ser una manera de ver qué se cuece en la Roma under. Vamos allá.

Podríamos empezar con esta fábula de Babrio, del siglo II:

> «Un arriero estaba llevando su carro de bueyes a su pueblo cuando el carro cayó en un charco. En vez de intentar sacarlo, se quedó sentado sin hacer nada salvo implorarle a Hércules. El dios apareció y le dijo: Ponte las pilas y dale caña a los bueyes para que tiren, llama a los dioses solo cuando estés haciendo algo para ayudarte a ti mismo o los llamarás en vano».

Relato que me recuerda mucho al dicho ese de: «A dios rogando y con el mazo dando», que sale hasta en *el Quijote* y que dicen tiene su origen cristiano en la historia de un carretero que también rompió su carro en un camino cabras y que se encontró con San Bernardo. El arriero le dijo al santo que rezara a Dios para que se arreglara el carro y éste contestó: —Yo le rogaré a Dios, amigo, y tú, mientras, dale con el mazo—.

Los romanos eran muy, muy supersticiosos y no solo creían en todos los dioses y en todas las fuerzas de la naturaleza, también creían en la magia en todos los sentidos y en la posibilidad que la magia tenía para intervenir en todas las cosas y para adivinar el futuro, algo que a los que no les va bien hoy suele preocupar bastante, esperando un futuro mejor. Se sabe que los romanos incluso jugaban a la Ouija, según nos cuenta Amiano Marcelino en el siglo IV, quien nos habla de un juicio en el que se condena a dos señores por preguntarle el futuro a un aparato que consistía en un trípode hecho con madera de laurel (planta de Apolo, el dios de la adivinación). Sobre el trípode había un plato circular de metal con las 24 letras grabadas en los bordes. Uno de los acusados sostenía un anillo con un hilo de lino sobre el plato y el otro preguntaba. El anillo con el hilo se movía entre las letras formando palabras... Vamos, la ouija versión Roma Cruda. El caso es que esta ouija terminó mal. Los dos "adivinos" fueron condenados a muerte por preguntarle al más allá cosas que no se deben. En esa época estaba prohibido bajo pena de muerte intentar adivinar o averiguar de manera mágica cualquier asunto referente a la duración del reinado del César y tan en serio iba esa ley, que eso fue lo que llevó a estos dos jugadores de ouija a la tumba, para seguir jugando pero desde el otro lado...

Los antiguos romanos también creían en pociones y cosas de esas. Creo que una poción y una pócima es más o menos lo mismo. Un amuleto en cambio, puede protegernos de ese veneno o de una poción que nos transforme o domine nuestra voluntad. Todo es culpa de que, desde siempre, creemos en la posibilidad de la magia de influir en todas las cosas. Incluso en nosotros. Nadie duda de que la fuerza de Obélix es así porque se cayó a la marmita de poción mágica cuando era pequeño.

Desde la más remota antigüedad se ha creído en pociones y en su capacidad para influir en quien las toma, a sabiendas o no. Si ingiriendo vino cambias de actitud o tomando veneno (poción/pozionna/ponzoña), pues... te mueres (y que se lo expliquen a Lucrecia Borgia), ¿cómo no va a ser posible preparar bebidas que generen otros efectos?...

Todo esto de querer influir en el otro, a través de un bebedizo o como sea, evidentemente viene de la creencia absoluta en que, a diferencia de la religión, la magia no pide una respuesta sino que la exige. Cuando rezamos, esperamos a ver si desde arriba nos hacen caso. Cuando invocamos la magia, estamos llevando a cabo una acción que espera una reacción directa. ¿Qué mejor manera de obtener magia que dar de beber una receta "mágica" a la persona sobre la que se quiere influir?

Poción viene de *potio*, bebida o veneno, en latín, y en su etimología está implícito el verbo beber *potare* (como en agua potable), pero también tiene la raíz del sustantivo *potestas*, poder. Pócima parece venir del latín/griego *apózema*, y querría decir cocimiento, caldo, o similar. "Filtro" en cambio se utiliza solo para provocar el enamoramiento de la otra parte (filtro de amor) y tiene su origen en la palabra latina *philtrum*, que se forma del verbo griego *philein*, besar, amar…

Así que no es lo mismo un filtro, ni de Insta, que una poción. Ojo con lo que bebes, que todos hemos dicho alguna vez que nos han puesto algo en la bebida o que era garrafón, si no, no se explica la merluza que llevaba... En la antigua Roma, la magia estaba, como la religión romana, en todas partes y era permitida generalmente, salvo que se destinara a variar la voluntad de otro o a dañarle en su persona o posesiones. Simplificando, es como si dijéramos que la magia mala, la magia negra, estaba prohibida, pero la buena, no. Magia blanca se consideraba la protectora, en la que los amuletos tienen su ejemplo más visible. Magia negra era la que buscara poder, dominio, maldición o hacer algo a otro, como enamorar a alguien contra su voluntad. Evidentemente las pociones son en principio magia mala, salvo que sean para curar y los amuletos, en cambio, son magia buena.

En las leyes de las XII tablas, antiquísimas, ya había legislación contra la magia. En el 76 a. C. se promulga todavía otra ley en la que declara un crimen el envenenamiento por magia o hechizo. Si se legisla sobre algo, es que se cree que ese algo es posible… La ley exactamente dice:

> «Los adivinadores, los hechiceros, y los que hacen uso de la brujería con malos fines, los que evocan a los espíritus, los que intentan confundir con insistencia y violencia, los que para perjudicar a otro, emplean imágenes de cera, serán castigados con la muerte».

Sí, imágenes de cera a las que se les clavaba clavos o se calentaban para derretir al representado. Si se contaba con pelo o alguna prenda de quien se quisiera encantar, pues mejor. El vudú no es un invento africano ni de Haití. Todos los caminos, hasta los más mágicos, llevan a Roma. Volviendo a las pociones; se conoce a una tal Locusta que, según dicen, era una famosa envenenadora al servicio de la familia gobernante, más exactamente se dice que trabajaba para Agripina la menor, segunda señora de Claudio y madre de Nerón, ese chaval que tenía demasiados ardores. Después del reinado de Nerón se le pierde la pista a Locusta... A lo mejor la envenenaron. Aunque es probable que esta señora sea solo un personaje inventado, su nombre significa "Langosta", un mote demasiado sospechoso para dedicarte a lo que se dedicaba. También en el *Satyricon* se habla de una tal Enotea, envenedadora, y por sus causas judiciales en las que fueron condenadas, conocemos a otras brujas por su nombre, como Martina, Publilia o Licinia. Tres eran tres y ninguna era buena.

Los magos solían ser expulsados de Roma de vez en cuando y, según la leyenda, en el año 69 en el que fueron desterrados de la ciudad por el usurpador Vitelio, dijeron en anónimos que ellos a su vez prohibían estar a Vitelio en cualquier lugar del mundo antes del primer día de enero del año siguiente. En efecto, el emperador murió en diciembre, eso sí, asesinado por orden de Vespasiano con una espada, método más efectivo que cualquier poción.

También otra historia nos cuenta que Domiciano (César del 81 al 96) le preguntó a un adivino que cómo veía su futura muerte. El adivino dijo que se veía devorado por perros. Para demostrar que las adivinaciones eran una patraña, Domiciano lo hizo acuchillar en ese mismo instante. Mientras quemaban su cadáver, se levantó lluvia que apagó la pira recién encendida. De pronto una jauría de perros callejeros se peleó por los trozos medio quemados del adivino...

El caso es que las pócimas más corrientes eran, según parece, los filtros de amor y los venenos, utilizados ambos a mansalva en Roma. Acerca de los filtros de amor nos hablan casi todos los poetas y escritores romanos, como Plinio el viejo, que nos dice que son mujeres quienes se dedican a estos menesteres de hacer pociones:

> «En la mayor parte de la gente está firmemente arraigada la idea de que esto (forzar el amor) se consigue con venenos y hierbas y que el conocimiento de este arte es exclusivo de las mujeres».

Hay que tener en cuenta que Venus y Veneno tienen raíz común. Propercio, poeta romano del siglo I a. C. por su parte, nos habla de una tal Cinthia, que perdió a su amado por culpa de una poción o un maleficio: «No me ha vencido esa malvada con sus gracias, sino con yerbas».

En *el Asno de Oro*, de Apuleyo, (siglo II), precisamente la trama va de un curioso que toma una pócima que por error le transforma en burro y pasa las de Caín hasta que consigue volver a ser humano. El caso es que hay que tener cuidado con lo que se bebe, que hay cosas peores que un vodka con naranja... Y para protegernos de todo mal, se inventaron los amuletos. Y los romanos eran muy de amuletos, da igual la clase social. Solo cambiaba el material del que estuviera hecha la pieza, pero todos, del Emperador para abajo, utilizaban estos protectores mágicos que entre otras cosas te protegían de la envidia, *invidere*, que quiere decir mirar fijamente algo, mirar mal. Literalmente "Aojar". *Invidia* quiere decir lo mismo que nuestra "envidia": malquerencia, celos, etc. ¿Cómo protegerse de la envidia? Pues con un amuleto, por supuesto.

El amuleto romano más común era la *bulla*, que significa burbuja. Se dijo que lo utilizaban todos los niños desde el noveno día tras el nacimiento (cuando se les daba nombre) hasta su edad adulta. Era un objeto más o menos redondo y hueco, como un huevo de pascua, del material que pudieran permitirse los padres, la bulla solía contener hierbas o amuletos de simbología fálica. Las niñas se dijo que, en vez de bulla, utilizaban lúnulas, pequeños colgantes en forma de luna, comunes a casi todas las civilizaciones europeas, que también las protegían de todos los males hasta llegar a ser mujeres casadas. Los romanos y romanas adultos solían utilizar como amuletos sobre todo los *fascinus*, pequeños falos de metal que utilizaban como colgantes en collares. De la *bulla* deviene la bula papal, llamada así según algunos porque su sello era redondo como una *bulla* o, según otros, porque consiste en una especie de amuleto para ir al cielo...

Los amuletos no solo protegían a las personas; también podían proteger las casas o los campos. Para esta última tarea se utilizaban los priapos, que son imágenes de bulto del dios Priapo, un diosecillo arcaico que está permanentemente en erección y tiene un pene desproporcionadamente grande; sirve para alejar el mal de ojo, pero también a los ladrones de frutas y hortalizas. Hay quien dice que el gorro de los gnomos de jardín es una evolución del símbolo fálico del Priapo, pero no estoy muy de acuerdo. Más que los gorros de los gnomos, puede que los hitos que marcan las lindes de los campos si sean "herederos" fálicos de los Priapos antiguos.

Eso sí, aprovecho para saludar a mis camaradas del frente Popular de Liberación de Gnomos de Jardín, grupo dedicado a liberar en los bosques de Europa a los gnomos encerrados en jardines horteras. ¡Vivan los gnomos libres!

Los falos dibujados en paredes con más o menos arte o los priapos en pinturas, como la famosa de la casa de los Vettii en Pompeya, también protegían del mal de ojo. Y si no tenías a mano un amuleto, se hacía el gesto de la "higa" o extender el dedo medio (hacer la peineta), que también servía de defensa. El mal de ojo, se supone que es causado por alguien que te mira con envidia. Para evitarlo hay que hacer que el maledicente mire otra cosa, en este caso, que mire el pene del *fascinus,* por ejemplo, evitando así que te mire a los ojos.

Hay muchos más amuletos romanos, pero a mí el que más me gusta es uno que seguimos utilizando: el *tintinabulum*, que eran unas campanillas que seguimos poniendo en las puertas, sobre todo de las tiendas, cuyo sentido original es que con su sonido alegre impidan la entrada y alejaran a los malos espíritus. Y no, no tienen que ver con Tintín...

Otra cosa que hacían mucho los romanos era maldecir. Pero no simplemente como una maldición gitana, sino por escrito, normalmente escribiendo en plomo o estaño en tabletas grabadas, dobladas, cerradas con un clavo que une sus pliegos y enterradas cerca de tumbas, mejor si la tumba es de alguien que murió de manera violenta o joven. Cuando digo que los romanos eran muy de maldecir, me refiero a que todavía se conservan más de 1.600 escritos en metal con maldiciones romanas, *defixiones* que decían ellos, referidas a todo tipo de temas. En Bath, el antiguo *Aquae Sulis*, en Inglaterra, aparecieron 130 tabletas de estas con maldiciones. 129 se referían a robos de ropa y otras cosas en las termas. Y por cierto, en West Hill, Gloucestershire. aparecieron otras 80 de temas diversos, con lo que el sur de Inglaterra es el lugar donde más maldiciones romanas han aparecido de todo el Imperio, supongo que los romanos de allí se maldecían por el clima...

Las maldiciones de Bath son muy ingeniosas; normalmente consisten en donar a la diosa el/los objetos robados y de esa manera hacer que sea la diosa o el dios quien tenga que encargarse de recuperarlos y se encargue de hacerle la vida imposible al ladrón. Suelen ser de este estilo: «Señora Némesis, te entrego una capa y un par de botas; que aquél que las use no se redima salvo con su vida y sangre» o como esta: «Docimedis ha perdido dos guantes y pide que el ladrón responsable pierda la cabeza y los ojos en el templo de la diosa». O esta otra: «Solino a la diosa Minerva Sulis, entrego a tu divinidad mi albornoz y capa. No permitas sueño ni salud a aquél que me hizo mal, sea hombre o mujer, esclavo o libre, hasta que se dé a conocer y entregue estos bienes en tu templo». Una más: «Consagro a Ceres el manto que he perdido. Si me lo devuelve, séale propicia. Pero al que lo encuentre y no me lo devuelva, ese que se vaya junto a Ceres ardiendo en fiebre y que no sane hasta que me lo devuelva». Vamos, se piden castigos sin importancia, "sencillitos", sin maldad, para los listos que han levantado la ropa de los bañistas y se encarga a los dioses la venganza, lo que me han robado, es decir, lo que no tengo se lo entrego a los dioses. Un poco egoísta me parece... Y luego, cuando en la playa a quien esté al lado, que no conozco de nada, les digo que porfa le echen un vistazo a nuestras cosas, mi mujer me mira mal... Si la gente lleva dos mil años robándote mientras te bañas, habrá que tener cuidadín, ¿no? Resulta también llamativo que las maldiciones de Bath fueron escritas durante dos siglos; las más antiguas son del siglo II y las más modernas, del IV. Digo yo, que en doscientos años podían haber contratado un cuidador que vigilara los vestuarios ¿no? En fin.

Es muy curioso que en muchas tabletas romanas de maldición se nota que eran prefabricadas o que se vendían con el espacio en blanco del maldecido, vamos, que había tiendas donde comprar tu maldición preparada por si había prisa y llevártela personalizada. Como esta que dice: «Maldigo a —Tercia Marcia— y su vida y mente y memoria y riñones y pulmones mezclados, y sus palabras, pensamientos, y memoria». Lo de la memoria estaba escrito dos veces, no fuera a olvidarse. Esto de las maldiciones prefabricadas es como si en el departamento de quejas de las termas, las tuvieran ya medio preparadas: —A ver, ¿qué le han robado a usted? Pues tenga esta tableta de maldición, mano de santo oiga... Por cierto, que el cristianismo no hizo que dejaran de utilizarse, solo se añadió que aunque el ladrón fuera cristiano estaba maldito: «Ya sea pagano o cristiano, hombre o mujer, chico o chica, esclavo o libre, quienquiera que me ha robado a mí, Anniano hijo de Matutina, seis monedas de plata de mi bolso (...)»

A veces las maldiciones son escuetas, aunque puedes maldecir a dos tipos a la vez, para qué desperdiciar espacio en la hoja o caracteres en el post...:

> «Tito Ignacio Tyrano está maldito
> Publio Cicereio Felix está maldito»

O esta tan breve pero gráfica: «Tacita, aquí maldecida, se convertirá su sangre en antigua y pútrida». Vamos, que no le caía bien la chica, no.

La mayoría de las veces las fórmulas de la maldición incluyen lo que se llama *Voces mysticae*, palabras inventadas que suenen terribles, que refuerzan la maldición porque, según esto, serían palabras comprendidas por las deidades infernales (por ejemplo: *Bazagra*, o *Berebescu*) o por los espíritus encargados de transmitir la maldición a estas deidades, frases del estilo de *aski kataski aasian endasian* o incluso algún dibujo especial podían, o eso se creía, reforzar el efecto de la maldición. Hay quien dice que los dibujos y ciertas palabras podían ser marcas de distintos fabricantes de maldiciones, oye, un negocio boyante al menos cerca de las termas inglesas. Todavía en el siglo II, el filósofo Clemente de Alejandría pensaba que el lenguaje humano no era apropiado para dirigirse a los dioses en general, con lo que a los del averno... también hay *Voces magicae* o palabras mágicas, como Abracadabra, que antes de ser lo que los magos dicen para que aparezca el conejo en la chistera, como hace mi amigo Luis Boyano, era una palabra que, según el médico de Caracalla (César del 198 al 217) Sereno Sammónico, curaba la malaria cuando se utilizaba escrita en un amuleto. O al menos así dejó escrito en su *Liber Medicinalis*, la primera referencia que tenemos de esta palabra tan mágica. No sé, no sé...

Pero ni la magia puede hacerte recuperar el amor perdido, por mucho que maldigas y maldigas: «Que aquél que se llevó a Vibia de mi lado se licúe como el agua». Y este mal de amores afecta a chicos y chicas por igual, como demuestra la maldición que conservamos de tal una Aurelia, que enamorada de un tal Lucio, invoca a los dioses para que Lucio se enamore de ella o, si no, que se le caiga el pene. O mío o de naide...

También las maldiciones sirven para atacar a la competencia, por ejemplo a un bestiario (gladiador que pelea con fieras) rival o contra el que has apostado: «Enreda las redes de Vincenzo Zarizo, que sea incapaz de encadenar osos, que pierda contra cada oso, que sea incapaz de matar un oso el miércoles, a cualquier hora, ahora, ahora, rápido, haz que suceda».

En Écija, Sevilla, se encontró una *defixio* de finales del siglo I que se conserva en su magnífico museo, que directamente maldice a los equipos rivales en las carreras de cuadrigas del circo que debió existir allí. Se refiere a la gente del equipo de Antoniano y las facciones azul y roja de los competidores. Es curioso que recoge los nombres de nueve pilotos de carreras rivales, además de nombres de un montón de caballos específicamente. No sabemos si funcionó, pero resulta curiosa. Nombra a las cuadrigas por el nombre de su caballo más famoso y uno de ellos resulta llamarse Numantino:

> «El equipo de Antoniano, los azules y los rojos: cuadriga de Margaritei, cuadriga de Gelo, cuadriga de Urbicio, cuadriga de Ilario, cuadriga de Heleno, cuadriga de Basilisco, cuadriga de Numantino, cuadriga de Barbario, cuadriga de Calidromo, cuadriga de Lupo; conductores: Píramo, conductores y cuadrigas de Antoniano: Patricio/Marcial, Suceso, Atiano, Vaico, Narciso... todo el equipo antoniano».

Me imagino que después de enterrar la maldición en la parte del cementerio de Astigi más cercana al circo, fue a apostar todo contra este Antoniano, que parece no le caía muy bien, ni él, ni sus escuderías... Sería la leche que hubiera ganado, lástima que no lo sepamos. Ni siquiera hemos desenterrado el circo de Écija que levantó tantas pasiones...

Si piensas que ya no somos supersticiosos es que no has puesto la tele a deshora, cuando están los del tarot, o que no te has dado cuenta que los periódicos que todavía quedan traen el horóscopo; si buscas en Google encontrarás montones de sitios donde te explican cómo hacer que tu pareja vuelva, por ejemplo, y eso no es muy diferente de lo que se pedía en las *defixiones*. Seamos serios, todavía no solemos pasar por debajo de una escalera ni hay fila trece en los aviones ni nos gustan los gatos negros si se cruzan en nuestro camino. En resumen, que no hay que creer en estas supersticiones, que traen mala suerte. Lo digo siempre.

Es curioso tanto gato suelto por la calle durante tantos siglos. En la Roma de hoy son una plaga. Es curioso porque los gatos no son nativos de Europa (ni de Instagram), sino que se trajeron por los fenicios desde Levante y Egipto, hace unos 3.000 años. En el yacimiento arqueológico *Gadir*, visitable en Cádiz, se conserva el esqueleto más antiguo de un gato hallado en España, en una calle de la antigua ciudad fenicia, a unos cuantos metros debajo del suelo actual. Si visitas el yacimiento, la guía te indicará los huesecillos de ese primer felino, no sabemos si importado como mascota, o como anti ratones en la bodega de un barco de los que vinieron de Oriente y fundaron Cádiz. El caso es que ese gato es de hace unos 2.800 años, que no es poco y es, de momento, el tatarabuelo de todos los mininos que deambulan por toda la península y por las redes sociales patrias.

En la antigua Roma también había gatos; callejeros como ahora y también mascotas... Como ahora también, incluso mucho antes que en Roma, los gatos ya eran criaturas sagradas en Egipto y también eran domesticados como mascotas. Aparecen en pinturas de tumbas tan antiguas como del siglo XX a. C., es decir, de hace más de 4.100 años. La tira. Eran sagrados hasta el punto que quien maltratara a un gato podía ser condenado a muerte, según dicen. Tampoco me parece mal del todo. El historiador Diodoro Sículo relata el atropello accidental de un gato por un carro guiado por un romano, romano que fue linchado por el levantisco pueblo alejandrino en el acto. Quien maltrata a un animal, en cualquier caso, es un animal peor. También se cuenta que Cambises II, rey persa, alrededor del 525 a. C., utilizó gatos como escudos en la toma de Pelusio por parte de su ejército; según esta leyenda, los egipcios no podían disparar sus arcos por miedo a dañar los gatos, animales sagrados. Tan sagrados que desde siempre se les rendía culto como personificaciones de Bastet, diosa de la maternidad, la fertilidad, el sol benévolo y, sobre todo, de la protección. Alrededor del 900 a. C. se desarrolló toda una ciudad: Bubastis, donde se acudía en peregrinación y se rendía culto a Bastet y a los gatos. A lo mejor por esto son tan altivos y "suyos" todavía... El caso es que los gatos egipcios eran tan queridos que, si su dueño se lo podía permitir, eran momificados como personas al fallecer y en sus tumbas se depositaban incluso platillos con leche, por si los mininos tenían gazuza en el más allá. Herodoto dejó escrito que en cualquier lugar de Egipto que falleciera un gato, este era llevado a Bubastis a ser enterrado, aunque no está demostrado del todo que fuera así. Lo que sí sabemos es que los dueños de los gatos se hacían acompañar en sus tumbas por estatuas que representaran a sus mascotas gatunas a falta de peluches. También está documentado que cuando fallecía tu gato, te afeitabas las cejas como señal de duelo. Tan queridos eran. Curioso lo de las cejas...

En los palacios egipcios y en los templos, eran las principales mascotas, hasta el punto de que había un oficio palaciego, el de "cuidador de los gatos", que era incluso hereditario. El funcionario en cuestión se encargaba de que los mininos tuvieran todo lo necesario en cuanto a comida, juguetes, asistencia sanitaria y lugares para dormir mulliditos.

En Roma también había un tema gatuno, porque se conocen monedas con efigies de gato desde el año 500 a. C., concretamente aparecieron en las zonas griegas de Italia de Taras y Rhegion (Hoy Tarento y Reggio). Parece ser que en la Roma clásica el gato se consideraba un compañero en la vida e incluso en la muerte, ya que se creía que tenía aspectos de psicopompo, es decir de guía del alma a través del paso al Hades. Incluso ese puede ser el motivo por el que algunas legiones romanas tuvieran el gato como animal tótem, para que ayudara a sus muertos a cruzar al más allá y a lo mejor de ahí, de ese carácter de paseante entre los dos mundos, vienen las supersticiones sobre los gatos.

Los griegos identificaron a la diosa egipcia Bastet con Artemisa, es decir, la diosa romana Diana, muy de la noche y la luna. También se la identificaba con la diosa Isis que, aunque egipcia, recibió culto en todas las ciudades romanas. En Baelo Claudia (Bolonia, Cádiz), por ejemplo, hay restos de uno de sus templos con una curiosa dedicatoria de un peregrino que deja sus huellas como ofrenda en una placa de mármol, posiblemente de finales del siglo I. En la placa, bajo las huellas se lee: «A la Señora Isis, Marco Sempronio Maxumo cumplió su promesa con agrado y de la forma debida». En la ciudad de Roma, el templo principal de Isis se encontraba en donde hoy se halla la Iglesia de Santo Stefano del Cacco, donde, por cierto se encontró una pequeña estatua de un gato que se puede contemplar todavía en una cornisa del palazzo Grazioli, no casualmente, en la esquina de Via della Gatta.

La primera fábula que recuerdo en la que salga un gato, es la famosa de *Quién le pone el cascabel al gato*, de Esopo, del siglo VI a. C. En ella se cuenta cómo los ratones se juntan para analizar cómo pueden tener aviso de cuándo está el gato acechando… Uno dice que por qué no le ponen un cascabel en el collar de tal manera que al moverse el minino el cascabel repiqueteé y todos sepan por dónde va el bicho… La asamblea de los ratones aplaude y enfervorizada apoya la medida, todos contentos y dándose parabienes hasta que uno pregunta en voz alta: ya y… ¿quién le pone el cascabel al gato?

Historias con gatos como protagonista hay muchas, a mí particularmente me gusta la de Richard Wittington, tres veces alcalde de Londres en el siglo XIV, de joven era huérfano y pobre y trabajaba en las cocinas de un rico mercader inglés. Entonces era costumbre de todos los armadores, permitir que sus servidores pudieran embarcar un objeto o algo a bordo del barco, para al venderlo lejos junto con las demás mercancías de su señor traer beneficios para toda su casa. El joven Wittington solo tenía un gato, así que lo entregó para que se embarcara y vendiera allende los mares. El caso es que el barco del rico mercader se dirigió, con gato y todo, a la costa de un reino bárbaro donde el rey sufría por tener el palacio infestado de ratones. Aconsejado por el capitán del barco inglés (que en cada puerto tenía una mujer, según decía la canción infantil), el rey cogió el gato a prueba. Entusiasmado por los servicios del minino, el rey pagó por el animal diez veces más que lo que costaba el barco con todo lo que llevaba a bordo, con lo que cuando regresaron a Inglaterra, el joven Wittington se convirtió en un hombre riquísimo, gracias a un gato.

Lo de considerar al gato, especialmente al gato negro como una especie de personificación del demonio, mascota de brujas y todo eso, reclamo mi derecho a no decir nada que luego todo se sabe. Solo puedo añadir que de noche todos los gatos son pardos y al que tuve lo encontré en la calle (y a la calle volvió cuando quiso).

Con gatos o sin ellos, los romanos de la Roma under solo tenían a los dioses para ayudarles, pero eso sí, tenían muchos dioses. Les pedían cosas, y si se cumplían, o a veces para que se cumplieran, entregaban exvotos, palabra que significa literalmente "de la promesa" y que pueden ser partes del cuerpo, como cabezas, pies, manos o partes más íntimas, en función de lo que le pides al dios que te arregle, o placas en las que personalizas que tú has cumplido tu parte de la promesa, como lo de Isis, para que el dios cumpla la suya o en agradecimiento, demostrando que has cumplido así tu parte. Se encontraron muchos en las cercanías del antiguo templo de Asclepio, en la isla tiberina en Roma. Esto de los exvotos, común a otras religiones antiguas, se conservó en el cristianismo y todavía es utilizado en algunos credos, por ejemplo de América, donde los romanos de segunda generación llevamos tanto de Roma al otro lado del charco. Todavía hay hospitales en la isla tiberina y los ha habido desde el siglo III a. C. hace más de dos mil trescientos años. Según la leyenda, por aquél entonces hubo una epidemia de peste y consultados los libros sibilinos, se dedujo que había que traer una estatua de Escolapio/Asclepio a Roma desde el templo original del dios en Epidauro (del otro lado de Grecia) y construir un templo en Roma para albergarla. Dicen que cuando el barco que traía la estatua por fin llegó a Roma, una serpiente, símbolo del dios, como todavía podemos ver en el símbolo de las farmacias o en el logo de la OMS, bajó del barco y se dirigió a la isla, entonces no urbanizada, lo que se tomó como señal de que Asclepio quería que se construyese allí su templo, como así se hizo. Para recordar el milagro de la barca, la isla fue "vestida" como si se tratara de una barca, con muros que semejaban la proa y popa de la lancha y uno de tantos obeliscos traídos del Nilo simbolizando el mástil. Del templo no queda nada en pie, pero algún trozo de muro semejando el casco de la barca, en mármol travertino, es todavía visible.

No solo en este templo han aparecido exvotos y placas votivas, las hay por todos los rincones del Imperio y, si los ricos dedican un altar de buena piedra para agradecerle a los dioses sus favores, los romanos de a pie pueden permitirse una plaquita de bronce, de las que nos han llegado algunas:

> «A Marte Regisamo, Ivencio Sabino gustosamente, voluntariamente y merecidamente, cumplió su voto».
> «Al dios Marte Medocio de los Campeses y a la victoria de nuestro Emperador Alejandro Pio Félix (Alejandro Severo, César del 222 al 235), Lossio Veda, nieto de Vepogeno, de Caledonia (escocés) levantó este regalo con sus propios medios».
> «Al dios Silvano Calirio, Cintísimo el calderero, voluntariamente y merecidamente cumplió su voto como un regalo».

Llama la atención de estos votos el sincretismo en el que se mezclan los nombres o los propios dioses romanos con sus contrapartes nativas, formando una entidad que puede ser adorada por todos, sean de donde sean, incluso escoceses... o caldereros... En Uxama, Soria, se conserva un voto hecho por el gremio de zapateros que dedica el voto en latín a unos dioses celtas, los Lugoves, dioses mencionados en otras piezas, halladas de Germania a Galicia. Estos testimonios de religiosidad se llevaban a cabo no necesariamente en templos chulos y grandes, sino en capillitas que estaban repartidas por toda la ciudad y los campos, como la cueva de la ninfa Egeria que nos menciona Juvenal y que las reformas que en ella se han sucedido han hecho que el lugar parezca menos sagrado al haberse cubierto de mármol la cueva. «La gruta de la ninfa ha sido restaurada. El muro originario ha sido recubierto por lujosas placas de mármol, y el césped de su suelo ha sido arrancado». Vamos, que a Juvenal le parecía más chulo el santuario original que el arregladito. El caso es que el Imperio estaba lleno de *aedicula*, capillitas, donde pedir algo a cualquier dios, como pasa todavía en la Alcarria, llena de ermitas que apenas son cuatro paredes de cuatro palmos. Los romanos, eso sí, consideraban que cada cosa que se pedía a los dioses establecía un contrato entre ellos y nosotros, contrato sagrado que había que cumplir sí o sí. Por ejemplo, el municipio de Asturica Augusta, Astorga, hizo seguramente una capilla en el siglo II a su dios Vago Donnaego (dios que no era nada vago) en la que erigió una placa agradeciéndole el haber hallado un nuevo manantial del que abastecer a la ciudad. El contrato con el dios sería algo así como que el Senado de la ciudad promete a la deidad erigirle la capilla si la deidad muestra una nueva fuente para el agua de la ciudad. La fuente es hallada y el *municipium*, por donación pública, cumple su *votum*:

> «Consagrado al dios Vago Donnaego. La *res publica* de Asturica Augusta, por medio de los magistrados Gayo Pacato y Flavio Próculo, con las donaciones. Bajo la supervisión de Julio Nepote».

Parece claro que los viejos dioses nativos entendían el nuevo lenguaje, el latín y las fórmulas de contrato, y a esta transformación se adaptaron todos los romanos de todas partes, sin problema alguno. Lo importante es tener un dios al que pedirle algo, ya sea el dios nuestro, del de enfrente o el romano. De hecho, es curioso que las siete dedicatorias encontradas en la tarraconense que se dirigen directamente a Júpiter, al dios más romano de todos y supremo padre del panteón de Roma, a pesar de que hayan sido dedicadas por colectivos de nombre claramente indígena, como los "aldeanos Vagornicenses" que dedican una inscripción encontrada en Vila Real en Portugal, o la de los "Queledinos" de San Andrés de Montejos, en León.

Los romanos tenían dos frases que representan de algún modo cómo veían ellos la vida. Esas frases son, por un lado: *Memento mori*, recuerda que vas a morir, y por el otro lado, la más famosa *Carpe diem*, de Horacio, agarra, aprehende, el día; dos caras de la misma moneda. Por un lado estas frases son chungas, pesimistas, nos recuerdan nuestra fragilidad y fecha de caducidad, nos recuerdan que somos humanos, mortales, pero, por otra parte, nos empujan a cumplir con la otra forma de afrontar la vida: a tope, aprovecha el día… Y es que en esa dualidad se debate gran parte del pensamiento romano. No somos perennes, tenemos que aprovechar nuestros días. Aprovechar el día puede significar muchas cosas, y la mayoría son gratis. Hasta el romano más pobre puede permitirse enamorarse un día cualquiera... y es una buena manera de aprovechar el día, o ir a un santuario a pedir que se cumpla al menos uno de sus deseos o ir a las termas que casi siempre son gratis, o tomar un trago de vino barato con un amigo que te invite…

Para los romanos, todas las cosas que existían tenían sentido, significado. Toda la naturaleza estaba animada, quiero decir que tenía *anima*, alma... Todo tenía orden. Todo vivía y moría. A ojos de un romano antiguo, los astros, los árboles, las piedras o los ríos no eran entes fríos clasificados científicamente, sino que formaban parte de un todo universal, un algo eterno, una naturaleza cambiante a la que también pertenecían los difuntos, que no por morir dejaban de existir; de hecho, la muerte era la única verdad palpable, pero dejaban de existir como humanos. Pasaban a ser otra cosa. En Roma todos sabían que iban a morir. La muerte estaba mucho más presente en las vidas romanas que en las nuestras modernas en las que parece que eso de morir solo les pasa a los otros. Las enfermedades, las guerras, las catástrofes, el hambre e incluso el dar a luz, como vimos, eran asuntos muy peligrosos. La vida pendía cada día literalmente, de un hilo. *Pendente filo*.

Los romanos nacían con un *genius*, con un genio personal, que era algo así como su "yo" astral, un avatar o un ángel de la guarda, que ejemplificaba la parte etérea, metafísica de cada individuo, sin que eso tenga que ver con el concepto de vida eterna, sino de existencia en el Hades, en el ultramundo, del alma. Del mismo modo que un enorme árbol existía en una semilla, un hombre existía en su *genius* y en todo lo que hubiera hecho en vida, en sus obras... Como dicen en Gladiator (Ridley Scott, 2000) «lo que hacemos en este mundo, tiene su eco en la eternidad»...

Pero mientras tanto llega la Parca, mientras llega esa eternidad que nos corte el hilo y el rollo, nos da tiempo a pasarlo bien.

Ese *genius* del que antes hablamos fallecía con el difunto, pero se transformaba en un alma eterna. Si era debidamente atendido, si se cumplían los ritos, pasaba a convertirse en un *lar* que ayudaría a la parte viva de su familia. Pero no hay que tener prisa en pasar "a mejor vida", ya que a lo mejor, no es mejor, valga la repetición...

Séneca, el cordobés, el más famosos filósofo de Roma, lo dice muchas veces, como cuando nos recuerda que: «Vivís como si la vida tuviera que durar siempre; nunca se os ocurre pensar en vuestra caducidad; no observáis cuánto tiempo ha transcurrido ya y vais perdiéndolo como si fuera algo sobrado y abundante».

Difícilmente se puede dar mejor consejo. *Tempus Fugit*, que también decían los romanos; El tiempo huye. Vuela. Pasa. No es que debamos recordar que vamos a morir, es que tenemos que recordar más a menudo que estamos vivos, que tenemos que aprovechar esta oportunidad única. En *La Celestina,* todavía en el siglo XV se puede leer esta frase que rubricaría cualquier romano: «Nadie es tan joven que no se pueda morir mañana, ni tan viejo que no pueda vivir un día más». Solo nos arrepentiremos de los besos que no hayamos dado, de las veces que no dijimos "te quiero", de las manos que no sujetamos con suficiente fuerza. Del amigo al que no llamamos. Time waits for nobody, el tiempo no espera a nadie, cantaba Freddie Mercury, pero parece que no nos damos cuenta de que es verdad. Hagamos como decían hace dos mil años en la peli *Dirty Dancing* y tengamos *The time of "our" life.* No perdamos tiempo "Haciendo tiempo", porque ese tiempo, no vuelve. Mientras podamos, vivamos, *Non semper aestas erit*, no siempre será verano. *Carpe diem*, amigos. *Carpe diem.*

Y una manera de aprovechar el día es ir de bares y tomarte algo con los amigos... y si no los tienes, pues ya los harás, que cuando bebas suficiente, seguro que todos te parecen amigos tuyos. Como dice el dicho: —Si no bebes, ¿cómo van a saber a las tres de la mañana tus amigos que los quieres mazo? —Dime con quién andas y te diré quién eres. Arnobio de Sicca, retórico pagano convertido al cristianismo en nuestro siglo IV, apuntó este dicho que todavía repetimos. Cervantes, en el Quijote (II, 10 y 23), lo repite: «Dime con quién andas, decirte he quién eres». En latín decían: *Cum quo aliquis iungitur, talis erit.* Y se puede mejorar puntualizando: Dime con quién bebes y te diré quién eres...

Y los romanos cuando se juntaban ¿qué bebían? Pues vino, por aquello de que es más mediterráneo y eso, más civilizado. Hasta Séneca, tan serio normalmente, dijo que: «El vino lava nuestras inquietudes, enjuaga el alma hasta el fondo y asegura la curación de la tristeza». Y oye, no le vamos a llevar la contraria a un sabio. A la cerveza, en cambio, los romanos la consideraban una bebida más bárbara. De todas formas, solían mezclar el vino para no emborracharse, lo cual es una tontería, porque precisamente bebían para emborracharse... En fin, contradicciones tenemos todos y vino, el que tiene Asunción. A falta de que se inventara el tinto de verano, al vino lo mezclaban los romanos con agua, especias, miel... Pero no es lo mismo un vino rebajado que una aguachirri, se juzgaba la calidad de un bar por la calidad de sus vinos, aunque en general todos los bares tenían mala fama, vistos desde el punto de vista de los pijos que escribían. Como se suele decir, no juzgues a un libro por sus tapas, pero a un bar, sí, júzgalo por sus tapas... Si ponen buenas tapas, es un buen bar... y si no, nos vamos a otro, que para eso hay muchos.

Por ejemplo en Pompeya, donde se han encontrado ya unos doscientos, se calcula que había más o menos un bar por cada noventa habitantes. En España, antes del COVID, había uno por cada ciento setenta y cinco, casi la mitad, así que cuando éramos romanos, teníamos más bares todavía, el doble. Según esos cálculos, en la ciudad de Roma habría más de once mil cien. En esos bares, muy parecidos a los nuestros, con barras y todo, se vendían bebidas y comidas, tanto para tomar allí como sobre todo para llevar, take away, también para recoger, delivery, porque solo los ricos tenían cocinas y normalmente la gente encargaba la comida fuera. Pero claro, no todos los bares son iguales. Estaban los *thermopolia* (singular *thermopolium*) donde sabemos seguro que además de vino tenían comida caliente, de ahí su nombre (termos= caliente) y seguramente servicio a domicilio: Riders. Pero no iban en moto ni en bici, iban caminando o corriendo todo lo rápido que podían...; eso sí, no traían por ejemplo hamburguesas porque hasta 1834 el Delmónico's de Nueva York no las incluyó en su carta, como una especialidad traída de Hamburgo por los emigrantes alemanes.

Pero para tomar el vermú, no habría que esperar tantos siglos. Los romanos conocían los llamados *vina condita* o vinos condimentados, que son vinos a los que se añaden especias y miel que son cocidas en el propio vino, o bien maceradas. Según nos cuentan en el blog *abemus incena* estos vinos eran utilizados como medicinas e incluso algunos se consideraban "bebidas energéticas" como esas que vienen en latas de diseño hortera que se venden por ahí.

El vino condimentado por excelencia, parece que era el vino al que se le añadía ajenjo (*Artemisia absinthium*) y le llamaban *absintites* (Plinio el Viejo) o *absinthium* (Apicio), es decir: absenta. Es curioso que el nombre moderno del vermú viene precisamente del nombre alemán del ajenjo: Wermut. *Abemus Incena* nos da hasta una receta de Vermú, según Plinio el Viejo: «*El absintites se hace cociendo una libra de ajenjo del Ponto en cuarenta sextarios de mosto y reduciéndolo a la tercera parte, o añadiendo al vino briznas de ajenjo*». El sabio decía que una de las virtudes de este *absinthium* es que estimula el apetito, Dioscórides, el médico del siglo I, llega a decir que: «*lo dan a beber como aperitivo, en verano, considerando que es cosa salutífera*». Así que seguimos usando el vino con ajenjo, o vermú, de la misma manera, aunque los romanos de la Roma Cruda no creo que necesitaran precisamente que se estimulara su apetito, sino más bien que se apagara su sed. Si hubieran conocido la absenta, que emborracha con mirarla, ni te cuento. La absenta fue prohibida en 1915 y todavía sigue prohibida en medio mundo porque contiene productos que la destilación vuelve tóxicos. La prohibición se ha ido levantando en algunos países, pero controlando la cantidad de anetol y tujonas, que son algunos de los componentes chungos de esta bebida. La absenta original, la que bebía Toulouse Lautrec, se hacía como el vermú, con *Artemisia absinthium* o ajenjo, hinojo y anís. Curiosamente su nombre proviene del griego *apsinthion*, que se puede traducir como "no-bebible". Pero el vermú está bueno y es saludable. Sobre todo con amigos, aunque se sube a la cabeza. Marlene Dietrich solía decir que «ninguna virginidad resiste tres vermús» y al respecto también he escuchado otra frase que dice que "un vermú está bien, dos son demasiado y tres no son suficientes». Por eso yo soy más de cerveza, aunque resulte más bárbaro.

Hay un relieve escultórico romano que se conserva en el Museo de Londres que nos muestra a Baco, el dios del vino, que lleva la clásica rama con uvas, para que quede claro quién es. Más atrás se percibe a Sileno subido en un asno y completa el grupo el dios Pan, también están el clásico sátiro y una bacante. Hasta aquí, es como muchas otras piezas, un panegírico a un dios pagano, en este caso a uno tan importante como Baco. A lo mejor la pieza, del siglo IV encontrada en la City pero construida con mármol italiano, fue encargada por un importador rico de vinos, que quería agradecer al dios su obra y apoyo. Lo que choca es la inscripción: *hominibus vagis vitam*, ¡vivan los hombres que vagan! O ¡viva el hombre errante!, frase que me recuerda al verso de Tolkien «no todo el que vaga está perdido» y que hace referencia a Aragorn. A veces, todos vagamos errantes, no como el futuro Rey de Gondor, pero sí buscando algo, un sitio donde tomar algo fresquito y rico, como cantaba Bowie en *Ziggy Stardust:* «just the beer light to guide us». Y si es la luz de la cerveza la que nos guía, seguro que nos lleva a un bar.

Como dijo uno en Instagram: yo bebo poco, pero cuando bebo me convierto en otra persona y él sí bebe mucho… El caso es que cerveza, gracias a los dioses, ha habido desde siempre, desde que el hombre hizo una ciudad y puso un bar para que vinieran sus amigos. Plinio el Viejo cuenta que hay muchas bebidas similares según la provincia imperial: «Diferentes bebidas también están hechas a base de cereales, *zythum* en Egipto, *caelia* y *cerea* en Hispania, *cervesia* y varios tipos de licores en Galia y otras provincias…». Cerveza en latín se decía *cervesia* o *cerevesia* y San Isidoro en el siglo VII, todavía nos recordaba que su nombre viene de la diosa romana Ceres: «Cervesia es llamada así por Ceres, pues es una poción hecha con semillas de diferentes granos». Ceres es la diosa de la agricultura y de todo lo que crece, la dadora de "cereales". Su nombre posiblemente provenga del antiquísimo indoeuropeo: *Ker*, que significa «crecer» y también «crear». Fue adoptada por nosotros los romanos a principios del siglo v a. C., tras ser consultados en mitad de una hambruna de agárrate a la silla los libros sibilinos. Fue comenzar el culto a Ceres en Roma y que se acabara la hambruna. En su honor se erigió un templo en el Aventino, colina plebeya por antonomasia de las siete de Roma, por lo que el culto a Ceres estuvo siempre ligado a la Roma más under y a la cerveza. Sus fiestas (las de Ceres, no las de la cerveza, que eso es en Munich) se celebraban con el nombre de *Ludi Cerealis*, del 12 al 19 de abril con gran jolgorio y aspaviento. Por cierto, que en la alemana Ravensburg, en el fuerte romano, había una fábrica de cerveza, con lo que la primera fábrica conocida de cerveza alemana, es romana… ¡Toma ya!

Cuando la terrible crisis de precios e inflación del siglo III, Diocleciano (César del 284 al 305) decretó en el año 301 los precios máximos de todo, bueno, de mil trescientos productos. Tampoco sirvió de mucho, pero bueno, vale, buen intento. En ese listado de variados productos un *sextario* de vino valía entre 8 y 30 ases según la calidad del caldo. Antes de la inflación, dicen que por dos ases ya se conseguía esa cantidad de vino barato. Un *sextario* era el equivalente a doce chatos / *cyathi*, más o menos y equivalía aproximadamente a ochenta y cinco centílitros, algo más que una botella de vino normal, que suele ser de 75 cl. Medio sextario se llamaba *cotylae*. Un sextario era la cantidad máxima que una persona considerada sobria bebía durante un día (si este es el sobrio, imagínate el otro), como el historiador Flavio Vopisco nos cuenta que sucedía en el siglo III con el breve Emperador Tácito (no confundir con el historiador. Este Tácito fue César del 275 al 276): «En toda su vida fue muy ahorrador, no bebiendo nunca más de un sextario al día». De la misma manera seis sextarios eran un *congius* (un Congo, perdón por el mal chiste). A los que bebían más de lo normal, a los borrachines, se les llamaba hombres de dos o tres *congius*: *bicongii* o *tricongii*, según fuera la tajáa que habitualmente llevaran encima. Un *congius* era más de cinco litros de vino, conque... Lo de los chatos de vino, quienes me hayáis leído más, ya sabéis que los romanos tomaban el vino en chatos, como se hacía en nuestros bares antes de que chatear fuera hablar on-line con alguien. Se brindaba con un chato por cada letra del celebrado. Marcial, que era mucho de chatos, en un epigrama en el que se alegra de que su amigo Cayo Julio Proculo se ha repuesto de estar malito, nos lo explica:

> «Escancia talento inmortal; unas promesas tales
> exigen una jarra de vino viejo.
> Bebamos cuatro chatos y cinco *y* siete
> para que se complete Gayo, Julio y Proculo».

Cuatro, cinco y siete equivalen al número de letras del nombre de su amigo. En español la suma da dieciséis, pero en latín da cinco, seis y ocho Gaius Julius Proculus, para un total de diecinueve, tres chatos más, tal vez la diferencia entre achispado y totalmente wasted. Plinio el joven dijo que: «El hombre debe al vino ser el único animal que bebe sin sed». Pero si bebes, en la medida de lo posible, que el vino no sea malo. Mi amigo Alfonso, que es enólogo, siempre dice que la vida es demasiado corta para beber un mal vino. En cualquier caso, como decía George Brassens:

«El mejor vino no es necesariamente el más caro, sino el que se comparte». En Chile tienen una expresión: "Vamos a hablar media botella", para decirle a un amigo que se siente a charlar contigo; y es una de las expresiones de nuestro idioma que más me gustan, debería ser romana.

Bueno, que me lío con el vino. Lo que quería decir es que en el Edicto de Diocleciano, el vino vale a partir de 8 ases el sextario, mientras que la cerveza cuesta cuatro ases la gala o de Panonia y solo dos ases la egipcia, lo que explica por qué quién no tenía ni pa' na' tenía para una cerveza, aunque el refranero dice eso de que «En invierno no hay mal abrigo con una copa de buen vino». El sueldo entonces de, por ejemplo, un profesor, era de doce denarios al mes, ciento noventa y dos ases, que te da para 24 sextarios de vino o 48 de cerveza, tú verás... Me resulta inexplicable que en el resto del Imperio, incluyendo Italia, la palabra *cervesia* fuera sustituida con el paso de los siglos por la germana Bier, de donde viene la beer inglesa, la bière francesa, la birra italiana o la biertje flamenca. Curiosamente, los filólogos hacen descender este bier germano del infinitivo romano *Bibere*, beber, mal pronunciado Bibere/biere. ¿Quién sabe? La palabra latina solo sobrevivió en Hispania, donde derivó en rica cerveza en castellano, cerveza en catalán, cervexa en gallego o cerveja en portugués. En euskera, cerveza se dice garagardoa y es palabra inventada por Sabino Arana a finales del siglo XIX, juntando "garagar" (cebada) y "ardo" (vino). En fin. No voy a decir nada. De esto de cerveza, aunque no bebe mucho, sabe mi amigo Agustín. Bueno, sabe mucho de muchas cosas, pero, por motivos familiares, también de cerveza.

Brindis también viene del mundo germánico, donde parece que vendría de la expresión *bring dirs*, algo así como "te ofrezco" y también resulta que la palabra "Bar", nuestro querido bar, parece que viene del inglés bar, que significa "barra", desde el medieval *barre*, a su vez derivado del del latín tardío *barra*, porque un bar sin barra es como un día sin pan. Así pues, allí donde hacemos barra fija es lo que caracteriza a un bar, literalmente. Los romanos, además de los *thermopolia*, tenían otros bares, desde el más miserable *oecus*, hueco, un tugurio lamentable, con una mini barra y con suerte una mesa con dos taburetes. Luego estaban las *popinae*, ligeramente mejores, en las que según Juvenal te podías encontrar a lo mejor de cada casa, como en esta del puerto de Ostia cuya compañía describe en su octava sátira:

> «Comiendo al lado
> de asesinos, con esclavos prófugos mezclado,
> marineros, sepultureros,
> ladrones, carniceros
> y Gallas (sacerdotes castrados de Cibeles) por el vino embrutecidos,
> junto a los mudos címbalos (tambores) tendidos.
> Verás allí con sorpresa que todos son uno, común el vaso,
> Común el asiento y la mesa».

Hay que recordar que lo que cuenta Juvenal no deja de ser un monólogo humorístico-crítico, pero a nuestros abuelos tampoco les gustaban los bares donde compartías mesa o espacio con cualquiera de cualquier clase y condición, aunque no fueran tan variopintos los lugareños como los del bar que pinta Juvenal. En España llamamos bar a estos garitos desde al menos 1917, año en que en el diccionario de José Alemany se define la palabra bar como "mostrador de taberna".

Además de ir a un *oecus* o a una *popina*, también podemos ir a una *caupona*, puede que algo mejor que los anteriores tipos de bar, o tal vez no. No están muy claras las diferencias entre las denominaciones. *Caupona* famosa es la de la Vía de Mercurio en Pompeya donde se conservan frescos con dibujos, como fotos, de lo que te podías encontrar allí: salchichas y cebollas, vino de Setia (Sezze, en el Lacio), agua fría para mezclar con el vino y compañía femenina... porque en ciertos bares, había de todo de todo y no era raro que la camarera formara parte de la carta, lo que no hacía al local peor, sino mejor; bueno, en función de la edad y buen ver de la camarera... En la taberna de Verecundo en Pompeya, una pintada dice todavía: «Restituta, quítate la túnica y muéstranos tus peludas partes», y en la de Atthicus, un anónimo dejó escrito: «Me tiré a la tabernera».

Pero no todo era depravación y vicio, o sí. Había locales que pretendían ser de más calidad, donde incluso podías cenar en un comedor privado, acostado como en el comedor de casa, como la *taberna* de Asellina en Pompeya, donde la puerta al abrirse movía un *tintinabulum* con forma de pene, cómo no, y de esa manera tintineante se anunciaba la llegada al local de un nuevo cliente.

De Pompeya hay dos pintadas muy especiales sobre bares, bueno hay muchas, pero hay dos que me llaman la atención especialmente: una, claramente es una crítica, una opinión dejada en el Google Maps de entonces que en la puerta de un bar dice: «La comida aquí es un veneno». La otra es una curiosa recomendación o una extraña publicidad de los bares del pueblo vecino: «Viajero, come tu pan en Pompeya pero ve a Nuceria a beber. En Nuceria, la bebida es mejor».

En general a todos estos sitios y a los *thermopolia*, se les llamaba también *taberna*, palabra tan latina como la loba, que en principio significa también tienda. Luego estaban las posadas, *posatas*, donde paraban los *viatores*, los carteros, las *Mansiones*, plural de *Mansio*/Mesón, también en los caminos y en cambio dentro de las ciudades había *Hospitia* (singular Hospitium), hoteles donde se podía comer y pasar la noche. Si se situaban fuera de las murallas o de la ciudad, podían ser atendidos por un *stabularius*, hostelero, ya que, además de para dormir uno, tenían sitio para las caballerías. Conocemos nombres de algunos hoteles de Pompeya, uno se llama "Bajo el águila", otro "De las hermanas". Inscripciones en la puerta invitaban a entrar: «Aquí hay un hotel, *triclinium* (comedor) con tres camas y todo confort», anunciando que la comida se sirve «al estilo romano». O incluso avisando de los precios del vino: «Por un as puedes beber aquí, por dos ases beberás mejor vino, por cuatro beberás falerno». El vino de Falerno era considerado el mejor y se daba en el monte del mismo nombre, en la Campania. El peor, al menos según Marcial era el de Rávena. Nos lo explica en un par de epigramas:

> «Prefiero tener en Ravena un depósito de agua a una viña,
> pues podría vender el agua a mucho mejor precio».
> «Un astuto tabernero me engañó hace poco en Rávena:
> al pedirle vino con agua, me vendió solo vino».

Vamos que sí que debía de ser malo... Yo solo sé que el buen vino multiplica le capacité di parlare other languages y también que la frase más aceptable que dijo Karl Marx es esta: «Ten cuidado en confiar en alguien a quien no le guste el vino». Por una vez y sin que sirva de precedente, estoy de acuerdo. Pero volvamos a irnos de bares por el Imperio…

En las tabernas de Roma se podía comer, beber, contratar compañía y también jugar apostando, asunto este que estaba oficialmente prohibido y que en teoría obligaba a pagar en multa cuatro veces el dinero que hubieras ganado. Si habías perdido, ya llevabas en eso tu penitencia. En la *caupona* de Salvio en Pompeya, a pesar de la prohibición hay unos cuadros/cómic que muestran a unos jugadores. En uno de los dibujos un jugador le dice al otro, que ha anunciado un tres, que realmente ha sacado un dos. Tramposo. En el otro cuadro, discuten por la jugada: —Mamón, yo gano— y el posadero les invita a largarse a pelear a la calle: *Itis Foris rixiatis*/Iros fuera a reñir. A pelearse a la calle. Juvenal se queja del dineral que se juega quien lo tiene: «No se acude ya a la mesa de juego con una simple bolsa: se apuesta con el arca al lado. ¡Qué grandes batallas verás allí!».

Si te habías visto envuelto en una partida y habías perdido, te quedaba la mala opción de denunciar el asunto a las autoridades. Digo mal asunto porque supongo que no te harían mucho caso, tú te lo habías buscado. En cambio, los malotes del bar seguro que no se olvidaban de tu cara. Marcial nos lo recuerda: «El jugador de dados, traicionado de mala manera por el seductor cubilete, arrancado hace un momento de la oscura taberna, borracho, pide perdón al edil». Para Cicerón, que era un poco carca, el jugador, el *aleator*, era peligroso y depravado, un tipo equivalente a un ladrón o un alcahuete, vamos un romano under, under.

Las apuestas se permitían oficialmente solo durante las saturnales, las fiestas carnavalescas de diciembre o cuando se apostaba en las carreras o a un gladiador o cosas así, oficiales, pero jugarte lo que no tienes, y encima con alcohol de por medio, era una manera segura de terminar retando al destino y el destino, como cantaba Sabina en *No soporto el rap*, es puñetero: «el destino me lo paga, dejándome en bragas, apestando a vino y con catorce pesetas». El cotilla de Suetonio dice en su caricatura digo biografía de Claudio en sus *Doce Césares*, que el Emperador era tan despistado que quedaba para jugar la partida con gente «para jugar a los dados el mismo día siguiente de haberlas condenado a muerte, y, como se retrasaran, encargaba a un mensajero que las reprendiera». No sé, parece falso Rick, en una frase llama a Claudio jugador, tirano y olvidadizo... Pobre Claudio.

Amiano Marcelino, siempre crítico, critica a los que a pesar de todo intentan divertirse: «Estos, todo lo que viven, lo malgastan en vino, dados, juegos, placeres y espectáculos». Pues ni tan mal, ¿no? También los romanos antiguos jugaban a cara o cruz, que en esos días se llamaba *caput et navia*, cabeza o barco, pusiera lo que pusiera la moneda, igual que hace mucho que no pone una cruz en ningún lado (y a veces ni siquiera una cara en la otra) y seguimos llamando igual a echar a suertes con la moneda. Todo esto de "echar a suertes" no era simplemente un juego para los antiguos romanos, ellos con todo lo que fuera *aleae*, juegos de azar, palabra de donde viene aleatorio, tenían también una manera de preguntarle a los dioses su opinión; así, para decidir qué había que hacer o qué decisión tomar, lo echaban a *sortes*, es decir, a suertes. Tomar una decisión en base a estas "suertes" se llamaba *sortelegi*, leer la suerte, palabra equivalente a nuestro "sortilegio", que ha cambiado de significado para ahora ser algo así como un hechizo. Si echas a suertes si te pides otra, seguro que sale que sí. Como el amigo que dice: —Estoy aprendiendo a decir que no... —¿Te apetece otra cerveza? —Qué cabrón...

Y al salir de los bares, que no te pase como a Juvenal, que se queja que por la calle: «...con la prisa que llevo, me cierra el paso una avalancha por delante, y el gentío que me sigue por detrás formando una cola interminable me oprime los riñones. Uno me larga un codazo, otro me da con una litera, este me sacude la cabeza con una percha y aquél con una vasija. Voy con las piernas perdidas de barro, todo son pisotones de unos pies enormes. Un clavo de soldado me ha herido un dedo».

Marcial, refiriéndose al nuevo reglamento urbano de Domiciano, parece que se queja, entre otras cosas, de que las "terrazas" de los bares ocupaban demasiado espacio en la calle reduciendo el ancho de la misma y apropiándose de la acera:

> «Ordenaste, Germánico, que se ampliaran los barrios y lo que poco ha había sido una senda se ha convertido en una avenida. Ni un solo pilar está todo él ceñido de botellas encadenadas, ni el pretor se ve

> obligado a caminar por medio del barro, ni se saca en medio de la apretada muchedumbre una navaja escondida, ni una negra *popina* ocupa las calles enteras».

El caso es que sin bares y sin vino, no podríamos vivir. Lo dicen hasta en la Ópera, en el brindis de *La Traviata*, palabra que por cierto, quiere decir algo así como la extraviada, la perdida…:

Libiamo, libiamo ne'lieti calici	Bebamos, bebamos alegremente de este vaso
che la bellezza infiora.	resplandeciente de belleza
E la fuggevol, fuggevol ora	y que la efímera, efímera hora
s'inebrii a voluttà.	se embriague de voluptuosidad.

En la comedia incompleta *Gladiolus*, de Livio Andrónico del siglo III a. C., en los pocos versos que se conservan ya se decía: *affatim edi bibi lusi*, que significa: «abundantemente come, bebe y juega». A lo mejor no era tan elegante como la Ópera o la Comedia, pero en muchas lápidas romanas también se recomienda beber y vivir antes de que te llegue la hora. De hecho, parece que había gente que disponía que sus cenizas fueran bañadas en vino o que se incluyera vino en su ajuar funerario, como el vino que apareció en una tumba de Carmona en Sevilla en 2024 y que es, de momento, el vino más "reserva" del mundo, con algo menos de dos mil años. La tumba colectiva, contenía los restos de unos romanos que se llamaban Hispana, Senicio y otras cuatro personas, dos hombres y dos mujeres, de las que no nos ha quedado ni el nombre. Recuerda mucho esto a lo de: «Pobrecicos los borrachosque están en el camposanto, Pobrecicos los borrachos que están en el camposanto, que Dios los tenga en su gloria, por haber bebido tanto».

El caso es que son bastante habituales las lápidas con consejos como: *Dum vixi, bibi libenter; bibite vos, qui vivitis*/ mientras viví bebí a placer; bebed vosotros que vivís. Otro, epitafio muy a propósito para este capítulo, es uno del Cádiz romano que dice: *es, bibe, lude, veni*, que quiere decir: come, bebe, juega, ven, que más parece anuncio de una taberna o de los carnavales de la tacita de plata.

Son también curiosas las lápidas que se quejan de no habérselo pasado mejor en vida, aunque hubieran vivido 80 años como el señor Tito Flavio

Marcialis, que en su epitafio sigue exhortándonos a vivir a tope: «Lo que he comido y he bebido, conmigo me lo he llevado. Lo que he dejado, lo he perdido». O las que nos avisan de que hay que aprovechar el tiempo mientras vivimos: «Así, tú que estás leyendo (mi epitafio), amigo, vive una buena vida, porque después no habrá ya ni risas, ni bromas, ni placer alguno». En Arles, Francia hay otra lápida que recuerda que: «Hasta a las guapas e inteligentes les espera la muerte». Parecido al también clásico epitafio: «Hoy yo, mañana tú» o a lo que cantaba Siniestro Total: *Como me ves te verás.* Incluso un actor, según señala maestro de los mimos (protagonista), en su lápida nos dice: «Tuve que morir muchas veces, pero nunca así», refiriéndose a las veces que había muerto en escena. Otro busca la sonrisa del viandante: «*fossor parce, hic iam cubat* / sepulturero aparta, aquí ya hay uno». Otro nos exhorta a disfrutar: «Amigo que lees (mi epitafio) te recomiendo que te juntes con Baco y te aconsejo que bebas». Una señora de Mérida nos exhorta: «Tú que lo lees desde ahí enfrente: ¡come, bebe, diviértete... y ven!». Otra mujer de Córdoba nos pide: «Tú que te paras a leer mi epitafio, ven a jugar conmigo». Era una dama de cincuenta y ocho años, no penséis mal que os conozco. No solo en tumbas, también hay copas en las que está grabado: «*bibe vivas multis annis*/ vive y bebe muchos años». Entre esta colección de consejos cabe perfectamente el refrán: «Lo que hayas de dejar al sobrino, bébetelo en vino». Luciano, resumiendo todo esto, dijo en el siglo II:

> «Acercaos, amigos, disfrutemos buenos momentos, comamos alegres mientras, breve, dura la vida. Empapados en Baco sea divertida la concordia. Lo mismo hicieron todos estos mientras vivieron: dieron, tomaron, mientras estuvieron, disfrutaron. Imitemos también nosotros los tiempos de los antiguos. Vive mientras vives, y no rechaces complacer en nada a tu espíritu, que un dios concedió».

Baudelaire dijo que: «Para no sentir el horrible peso del tiempo sobre tus espaldas, hay que embriagarse sin tregua. De vino, de poesía o de virtud, lo dejo a tu elección. Pero embriágate». Está claro que hay una relación entre vivir de manera precaria y el miedo a morir, entre el templo y la taberna, entre la creencia y el disfrute de la vida. La vida es corta y absurda, mucho más para los romanos de la Roma under. Su único consuelo oscila entre la barra del bar y las supersticiones. Y ese consuelo, puede ser divertido, más en la taberna que en el templo, claro, y si no te va bien, siempre puedes escribir una maldición a tus enemigos. El caso es que hay una relación entre la iglesia y la *caupona* y no me refiero a los que beben religiosamente todos los días. Esos son esclavos, como los del capítulo próximo.

Me quedo con lo que pone en la pared del bar de mis amigos en la calle Sagasta en Cádiz: La casapuerta de Luisa: *vinum laetificat cor hominis*. El vino alegra el corazón de los hombres, como también se puede leer en la Biblia (Salmos 104, 15) y oye, si lo dicen las sagradas escrituras, por algo será…

IX

Esclavos del ritmo

«Los pájaros nacidos en la jaula creen que volar es una enfermedad»

Alejandro Jodorovsky, nacido en 1929

«Es la suerte, no la sabiduría, quien rige la vida»

Cicerón s. I a. C.

Existen en todo el mundo canciones llamadas "canciones de trabajo". Son composiciones que permiten seguir el ritmo mientras se lleva a cabo la faena que así resulta más llevadera y también canciones inspiradas en el propio trabajo. En algunos palos del flamenco, como por ejemplo las tarantas, las mineras o las trilleras, se puede reconocer este tipo de cante. En el sur de Estados Unidos, las canciones de trabajo las cantaban los esclavos y con el paso del tiempo esos cánticos dieron origen al blues, y el blues generó el Rythm & Blues y este evolucionó al Rock & Roll, término utilizado por primera vez en 1951. Resumiendo, que de los cánticos afroamericanos de los esclavos de la Confederación, terminó surgiendo toooda la música que la juventud ha bailado desde Elvis hasta ayer por la tarde. Cuando Mecano grabó *El Blues del esclavo* en 1989, sabían lo que hacían. Todo viene de ahí, lo que supongo que es una paradoja, que los descendientes blancos de los esclavos africanos terminaran bailando y cantando como locos música de origen negro. Me gustaría poder saber qué música habría podido evolucionar desde las "canciones de trabajo" de los esclavos de la época romana... Una especie de rockafroceltaturcogriego... En fin, nunca se sabrá. Larga vida al rocanrol. Pero hablemos de esclavos y no de música...

Antes de meterme en camisa de once varas, quería dejar por aquí la maravillosa frase de Anna Frank, que de eso de vivir con miedo como una esclava supo mucho en su corta vida: «Las personas libres jamás podrán concebir lo que los libros significan para quienes vivimos encerrados». Ojalá este libro signifique algo para alguien que lo lea y ojalá llegue a alguien que esté encerrado y le sirva para pensar en otros sitios, en otros tiempos y en gentes que también lo pasaban mal, pero que amaban y tenían esperanza. Que sirva para pensar en libertad.

Y ahora que he dejado por aquí esta maravilla de pensamiento de Anna Frank, víctima de bárbaros en el siglo pasado, vayamos a la tarea.

Como es habitual en mí, voy a comenzar siendo muy poco correcto políticamente. Los esclavos "modernos" de los siglos XV a XIX de los países cristianos no llegan por ciencia infusa ni traslación a Europa y sobre todo a América. Los esclavos son capturados en el interior de África, allí donde ningún hombre blanco se atrevió a penetrar hasta no hace mucho. En ese interior, una tribu negra captura a otra, la esclaviza y la envía a las costas donde, allí sí, son cargados en barcos de "hombres blancos" que trasladan y venden a su vez en destino a esos hombres negros capturados y esclavizados por otros hombres negros. Sin los primeros, sin los productores, se vendría abajo toda la industria esclavista. (También sin los compradores). Si no se produjera droga en unos países, no podría transportarse ni venderse en otros. Si nunca se hubiera producido, transportado y vendido, nadie la conocería ni sería adicto a ella. Lo que quiero decir es que no hay ninguna raza libre de haber esclavizado en algún momento de la Historia a su vecino. Ahora nos rasgamos las vestiduras y cancelamos a próceres blancos de otros siglos, por haber hecho lo que todos sus contemporáneos hacían: tener esclavos. No podemos derribar las estatuas de los jefes tribales que capturaban a estos miles de sus vecinos para esclavizarles, porque ni se sabe cómo se llamaban, pero eran ellos los que alimentaban esta rueda. Tampoco nadie se mete con los aztecas o con los musulmanes...

Los esclavos de la antigüedad no son un invento romano. Nótese que la misma palabra casi universal: "esclavo", en inglés slave, no es romana, sino que tiene su origen en el latín medieval *sclavus*, que viene del griego sklabenos y era como se llamaba a los eslavos (slověninŭ), raza o pueblos habitantes de una hipotética Esclavonia (¿Eslovenia?, ¿Eslovaquia?), cuyos habitantes son los que fueron principalmente esclavizados por los musulmanes durante la Edad Media a partir de que en el siglo x se prohibiera vender esclavos cristianos a los musulmanes. Como los sklabenos no eran cristianos... no problemo, así que ancha es Rusia y numerosos los eslavos. Entonces y hasta hoy mismo, a pesar de que está nominalmente prohibido, todos los Estados musulmanes han sido tan esclavistas como los países europeos, si no más. En la Edad Media, esclavizaban a los eslavos que les vendía Venecia, que así es como sufragó su preciosa ciudad tan mojada y también se hacían con esclavos a través de, por ejemplo, razzias en la Hispania Cristiana, como la toma de 3.000 esclavos cristianos en Lisboa por el almohade Abu Yúsuf Yaacub en el año 1189. Con respecto a la América precolombina, se discute si algunas civilizaciones, como la sangrienta mexica no utilizaban la rueda que conocían, precisamente por una superabundancia de esclavos que la hacían innecesaria. Quien esté libre de pasado esclavista, que tire la primera cadena...

La cristiandad abolió en sus territorios la esclavitud... de los cristianos, pero no la de los no creyentes. Habría que esperar siglos. De hecho todavía en 1778, el reverendo Thomas Thompson, calvinista, como calvinista era la Sudáfrica del Apartheid, escribió un libro cuyo solo título no tiene desperdicio: *Demostración de cómo el mercado africano de esclavos negros es congruente con los principios de la Humanidad y las leyes de la religión revelada*. Lo dicho, el esclavismo que justificaban hasta hace cuatro días los anglos, ahora nos lo echan en cara a los demás. Bárbaros.

Las incursiones de piratas berberiscos eran tan jevys que todavía decimos lo de si hay moros en la costa y, por ejemplo, en Andalucía, gran parte de las poblaciones son de interior para evitar en la medida de lo posible el ataque y secuestro desde el mar. Por eso hay un Mijas pueblo y un Mijas costa, una Benalmádena pueblo, en la montaña, y otra Benalmádena, moderno, en la playa, etc. Por eso hay una torre vigía a cada tantos palmos, para defender y para avisar de las incursiones enemigas cuya primera intención era la de capturar cristianos para esclavizarlos. A partir del siglo XVI, los países musulmanes comenzaron a comprar también esclavos subsaharianos y se calcula que importaron entre once y dieciocho millones de personas. En Norteamérica, incluyendo Cuba, se calcula que fueron importados unos diez millones. Todavía en 2014 doscientas sesenta niñas secuestradas por islamistas fueron vendidas en el norte de Nigeria como esclavas. Se calcula que en Sudán hay hoy más de 35.000 esclavos cristianos capturados sobre todo en el transcurso de la segunda guerra civil sudanesa que terminó en 2005. En ese país, por cierto, está en vigor la Sharia, o ley islámica que permite la esclavitud de los no creyentes. Su gobierno afirma que «el esclavismo (en Sudán) es producto de las guerras entre tribus sobre las que no tiene control». En Kahrtoum, la capital del país, al-Zubair Pasha Rahma, un gran esclavista de principios del siglo XX tiene una calle en su honor. La diferencia entre este y, por ejemplo, Thomas Jefferson, es que Thomas tenía esclavos, pero hacía otras cosas; en cambio el de Khartoum era un mercader de esclavos, y lo consideran digno de una calle en la capital. Y nadie dice nada.

En agosto de 2014 en Irak, el Isis tomó la ciudad de Sinjar. Los varones yazidíes fueron asesinados y cerca de cinco mil mujeres y niñas fueron esclavizadas por los islamistas. No es raro. Muchos islamistas en todo el mundo están de acuerdo con la fatwa del wahabí saudí Saleh al-Fawzan, quien dictaminó en el año 2003 que:

> «La esclavitud forma parte del islamismo. La esclavitud forma parte de la yihad, y la yihad durará tanto tiempo como el islam».

En fin, todo esto es simplemente para que a la hora de mirar por encima del hombro a los romanos por haber sido una sociedad esclavista, lo hagamos con más humildad, porque todas las sociedades y religiones han sido o, peor aún, son todavía esclavistas en el mundo, y no veo ni espero ver en nuestras calles manifestaciones contra la esclavitud en el mundo islámico, por ejemplo.

Los romanos llamábamos a los esclavos *servi*, siervos, palabra cuya etimología parece venir del verbo *servare*, salvar, en el sentido que se refiere a los prisioneros de guerra salvados o conservados, no ejecutados vaya, por orden del general victorioso. Estos "salvados" serían *captivos* (cautivos) que se acostumbraba vender, ya que al ser derrotados habían perdido todo, hasta su libertad y, por supuesto, todos sus derechos. Son propiedad del vencedor y el general es tan dueño de ellos como de su espada. Ya no son personas, son, como dijo Varrón en el siglo I a. C.: *instrumentum vocale*, herramientas parlantes. Bueno, Cicerón dijo que «nuestros pensamientos son libres». Qué cachondo.

Para el jurista romano Florentino, que posiblemente vivió en el siglo III, la esclavitud «es una institución contraria a la naturaleza». Lo que no quiere decir que esté Florentino contra la esclavitud, sino que la considera una institución que no existe en la naturaleza, sino que es propia del Derecho de Gentes. Ulpiano, a principios del siglo III, por ejemplo, afirma que: «Para el derecho civil los esclavos no son nadie, lo que no alcanza al derecho natural, según el cual todos los hombres son iguales». Es decir, que la libertad sí es el estado natural del hombre pero…

En Roma la libertad se define en oposición a la esclavitud. Eres libre solo si no eres esclavo, pero esa libertad es una facultad del hombre, una capacidad, como la de hablar o pensar. Esa facultad: la libertad está limitada de facto por la violencia y *de iure* por la ley. Si eres libre, pues tampoco puedes hacer lo que te dé la gana, las leyes te limitan esa facultad. Cicerón decía: «La libertad consiste en el derecho». Y después: «Somos esclavos de las leyes para poder ser libres». Las leyes son las que hacen a todos iguales ante la Justicia, sino regiría la ley del más fuerte y nadie sería libre. Y aunque seas libre y haya leyes, alguien puede violentamente obligarte, aunque sea contra derecho, a hacer algo que no quieras, como a darle la bolsa o la vida. Es un poco complejo pero todos fuimos born to be free naturalmente y algunos somos esclavos, porque perdimos de alguna manera legal esa facultad. Y la libertad, quienes mejor la conocen son los que la perdieron. En el *Digesto* se recuerda: *Libertas omnibus rebus favorabilior est*. La libertad es más favorable que todas las cosas. Los esclavos, aun no siendo libres, están sujetos a la ley (más sujetos que nadie) y también pueden actuar violentamente, luego conservan de algún modo, la posibilidad de actuar. Lucano el poeta cordobés del siglo I dijo aquello de:

> «Las espadas se os concedieron para que nadie tuviera que ser esclavo».

Sí. Los romanos éramos esclavistas. Lo reconozco. Pero hombre, no se puede juzgar lo que pasó hace dos mil años con ojos de hoy. Fuimos esclavistas como todos los pueblos antiguos. La diferencia es que de esclavo en Roma, en ciertas circunstancias se podía ascender a libre y en cambio en el resto de sociedades esclavistas, incluyendo la que proponía la Iglesia Cristiana, pues como que no. San Pablo en su primera carta a Timoteo (1 Tim. 6: 1) dice que:

> «Todos los que estén bajo el yugo de la esclavitud consideren a sus dueños como dignos de todo respeto».

No veo que diga nada de liberación ni igualdad ni abolición ni de nada contra la esclavitud. Más bien dice lo contrario. También otra vez, en Filipos (Macedonia) en *Hechos de los Apóstoles* (16:16) se dice:

> «Aconteció que mientras íbamos a la oración, nos salió al encuentro una muchacha que tenía espíritu de adivinación, la cual daba gran ganancia a sus amos, adivinando (...), mas desagradando a Pablo, éste se volvió y dijo al espíritu: Te mando en el nombre de Jesucristo, que salgas de ella. Y salió en aquella misma hora. Pero viendo sus amos que había salido la esperanza de su ganancia, prendieron a Pablo y a Silas y los trajeron al Foro, ante las autoridades».

Tampoco veo que aprovechara para liberar a la chica, sino que, quitándole el don de la adivinación, le quitó su medio de trabajo y fastidió también a sus dueños que vivían de las adivinaciones de esta pitonisa esclava. Por cierto, que tampoco niega que de verdad adivinase el futuro.

No fue sino hasta 1840, cuando una encíclica del Papa, en este caso Gregorio XVI que la Iglesia Cristiana criticara la trata de esclavos. Y os prometo que en 1840 el Imperio romano ya no existía para desgracia del mundo. Lutero, por su parte, decía que el hombre no era libre, que «o bien era esclavo de Dios o esclavo de Satanás». Y de hecho los protestantes abrazaron el esclavismo alegremente, en Norteamérica desde que se bajaron del Mayflower hasta más allá de mediados del XIX. De hecho, los abuelos de todos estos del Black Lives Matter, por su origen calvinista se consideraban un pueblo elegido y privilegiado por Dios y América era su "tierra prometida", por lo que tenían derecho divino a exterminar a quien ya viviera en esas tierras y por supuesto a tener esclavos para trabajarlas. Cuando un americano os diga que Roma era un Estado esclavista hace dos mil años, recordarles lo que eran ellos hace solo ciento y pico. Y de paso, recordarles que los negros no fueron considerados ciudadanos norteamericanos hasta 1924, ni pudieron ir a la Universidad allí hasta 1963, ni pudieron casarse con un blanco o blanca hasta 1967. La primera mujer negra que ganó un Óscar, Hattie McDaniel, por su papel (de esclava o criada) en *Lo que el Viento se Llevó* (1940) falleció en 1952 y el cementerio de Hollywood Forever se negó a enterrarla allí porque era negra. Lecciones de los norteamericanos, las justas señorita Escarlata…

Vayamos un poco más atrás. Aristóteles también justifica la esclavitud como algo natural. El filósofo considera que: «El esclavo es inferior al ciudadano o al hombre libre, porque es un "instrumento viviente" que posee una racionalidad elemental, incapaz de tener autonomía en sus decisiones». Lo que viene a indicar, según este, la poca cabeza de los esclavos, como si les faltara un hervor, que si no fueran simples no serían esclavos. Vamos, que son untermenschen, como dijo el otro listo del bigotito breve. Los estoicos muchos siglos después de Aristóteles, pero antes del nazismo, todavía decían en boca de Cicerón que «Todos los tontos son esclavos» o lo que es lo mismo, «solo el sabio es libre». Para los estoicos, todos los hombres salvo los sabios son esclavos de sus pasiones; de la codicia, de la ambición, de la ira, de la lujuria, vamos, que el que no es sabio es tonto y además esclavo de los placeres. No sé quién reparte los carnés de sabio, pero es muuu tonto. Qué fácil resulta hablar de filosofía cuando se tiene la tripa llena y sabes que no te va a faltar de nada nunca. Comparar un esclavo de verdad con el hombre "esclavo" de sus sentidos es, cuando menos, para que los de la Roma under, y especialmente los esclavos, te líen la de Espartaco como poco.

Cuando Marco Tulio Cicerón fue gobernador en Bitinia, hubo una revuelta que le llevó a sitiar nosequé ciudad. Cuando fue asaltada, Cicerón entregó todos los despojos a sus soldados menos a la población, que iba a ser vendida como esclava por no haberse rendido. Escribió el 19 de diciembre del 51 a. C. a su amigo Ático diciéndole: «Mientras te escribo, tengo ciento veinte mil sestercios en la plataforma». Ni cuenta ni dice cuántos cautivos tiene. Son, para él, simplemente pasta. Mucha pasta.

Pero Cicerón no consideraba iguales a todos los esclavos; Marco Tulio Tiro, su secretario al que manumitió en su testamento, no solo ayudaba a su dueño en sus negocios, sino que corregía sus libros y cartas e inventó un sistema de taquigrafía que es el precursor de la que todavía se utiliza en el Congreso, por ejemplo. En Roma no existía ningún estigma que indicara que los esclavos no podían tener una muy alta capacidad intelectual, aunque en la teoría y filosóficamente no se les considerara muy listos. En ese sentido, el esclavismo romano es muy distinto del moderno o colonial, que solo considera al esclavo capaz de los trabajos más básicos y animalescos y que bajo ningún concepto lo considera útil para nada que suponga un trabajo intelectual por nimio que sea. El alcalde de Barcelona en 1899, Bartolomé Robert y Yarzabal, que todavía tiene una estatua en una plaza del ensanche barcelonés, opinaba públicamente que: «Los negros se parecen a los monos por el cráneo comprimido». En fin. Menos criticar a Colón y más a racistas como este.

Se conserva a través de Tito Livio una antiquísima forma de rendición, la que tiene lugar entre los colatinos y Tarquinio Prisco, el quinto rey romano (*Rex* de 616 a 578). Los colatinos eran los habitantes de la antigua ciudad de Collatia a unos dieciséis km. de Roma hacia el Este. La fórmula no deja dudas en cuanto a que todo, pero todo, por supuesto incluyendo las personas, pasa a propiedad de los vencedores romanos. Collatia nunca más fue mencionada en la Historia:

> «El rey preguntó: ¿Sois vosotros delegados y parlamentadores enviados por el pueblo colatino para entregaros a vosotros y al pueblo colatino? —Lo somos. —¿Os entregáis vosotros y el pueblo colatino,

la ciudad, los campos, el agua, los términos, los santuarios, las herramientas, todo lo divino y lo humano, bajo la autoridad mía y del pueblo romano? —Nos entregamos. —Y yo os recibo».

Séneca opinaba que los esclavos tenían alma, como las demás personas, y plantea que un esclavo «aun cuando su cuerpo pueda ser comprado y puesto bajo el poder del amo, su alma, aún presa del cuerpo, jamás puede ser apropiada por este», y de esa conclusión deduce que hay que tratar bien a los esclavos, que «han sido colocados bajo nuestra protección más que habérsenos asignado como sirvientes». Vamos, que se puede comer con ellos, hablar con ellos, vivir amigablemente y tratarles amablemente, pero en ningún caso dice: ¡liberarlos!

Pero no porque Séneca fuera un mal tipo, sino porque ese concepto, el abolicionismo, no existía en absoluto en la antigüedad. Cuando la revuelta de los esclavos en Sicilia en el 135 a. C. o la más famosa por Kirk Douglas o Espartaco en el año 73 a. C., ni Espartaco ni su tía querían o pretendían abolir la esclavitud, lo que buscaban era, ellos, escapar de su condición de esclavos, pero tampoco se les pasó por la cabeza que sería bueno que la esclavitud no existiera. No luchaban por LA Libertad, luchaban por SU libertad. Que tampoco hubiera casi revueltas de esclavos (tres y todas durante la República) nos da una idea de lo asumida que estaba la institución en la antigüedad. Sobre todo si tenemos en cuenta que uno de cada tres habitantes de Italia y, tal vez, uno de cada cinco en el resto del Imperio, eran esclavos.

Luciano de Samosata también decía que: «Igual al cuerpo del esclavo al nuestro es e iguales son las almas». Conceptos éticos que avanzan en la humanización del esclavo, pero no en pensar que deba dejar de serlo. El esclavo es como nosotros, nosotros podríamos ser como él. A veces, es una cuestión de suerte o de haber nacido "en la cara buena del mundo" como cantaba Pau Donés en 1996 en su *El lado oscuro*:

> «Puede que hayas
> nacido en la cara buena del mundo,
> yo nací en la cara mala, llevo la marca
> del lado oscuro».

En el *Satyricon* el liberto Trimalchio explica: «Amigos, los esclavos también son hombres; han mamado la misma leche, aunque hayan sido víctimas de un triste destino. Sin embargo, si tengo salud, los míos pronto beberán el agua de la libertad. En todo caso, los dejo libres a todos ellos en mi testamento».

Volviendo a Aristóteles y su siglo IV a. C., este hombre también decía que sí: «Las lanzaderas tejieran solas y los plectros tocaran la cítara, los constructores no necesitarían ayudantes ni los amos esclavos». El plectro es con lo que se tocaba la cítara, igual que con el arco se toca el violín. En cualquier caso, esa frase debería de haber provocado que la industrialización de la producción hubiera terminado con la esclavitud, pero me temo que no. Vamos, que tampoco. En Cuba, por ejemplo, no se terminó con la esclavitud hasta 1886 y donde trabajaban la mayoría de los esclavos era en los "ingenios" industrias azucareras que a la superficie dedicada al cultivo de la caña, sumaban los molinos o trapiches y los demás artefactos del demonio destinados a extraer el jugo de la caña y obtener la sacarosa cristalizada de manera más o menos automatizada.

El caso es que para el filósofo griego: «Si la naturaleza nos permite decidir si un hombre debe ser esclavo, no solo éste no puede quejarse de su situación, sino que además la esclavitud es para él lo más apropiado». Según esto, para el esclavo su estado de esclavitud es «conveniente y útil» cuando es esclavo por naturaleza. Si esto fuese posible, la esclavitud sería la situación natural de ciertos individuos, born to be slaves, nacidos para ser esclavos. Para Aristóteles igual que hay hombres nacidos para mandar y otros para obedecer, hay hombres nacidos para ser esclavos. Incluso llega a afirmar que los cuerpos fuertes de los esclavos, en comparación con los de sus fofos dueños, útiles solo para la vida filosófica, contemplativa o política, demuestra que unos, los fofos y ricos, son libres por naturaleza mientras que los fuertes son esclavos y que para ellos, el ser esclavos es «conveniente y justo». Bueno, mientras no se den cuenta que son más y que los dueños son unos blandis... entonces, ya veremos... De todas formas, leyendo estas cosas, me extraña que se considere superguay a Aristóteles durante tantos siglos, cuando resulta un poco trasnochado en sus definiciones y en sus opiniones. Gracias a la Escuela de Traductores de Toledo, el aristotelismo se dio a conocer en Europa, ya que desde la división del Imperio romano, las obras de Aristóteles se habían conservado solo en Bizancio. El descubrimiento de este pensador en Occidente, irradió la llamada Baja Edad Media convirtiéndose el aristotelismo a través de Santo Tomás de Aquino y de San Alberto Magno entre otros, hasta en doctrina de la Iglesia Católica.

Se supone que el propósito de los esclavos en su vida, desde el punto de vista del dueño claro, era que los amos estuvieran satisfechos con el trabajo de sus esclavos ya fuera en las granjas cuidando el ganado o recogiendo la uva, en las minas deslomándose para sacar plata o lo que fuera, en los burdeles, acostándose por dinero para que el dinero no fuera para el trabajador sino para su amo o trayendo agua de la fuente o peinando a la Domina o sacando brillo a la vajilla. Lo que se le encargara. Mientras el amo estuviera satisfecho del trabajo del esclavo, la paz reinaba en el mundo. Si no, el dueño tenía todos los medios a su alcance para castigar o incluso matar al esclavo, que en las minas de todas formas, no duraba mucho. En cualquier caso, como decía Simone de Beauvoir: «El esclavo que obedece escoge obedecer». Algunos esclavos obedientes, gracias a sus conocimientos, trabajo duro o belleza, si estaban cerca de sus dueños podían mejorar mucho su situación, incluso hasta llegar a ser libres de nuevo. Una esperanza para cualquiera. La *familia* (palabra latina) en Roma estaba conformada por todas las personas y animales que estaban bajo la *patria potestas* del *pater familias*, incluyendo en esta familia a sus esclavos. El *Dominus* o señor era el jefe (con permiso de su señora), además de sacerdote familiar e incluso juez para los asuntos domésticos.

En el mundo romano había muchas maneras, demasiadas, de convertirse en esclavo. Los hijos de los esclavos eran esclavos, los prisioneros de guerra eran esclavos, los habitantes, especialmente mujeres y niños de las ciudades conquistadas, eran esclavos, los niños expuestos al nacer podían convertirse en esclavos, los capturados por piratas eran esclavos, durante una época los condenados por deudas eran esclavos, incluso podías ser casi esclavo si firmabas como gladiador voluntario; y también, si eras un griego culto de algún pueblo seco y miserable de Grecia, pero tenías buena pinta y sabías lo suficiente de gramática y retórica, podías venderte a ti mismo como esclavo y entrar a ser el profe de una buena familia en Roma (como hizo el autor Livio Andrónico en el siglo III a. C.). En este caso, tenías ahorros, casa y comida y, además, se te abonaría un *peculium* con el que podías seguir ahorrando y, en el caso que no te manumitieran cuando ya no necesitaran profe, podías de nuevo comprarte a ti mismo y volver a ser libre. Vamos, como un plan de pensiones. De Córdoba, conocemos un Domicio Isquilino, maestro de gramática, griego, que murió a la extraordinaria edad de 101 años, y que podría ser un ejemplo de esclavo que se vende, ahorra y se jubila libre. En el *Asno de Oro*, Apuleyo menciona también a dos hermanos esclavos, dueños del prota Lucio, cuando está transformado en asno y se indica que «acumulaban ahorros», tal vez con la intención de comprar su libertad en un futuro... y llegar a ser tan mayores como el gramático de Córdoba.

Juvenal nos cuenta, un poco sin querer, los oficios especializados que suelen llevar a cabo los esclavos griegos en Roma y lo bien que los llevaban a cabo: «¿Te das cuenta de lo que es un griego? Gramático, retórico, geómetra, pintor, masajista, adivino, médico, saltimbanqui, mago... Subir hasta el cielo puede si le conviene, el griego hambriento sabe todos los oficios. No era tracio, ni sármata el que se puso dos alas para volar; había nacido en el corazón de Grecia».

Una antigua ley romana permitía el *nexum*, un contrato formal en el que el deudor podía literalmente ser propiedad de su acreedor. Estuvo en vigor solo hasta el cuarto siglo antes de Cristo, cuando se liberó a todos los que fueran esclavos por ser *nexi*. Si el deudor se había retrasado más de treinta días en el pago, el acreedor podía detenerle y obligarle a una especie de arresto domiciliario. Todavía era libre pero ya no tenía libertad ambulatoria o de pirarse, vaya. Si pasados sesenta días desde el momento en el que era atrapado nadie había abonado la deuda, entonces el deudor se convertía en esclavo y podía ser vendido como tal en el otro lado del Tíber. Al otro lado del río, vaya. También existían ciertas maneras de servidumbre, sin llegar a la esclavitud pero supongo que andando no muy lejos, que permitían, digamos, alquilarte por un tiempo a cambio de pasta, como se ve en este contrato egipcio del tercer siglo a. C.:

> «Arkas de Alejandría, Taktomisthos de la caballería ha dejado cuatrocientos dracmas de bronce a Python, hijo de Apolonio, tracio, sin

> interés, bajo la condición de que Python permanezca con Arkas por diez años comenzando en el mes de septiembre, haciendo lo que se le diga que haga».

No, era Python pero no era de los Monty Python. También se podía hipotecar o dejar como garantía una persona a cambio de un préstamo, como en este contrato egipcio del 6 de julio del año 172 a. C. entre dos griegos, conservado en la Universidad de Michigan: «En el reinado de Ptolomeo, hijo de Ptolomeo (...) Theokles hijo de Euboulides, macedonio del epígono, ha prestado a Aristokles, hijo de Heracleides, corintio del epígono, tres talentos y setecientos ochenta dracmas de bronce al interés de dos dracmas por mina por mes (24% N. del A.). Aristokles repagará a Theokles el préstamo anteriormente dicho más el interés debido al décimo año en el mes de noviembre. Si no lo paga, tendrá que pagar como pena el total del préstamo más los intereses, más el 50% del total al interés simple. Y Theokles tendrá derecho a ejecutar la fianza de Aristokles. La fianza para el pago del préstamo es Megisto, hija de Nikostratos, mujer persa, actuando Aristokles como su guardián y marido».

Conocemos al menos dos mercados de esclavos en Roma, uno cerca del Templo de Castor y Pólux, en el Foro y otro en la *Saepta Iulia*, en el Campo de Marte. Allí, como en *Los Laureles del César*, los esclavos eran expuestos y vendidos al mejor postor subidos a una plataforma y con su precio indicado en una tablilla colgada de su cuello, como una etiqueta. Se conserva una jarrilla de cerámica con forma de una esclava negra con cartel de precio y todo. Una muestra de mal gusto que tira pa'tras, que se puede contemplar en el British Museum. Los vendedores debían indicar el origen (*natío*) de sus esclavos, características, carácter y comportamiento, salud... Los esclavos podían animar a los compradores o legalmente intentar no ser comprados por quien les estuviera examinando desanimándolos: —no me elija a mí, hombre, que no le voy a durar nada y estoy malito... y cosas así. La ley señalaba que si una mujer esclava estaba en venta, su vendedor tenía que especificar si era capaz de tener hijos, si había dado a luz alguna vez y si menstruaba regularmente. Los vendedores también tenían que indicar si el esclavo o esclava había intentado alguna vez suicidarse o escapar.

Se supone que según su nacionalidad, se podía esperar que los esclavos fueran más especialistas o más propensos a uno u otro trabajo. Los y las egipcias se creían más propensas al sexo, los griegos a trabajos intelectuales... Cuando César hizo sus primeras excursiones a Britania, Cicerón se reía en una carta a su amigo Ático, en noviembre del 55 a. C. diciendo de los cautivos bretones que «pienso que no esperarás que ninguno de ellos sea versado en literatura o música». Si hubiera sabido que de Britania vendrían Shakespeare o los Beatles seguro que habría estado menos chistoso.

Nos parece inimaginable pensar lo que debía de sentir uno de estos esclavos, arrancado de su familia, poblado, tierra y cultura y ofrecido medio desnudo, con el precio expuesto, atado, en el mercado romano de esclavos. Para nosotros es incomprensible pero para ellos, no siendo normal, no resultaba tan, tan extraño, ser convertido en esclavo era una posibilidad. La vida era más cruda.

Apuleyo en el *Asno de Oro*, novela que no deja de ser una metáfora sobre la vida del esclavo en la que Lucio, convertido en asno sufre todo lo que un esclavo sufriría, en uno de los capítulos nos cuenta lo que sería ser vendido en el mercado, como le pasa al asno-Lucio: «Un pregonero con grandes voces nos comenzó a pregonar, pidiendo su precio por cada uno. El caballo y otro asno fueron comprados por unos mercaderes ricos; pero a mí solo, casi desechado, todos con fastidio me dejaban y pasaban; ya estaba yo muy enojado de los que allí estaban, que todos me palpaban las encías, queriendo saber y contar de mis dientes la edad que había; y con este asco, llegando a mí uno que le hedían las manos, sobando muchas veces mi boca con sus dedos sucios, dile un bocado en la mano, que casi le corté los dedos; lo cual espantó tanto a los que allí estaban alrededor, que ninguno me quiso comprar».

La cuestión de raza y esclavitud en el mundo romano es compleja. Al principio o en principio, se supone que los esclavos son extranjeros. De hecho, son los extranjeros: Galos, bretones, germanos, negros, griegos, tracios o dacios, son fácilmente distinguibles de los romanos. Pero en las guerras con otros pueblos italianos también se habían capturado romanos... como vimos que ocurrió con los colatinos... En cualquier caso, conforme pasa el tiempo, muchos de estos esclavos son manumitidos, se convierten en libertos y sus hijos en ciudadanos de pleno derecho, componiendo una ciudad de ciudadanos que igual que los emperadores serán hispanos, libios, sirios o dacios, de donde fueran. Los ciudadanos romanos *sui iuris*, de derecho propio, compondrán un crisol de razas y Roma sería un lugar tan cosmopolita como Londres en los ochenta. Aunque los esclavos eran considerados lo peor de lo peor socialmente e inferiores a los más inferiores de los ciudadanos libres, no eran considerados racialmente inferiores. Eran considerados inferiores por ser esclavos, no por ser pelirrojos, por ejemplo. El racismo, a pesar de la xenofobia que destila Juvenal en sus sátiras, no es romano. Como siempre digo: los romanos nacemos donde nos da la gana. Y añado y tenemos el color que los dioses nos han dado.

Que te capturaran en una guerra suponía que fueras esclavizado, especialmente durante la República, por eso las *nationes* de los esclavos fueron variando según la guerra de turno. La *Pax Augusta* supuso una pausa en el continuo flujo de esclavos (con notables *exceptiones*), pero no disminuyó el mercado de importación, centralizado en Delos y en Éfeso, que traía mercancía humana de todos los rincones de África, Asia menor, Escocia, Irlanda… Los negros eran muy apreciados por la perfección de su cuerpo, casi escultórico, y su color cercano al púrpura. Se publicaron auténticos tratados sobre cómo sacarle más partido a tus esclavos o cómo acertar en tu compra si vas a comprarte a alguien. Marco Terencio Varrón, en el siglo I a. C. en su *Manual de Agricultura,* Aconsejaba sobre las clases de esclavo que había que comprar para los distintos trabajos de la granja y, de paso, decía cómo evitar que te la colaran en el Mercado de Esclavos. Primero y fundamental: recordar de dónde eran los esclavos que ya tenías para no comprar, en la medida de lo posible, mucha gente del mismo sitio, que luego hacen cuadrillita y te la lían. Si quieres comprar pastores o gente para cuidar tu ganado, elige galos y evita los bastetanos y los túrdulos, íberos ambos. Si buscas mujeres como compañeras de tus pastores, «harás bien en considerar esclavas de Iliria (balcánicas), porque estas mujeres son fuertes y no lucen enfermizas, y en muchos puestos pueden también trabajar como hombres».

Resulta absolutamente chocante la manera en la que habla de seres humanos como si fueran cosas, pero es que para ellos eran cosas. Catón el censor decía que: «Los esclavos deben de trabajar o dormir». Qué simpático este hombre... También explicó la manera de turnar a los esclavos para que fueran más productivos sin llegar a desfallecer y recomienda que si caen enfermos o llegan a viejos, sean vendidos. Vamos, un cielo de persona. De todas formas, igual que a todos los cerdos les llega San Martín, a este le llegó su némesis en forma de mujer. Te cuento: Marco Porcio Catón, que así se llamaba este alegre carca, se había casado en primeras nupcias con Licinia, mujer de la rica familia plebeya del mismo nombre. Con ella tuvo a su primogénito Marco Porcio Catón Liciniano, quien llegó a pretor. Cuando su señora Licinia falleció, Catón se consoló y terminó enamorándose de una de sus esclavas, la hispana Salonia, con quien tuvo otro hijo: Marco Porcio Catón Saloniano. Su primer hijo le afeó que siendo tan moralista hubiera tenido un hijo con su esclava. Así que Catón el censor, entonces, ni corto ni perezoso, la manumitió y se casó con ella. El escándalo en el siglo II a. C. fue mayúsculo. La moraleja de la historia es que la rama "fina" de la familia desapareció de la Historia y del mundo, mientras que la descendencia de su esclava fructificaría y todavía es recordada; Salonia fue bisabuela de Catón de Útica, el Catón más famoso, enemigo de César, y fue también tatarabuela de la famosísima Porcia, quien se casó con el patricio Marco Junio Bruto, uno de los asesinos de César. La descendencia de Catón el grande, el esclavista, el gran censor, el que dijo de las mujeres: «¿Crees que será más fácil convivir con ellas si les permites alcanzar la plena igualdad? En absoluto, cuando alcancen la igualdad, serán nuestros amos...».

Su prole, que se j..., proviene de su mujer esclava.

El precio de un esclavo en Roma variaba considerablemente, dependiendo de la edad, sexo y habilidades del individuo en cuestión. Parece que a finales del siglo I de nuestra Era, un esclavo normalito costaba unos 2.000 sestercios, cuando el sueldo de un soldado eran unos 1.200 al año. Cuando César regaló un esclavo a cada uno de sus soldados en la guerra de las Galias, les hizo un regalazo. De todas formas, los esclavos "profesionales" costaban mucho más; el gaditano Columela nos dice que un esclavo especializado en el cultivo de viñas costaba por lo menos 6.000 sestercios. Si solo podías permitirte un esclavo, se solía preferir una mujer, aunque se sabe de ricos que tenían más de cuatrocientos esclavos en el siglo I, y solo en su casa, sin contar otras propiedades.

Conocemos el nombre de al menos un tratante de esclavos, Aulos Kapreilios Timotheos, cuya lápida apareció en la parte europea de la moderna Turquía. Entre los relieves de la lápida aparece claramente una fila de esclavos. Aunque socialmente no estuviera bien visto, Kapreilios estaba orgulloso de su trabajo, que de hecho le había hecho rico como para construir este gran monumento funerario. El breve epitafio dice su nombre, que era liberto y que comerciaba con esclavos. Me pregunto si en el infierno él es esclavo de los que vendió en vida o si le perdonaron porque era producto de su tiempo. Total, si hay esclavos, alguien tiene que venderlos y alguien comprarlos.

En el este de Sussex, en Gran Bretaña, encontraron un esqueleto (Jolines, la isla está llena de ellos). Técnicas forenses descubrieron en 2014 que se trataba de una señora de principios del siglo III, que murió con poco más de veinte años y que era de origen subsahariano. Enseguida todo el mundo empezó a decir que si se había descubierto el esqueleto de una esclava de tiempos romanos, claro, si era negra... para los anglos tenía que tratarse de una esclava ¿no? Pero resulta que un esqueleto (¿Otro más?, qué de cuantos...) descubierto en 1901 en York, patria del jamón de sándwich, y que había sido enterrado en un sarcófago de piedra con mogollón de collares de oro, pulseras de marfil y más cosas muy chulas, resultó, una vez analizado modernamente, ser también de otra señora negra..., una muy rica, de mediados del siglo IV. De hecho en el cementerio romano de Leicester, de 83 enterramientos, seis correspondían a romanos negros de Gran Bretaña, incluyendo uno nacido sin duda allí en la Isla. Hasta hace no mucho, se pensaba que el primer negro que había residido en UK era un tal Cornelio, que desembarcó, para pasmo de los pálidos ingleses, en 1593. Se da el caso, curioso pero real, que en Granada en 1556 obtuvo la cátedra de Gramática y Lengua Latina, un tal Juan de Sessa, también conocido como Juan Latino. Un negro que había nacido en Etiopia, esclavo de la hija del Gran Capitán, de Gonzalo Fernández de Córdoba, y del que se habla hasta en el Quijote. No era lo normal, pero aquí teníamos un catedrático negro 37 años antes de que los ingleses vieran a su primer africano negro en sus calles. Sobre esto sabe mucho más mi amigo Darío Madrid...

Los hijos de las esclavas eran esclavos a todos los efectos, aunque pudieran ser hijos "naturales" del dueño de la misma, ya que el sexo entre esclavos estaba restringido. Si la esclava fallecía de parto, perdía pasta su dueño, aunque si el niño o niña nacía, era propiedad del dueño de la madre. De todas formas, a estos chavales nacidos de esclava, llamados *vernae*, se les trataba de manera distinta a la de los esclavos comprados por ahí. Normalmente se les encargaba trabajos de más confianza y más cercanía a los miembros libres de la familia, con los que si eran niños no pasaba nada porque jugaran juntos, según se dice. Al fin y al cabo, habían nacido en la casa, eran domésticos, que es lo que significa esa palabra, "de casa". Se conserva una placa funeraria, posiblemente del siglo III, de Roma, de uno de estos esclavos nacidos en la casa, un *vernaculi*, de nombre Felix Tripeccius, un niño que nació y murió esclavo, criado en la casa donde su madre era esclava. En vida, nunca conoció la libertad.

Los esclavos podían tener propiedades e incluso otros esclavos, aunque realmente todo era del dueño. Los esclavos de confianza en las granjas eran llamados *villici*, singular *villicus*, capataz. Para que no se sintieran solos, se les asignaba una *villica*, otra esclava, normalmente joven y de buena salud que no fuera ni muy guapa ni muy fea, pero sí muy lista, porque será la encargada de la logística de la Villa, de la finca y señora de la casa. Catón el de antes dedicó el último capítulo de su libro a recomendar y hablar sobre las *villicae*, una figura de la que deberíamos aprender más para comprender mejor el papel de la mujer y su trabajo en el mundo rural antiguo.

Por otra parte, conocemos por sus lápidas los nombres de varios esclavos de esta profesión en España; una *villica* que fue enterrada junto con su *villicus* en el siglo I en Abdera (Adra, Almería), se llamaban Fausto y Suave y de su propio peculio edificaron una capilla en los terrenos que trabajaban. También conocemos un *vilicus* de Urso (Osuna, Sevilla), se llamaba Sardaeus y murió a los 53 años. Marcial, en un epigrama que señala lo poco que sus dueños disfrutan de sus Villas, resalta en cambio que para los esclavos que allí residen, el casoplón está disponible siempre, porque los amos ni están ni se les espera. Ya se sabe, cuando el gato no está, hacen fiesta los ratones: «¡Oh afortunados porteros y capataces (*villici*)!. Todo esto que se tiene a punto para los señores: a vuestra disposición está».

En la ciudad el equivalente al *villicus* era el *vicarius* (delegado), encargado de los demás esclavos. Se supone que en sus casas los ricos tenían esclavos encargados de estos trabajos: el administrador (*procurator*), intendente, mayordomo, contable, y el secretario (*amanuensis*) en cuanto a asuntos de negocios; el jefe de cocina (*coquus*) despenseros, cocineros y camareros para preparar las comidas; si había estudiantes: *paedagogus*, también mensajeros, lacayos para la litera, jardinero, barbero... y portero para la casa (*ianitor*). Dicen que en ocasiones el portero se ataba con cadenas... No lo veo práctico, otra cosa es que en algunas casas grandes solía tener que dormir en un cubículo junto a la puerta. Los esclavos domésticos no solían encadenarse, no queda fino y demuestra poca autoridad el que tengas que encadenarlos para que te hagan caso. La demostración de que no son considerados personas es porque se les conoce por su especialización, por el nombre del trabajo que desempeñan. Como si fueran electrodomésticos. Por cierto, "Janitor" se dice todavía en inglés a algo así como el portero, especialmente de una institución o escuela. Willie, el jardinero escoces de la escuela de los Simpson, es realmente el "janitor".

Plutarco nos cuenta la anécdota de un Senador, Pupio Pisón, que «ordenó a sus esclavos que no le hablaran bajo ningún concepto a menos de ser preguntados. Esa noche Pisón tenía una cena muy importante y su invitado de honor se llamaba Claudio (no me lo he inventado, lo juro). Esa noche fueron llegando todos los invitados menos Claudio. Pisón envió a su mensajero para averiguar dónde estaba –varias veces– pero Claudio no aparecía. Por fin Pisón le preguntó a su esclavo: ¿Le entregaste la invitación a Claudio? —Sí Dominus. —¿Entonces, por qué no ha venido? —Porque declinó la invitación, Dominus— ¿Y por qué no me lo dijiste antes? —Porque Ud. no me lo preguntó, Dominus».

Vamos que por listo, el anfitrión quedó en ridículo con su esclavo y con el resto de sus invitados... Ya podían estar esperando a Claudio, ya...

En lo que parece no caer nadie nunca es que aunque la romana fuera una sociedad esclavista, las demás que compartieron el mundo con nosotros también lo eran. E igual que en Roma había esclavos de otros sitios, en otros sitios había esclavos romanos. Menos, pero haberlos hailos. Una curiosa ley Cornelia de tiempos del Dictator Sila (81-80 a. C.) daba soporte jurídico a la captura de un soldado romano por el enemigo. Si eso ocurría, se suponía que es como si el soldado hubiera fallecido, eso sí, siendo ciudadano romano. Nunca como cautivo o esclavo. Si se daba el caso de que el romano esclavizado consiguiera huir y regresar a territorio romano o si fuera rescatado, debían serle devueltas sus propiedades, su estado de ciudadano y todo eso, como si hubiera resucitado. En lo único que no se reponía su situación era en su antiguo matrimonio. Si su ex seguía viva y queriéndole, podían casarse de nuevo. Si ella había rehecho su vida, ni modo. Su matrimonio había quedado disuelto.

A partir del siglo IV aparecen, sobre todo en Italia y el norte de África, collares y placas metálicas de esclavos con fórmulas parecidas a «sujétame si me he escapado y devuélveme a...». Los collares estaban soldados o eran imposibles de cortar por quien los llevara, indican dónde hay que devolver al fugitivo y la recompensa a cobrar. Está escrito el nombre y dirección del dueño, pero no el del esclavo, pa'qué. Su nombre no importa. Hay quien dice que este tipo de etiquetas metálicas, más parecidas a las que llevan nuestros perros que a lo que se merece una persona, surgieron porque Constantino prohibió tatuar a los esclavos fugitivos, a quienes antiguamente se les tatuaba en la cabeza si se habían escapado. Otra burrada. Ni idea. Lo que sé es que nunca hubo un movimiento abolicionista en Roma, ni siquiera capitaneado por los muchísimos y muy ricos libertos, que los había a puñados, a tenor de lo que presumen en las lápidas de serlo.

Salvo la manumisión, la única manera de dejar de ser esclavo, aparte de la muerte, era escapar. Por eso lo del collar, para hacerlo todavía más difícil... Eso sí, no era como en el Sur Confederado, el color de piel generalmente no era señal de que fueras esclavo, con lo que era más fácil mezclarse entre la multitud. Cicerón en sus cartas, gruñe y se queja de un esclavo que tenía, de nombre Dionisio, tan educado que supervisaba la biblioteca personal del orador (pero que pijo era este hombre) y por ello suponemos que no viviría mal. El caso es que escapó y, a pesar de todos los intentos y lo influyente que era Cicerón, nunca más se supo del hombre, que huyó para ser libre y cuya pista se perdió en los Balcanes...

Supongo que todos los esclavos intentarían escapar al menos en alguna ocasión, aunque su trabajo fuera tan tranquilo como el del bibliotecario de Cicerón. Si eran atrapados, podían ser incluso crucificados. Si eran testigos de cualquier crimen o delito, incluso cometido por un hombre libre, la ley estipulaba que había que someterles a tormento. Apuleyo nos habla de un esclavo abandonado por su dueño en la posada. El dueño era sospechoso de un robo, así que el esclavo, que no sabía nada, fue encontrado por la Justicia: «Lo mandaron echar en la cárcel como testigo que sabía de las maldades y consejos de su señor, y otro día, puesto a cuestión de tormento, que lo quebrantaron y desmembraron casi hasta llevarlo a la muerte, nunca confesó cosa alguna de lo que le preguntaban». Los textos que hablan de esclavos fueron casi siempre escritos por sus dueños y, como en todas las cosas, si el esclavo no se sale de la raya, no nos cuentan nada sobre ellos; solo reseñan cuando son considerados desleales, ladrones, perezosos, negligentes... De los trabajadores no se dice nada nunca. Una metáfora de lo poco que pintan los muchos esclavos de Roma, es un cuchillo hecho por un esclavo y encontrado en Londres. En el mango está grabada su marca, pero la Historia ha jugado con este pobre hombre, borrando incluso su nombre, de una pieza de artesanía construida orgullosamente por él mismo. En la pieza se lee: «Cuchillo hecho por P... esclavo de Basilio». Qué cabrona la eternidad.

También había "esclavos públicos": los municipios y Roma contaban con un cuerpo de "funcionarios" de propiedad colectiva encargados de los trabajos de mantenimiento de la vía pública, de la retirada de cadáveres de pobres y de basura, de que los servicios públicos funcionaran, de atender a los emperadores y sus familias... Solo a cargo del sistema de acueductos de Roma city se calcula que trabajaban en el siglo I unos setecientos esclavos públicos encargados de que el agua fluyera como es debido hasta las fuentes y termas en condiciones. Se encargaban de la reparación de tuberías, de vaciar los depósitos evitando su colmatación, etc.

Los esclavos que trabajaban en palacio, bueno, algunos de ellos por su cercanía a las personas de más poder, gozaban de un status distinto a pesar de oficialmente ser igual que cualquier otro esclavo. Y los que trabajaban en labores administrativas podían llegar a tener notable influencia en conseguir que una solicitud subiera arriba del montón o se perdiera por los cajones…

Los esclavos que trabajaban en las minas tenían, en cambio, los peores trabajos del mundo. Estos sí que iban encadenados, les daban muy poco para comer, dormían en barracones sin luz ni calor en invierno... Eran herramientas que trabajaban hasta estropearse, hasta morir encadenados. Estos nunca eran manumitidos, nunca liberados. Ni en sueños. Sus capataces eran siempre también esclavos que abusaban de ellos, como en los campos de concentración había Kapos, normalmente ex criminales, a cargo de sus compañeros prisioneros. Los esclavos mineros encadenados eran obligados a trabajar sin descanso en túneles estrechos, oscuros y profundos. Los túneles podían derrumbarse en cualquier momento, pero a ellos les ordenaban seguir cavando sin descanso hasta caerse muertos. Diodoro Sículo, en el primer siglo antes de nuestra Era, describió las condiciones de los esclavos que trabajaban en algunas minas de Hispania:

> «Los esclavos encargados de trabajar en las minas producen para sus amos beneficios más allá de lo creíble, pero ellos mismos destrozan sus cuerpos de día y de noche, excavando bajo la tierra, muriendo en gran número debido a las durezas excepcionales que soportan. Porque ningún descanso, ninguna pausa se les ofrece en su trabajo, supervisado a golpes por los capataces para reforzar la severidad de su situación (…) La muerte a sus ojos debe de ser más deseable que la vida, por la magnitud de las privaciones que deben soportar».

Todo lo que estuviera debajo del suelo, era propiedad del Estado. Las minas eran concesiones en las que los adjudicatarios querían obtener siempre beneficios sobre la cuota que tenían que entregar al erario y, para ello, la vida de los esclavos, que no eran considerados personas, no les importaba lo más mínimo. Lo importante era la rentabilidad. Cuando dejó de haber prisioneros de guerra para incorporar a las filas, se esclavizaron criminales. Nunca faltaba mano de obra.

En la finca de La Loba, en las cercanías de Fuenteobejuna, Córdoba, se encuentra uno de los yacimientos arqueológicos mineros más interesantes de Hispania; partes de la mina, de los almacenes mineros y del poblado de los esclavos se conservan todavía y ayudan a explicar cómo vivían y morían los trabajadores que aquí sacaban plomo argentífero en el siglo I a. C. Entrar en la mina todavía resulta sobrecogedor. Hay que bajar por unas escaleras talladas en la misma roca, muchas veces con las manos también apoyadas en la pared que, por cierto, rezuma agua. Una vez en la mina, la temperatura ha bajado considerablemente con respecto al exterior, pero la humedad es tan grande que enseguida se empieza a sudar y la ropa se te pega al cuerpo. No se ve nada, los sonidos reverberan. Las chimeneas que servían de ventilación y para extraer mediante grúas lo excavado, han sido cerradas por su peligrosidad. El camino de la mina se iba entibando con vigas de pino que también se bajaban por las chimeneas, para evitar en la medida de lo posible que el agujero de gusano excavado por el hombre, se viniera abajo. El otro problema consistía en drenar el agua que brotaba del subsuelo inundando la mina. Los esclavos, o alguno de ellos, llevarían una lámpara de aceite sujeta en su gorro, un primitivo remedo de los cascos de minero con linterna, para poder iluminar un poco estas tinieblas húmedas en las que el ruido de los martillos rebotaría en las paredes incansablemente, durante horas, destrozando los pensamientos del más cuerdo. En la mina siempre es de noche, siempre es de día, se trabajaba en turnos las 24 horas. Cuando por fin salían de la mina por el mismo difícil camino por el que habían entrado, lo harían cargando todavía un capazo y ya sin luz de la lucerna, a tientas, hasta llegar a sus miserables chozas de suelo de tierra, situadas no lejos de las chimeneas, para dormir un rato en una estera en el suelo. En las cercanías de las minas de oro de Alburnus Maior, en la Dacia (Roşia Montană, Rumanía) apareció una placa que muestra los precios, baratos, para lo que van a durar, del precio de varios esclavos a partir de los años treinta del segundo siglo de nuestra Era: la niña esclava Passia fue vendida por 205 denarios (820 sestercios); una mujer esclava sin nombre costó 420 denarios; el niño esclavo Apalaustus se vendió por 600 denarios.

A diferencia del trabajo de estos pobres esclavos, los más under de la Roma Underground, ser un esclavo o esclava del que su amo abusara sexualmente me parece bastante más llevadero, aunque sea un acto totalmente abominable. Si el esclavo se lo montaba lo suficientemente bien, podía (y debía) aprovechar lo de compartir cama para obtener importantes ventajas e incluso su libertad. Trimalchio, el prota del *Satyricon,* nos cuenta que antes de ser liberado y haber sido nombrado heredero de su dueño, había sido durante catorce años su juguete sexual (y según presume, también jugaba con su dueña): «Cuando vine de Asia, no levantaba más que ese candelabro. No obstante, hice durante catorce años las delicias de mi amo: no hay nada de vergonzoso en dar gusto al amo. Por otra parte, daba satisfacción también a la señora. Ya sabéis lo que quiero decir. Me callo, pues no soy de esos vanidosos...». Y luego añade: «Con el beneplácito de los dioses, llegué a hacerme el amo de la casa y, desde entonces, fui el cerebro rector del mismísimo amo».

De Mérida se conserva una lápida de una esclava, sufragada por su dueño: «A Fortunata, sierva fidelísima, cuidadora y amante de su amo. Solvianos mandó hacer este monumento en memoria de persona tan merecedora». Por lo menos parece que el amo correspondió a la esclava lo suficiente como para honrar su memoria.

Séneca se quejaba del pobre esclavo «que debía permanecer despierto toda la noche dividendo su tiempo entre la borrachera y la lujuria de su amo; en el dormitorio tenía que ser un hombre y en la fiesta un chico que servía el vino, mantenido imberbe aunque ya tenga la figura de un soldado». Marco Aurelio presumía que, a pesar de tener dos esclavas guapísimas, nunca se había aprovechado sexualmente de ellas, lo que se habría considerado correcto, normal e incluso deseable. Lo raro era lo suyo. Hay gente rara en todas partes. Hombres y mujeres esclavas estaban a disposición de sus dueños de día y de noche. Pero de sexo y eso, hablaremos más en el siguiente capítulo, aquí creo que podemos seguir hablando ya de la figura del liberto, porque a veces y en Roma, de esclavo se sale. Idealmente, se sale antes de lo que le pasó a un esclavo de Marcial que el poeta liberó en el lecho de muerte del siervo.

«El joven Demetrio falleció en la primavera de su vida: había cumplido tres lustros y cuatro veranos (19 años N. del A.). No obstante, para que no bajara a las lagunas Estigias siendo esclavo, cuando el pernicioso mal abrasaba a su presa, tuve la precaución de resignar en el enfermo todos mis derechos de señor. Merecía haberse puesto bueno con mi regalo.

Expirando, se dio cuenta de su premio y me llamó "patrón", a punto de emprender, como libre, el viaje hacia las aguas infernales».

Bueno, es un consuelo morir libre, pero mejor aún es tener tiempo para disfrutar de tu libertad. Era muy común liberar a los esclavos, al menos a los de casa, como premio por sus trabajos o para que siendo libres desempeñaran otro tipo de trabajos más interesantes y rentables para el liberto y su antiguo señor, que ahora pasaba a ser su patrón, como vimos en el epigrama de Marcial. El premio de la libertad y la reintegración en la sociedad actuaban como métodos de presión de los amos sobre los esclavos para que trabajaran bien y obedientemente. Los esclavos estaban en contacto muchas veces con los libertos y así veían que, por ejemplo, el liberto Cecilio Isidoro era tan rico que se decía poseía más de cuatro mil esclavos. Como cantó Bob Marley: «Escuché la noticia de un árbol que me susurraba, este es el tiempo en el que el hombre tiene que ser libre». Pero como hemos visto, los libertos tienen esclavos a su vez. El abolicionismo no cabe en la cabeza de nadie en la antigüedad. Hubo libertos cuya valía les convirtió en inmortales y les elevó de la Roma under en la que vivían, a los laureles de la Historia, como Epicteto, o Flavio Josefo. Epicteto es el gran filósofo de principios del siglo II, esclavo en Roma y manumitido antes del año 93, su obra es conocida gracias a los escritos de su discípulo Flavio Arriano. Flavio Josefo es uno de los grandes historiadores de la Historia Romana. Escribió sobre las guerras judías del último tercio del siglo I de nuestra Era. Era judío y nació con el nombre Yosef ben Matityahu. Fue tomado esclavo en la guerra judía del año 67 y manumitido por Vespasiano, quien lo elevó al rango de ciudadano romano de pleno derecho, como si nunca hubiera sido esclavo. Es de los primeros historiadores en indicar lo importante que es la precisión para escribir Historia, máxima que todos los historiadores deberíamos tener tatuada en nuestro ordenador portátil. Son dos ejemplos de que ser esclavo en Roma puede ser temporal y, a veces, uno puede asomarse a las grandes páginas de la Historia. Ya decía el poeta Horacio que:

> «No tiene importancia de que padres nazca un hombre, mientras sea un hombre de mérito».

Ulpiano decía que conceder por gracia la condición de *liber* a un hombre es «restituirle al estado de nacimiento que en principio tenían todos», que se supone nacemos libres. *Liber* es el que ha sido liberado e *Ingenuus* es como se llama a los nacidos libres, y significa etimológicamente "nacido en una gente", como si dijéramos con un apellido, "In-gens" y aunque los libertos no eran ingenuos, sus hijos sí lo eran.

¿Cómo obtenían los esclavos esta libertad? A través de la *manumissio*. Un acto mediante el cual "se soltaba de la mano" al esclavo, quien había sido en su momento capturado *manu capiuntur*, literalmente atrapados con la mano. Esa manumisión podía tener lugar de muchas maneras, por carta firmada por el dueño y cuatro testigos, por indicarlo públicamente ante cinco testigos, por sentar al esclavo a tu mesa públicamente, si se incluía la cláusula de libertad en el testamento del dueño, y también a través de la inclusión del nuevo liberto en el censo por parte de su dueño o mediante la compra de uno mismo. La fórmula para mí más curiosa es la de *vindicatio*, ante la corte, en la que el esclavo liberado declaraba ser libre ante un juez mientras su dueño no contestaba a esa demanda y quien calla, otorga, una especie de juicio festivo simulado en la que el hombro del liberto era tocado por una de las varas de un lictor. Como las varas simbolizaban las tribus de Roma, es como si lo incluyeran entre estas.

En cualquier caso, los libertos seguían teniendo obligaciones de cliente con su patrón, antiguo dueño. Al liberar al esclavo se pagaba al erario un impuesto correspondiente al 20% del valor del mismo. La práctica de la manumisión creció tanto a finales de la República que Augusto llegó a limitarla haciendo que en el testamento no se pudiera liberar a más de cien esclavos. Una vez liberados y como los esclavos venían de cualquier lugar del mundo, la ciudad se fue haciendo cada vez más cosmopolita y variada y perdiendo sus costumbres romanas, al menos según los conservadores. En cualquier caso, esa posibilidad de movilidad social es única en la antigüedad en Roma, donde se puede subir y bajar en la escala, con mucha facilidad.

Los libertos están sobrerrepresentados en las lápidas y epitafios, especialmente en Italia, donde en Ostia se calcula que el 80% de las tumbas que nos han llegado son de libertos y libertas, encantados de presumir de su libertad, cosa que los libres no hacen y los esclavos rara vez dejan muestra, ni en una placa que marque su entierro, de su paso por esta vida. En España se conocen solo alrededor de cuatrocientas lápidas de esclavos para muchas decenas de miles de lápidas romanas que hay por todas partes.

Muchos libertos parece que consiguieron ser acaudalados, o de ellos es de los únicos que tenemos noticias, al menos. También el *Satyricon* ha hecho mella en nuestra manera de pensar en cómo eran los libertos, hasta el punto que por ejemplo F. Scott Fitzgerald compara a Gatsby con Trimalchio, ejemplo eterno de nuevo rico. Muchos libertos se convirtieron también en funcionarios, quienes dan continuidad al gobierno y gestión más allá de las magistraturas o preturas y que permiten que el gobierno literalmente "funcione". Como estos funcionarios eran escribanos, secretarios, contables y en general auxiliares administrativos, muchos libertos estaban capacitados desde cuando eran esclavos de confianza para ejercer estas funciones. Los *scribae* eran los más altos funcionarios y se encargaban de lo mismo que hoy hacen los jefes de gabinete, auditores, secretarios de Estado, etc. Horacio el poeta, que de joven fue conserje del Departamento del Tesoro, era hijo de liberto.

En el *Satyricon* aparecen muchas descripciones de libertos, evidentemente satíricas, pero con su base de verdad: «Y no se te ocurra menospreciar a los libertos compañeros suyos. Tienen las espaldas bien guardadas. ¿Ves al último del último banco? Hoy tiene sus ochocientos mil sestercios. Partió de la nada. Hace poco acarreaba al hombro fajos de leña. Aún le duele la bofetada de la liberación y ya sueña con la buena vida, por lo cual acaba de publicar el siguiente anuncio: —Gayo Pompeyo Diógenes alquila su buhardilla a partir de las calendas de Julio porque él se ha comprado una domus».

En cualquier caso, la inmensa mayoría de los libertos, serían personas normales, no ricos, que son los que destacan y como hemos visto en todos los capítulos, las noticias, lo que se sale de lo corriente es lo que se escribe y, a veces, se conserva. Otra forma de ser liberado es si un ciudadano manumitía a una esclava con objeto de casarse con ella: *manumissio matrimonii causa*, manumisión por amor, diría yo. Se conserva por ejemplo una placa funeraria de finales del siglo I a. C. que nos muestra el retrato de Antistia Plucia, que había sido esclava de Lucio Antistio Sarculo, retratada a su lado, antes de ser su señora. El monumento fue dedicado por sus libertos. Parecida a esta ley que permitía que el amo enamorado pudiera liberar a su esclava, era la que decía que si una pareja huía, por ejemplo porque los padres no estuvieran de acuerdo con su historia de amor, si podían escapar, a lo mejor la historia podía terminar bien. El refrán romano que dice: *raptor aut pereat aut ducat*, el raptor (para la ley esa huida es algo así como un secuestro) o se muere o se casa. El magistrado, para limpiar el honor de la familia y si ella quería, podía obligarles a casarse, terminando bien su cuento de amor. Y esto no es Disney, sino jurisprudencia romana.

Antes de pasar a hablar de prostitución, música y otros vicios en el próximo capítulo, quiero dejar por aquí dos muestras de que el amor todo lo puede, *Amor omnia vincit,* y que puede superar hasta las cadenas de la esclavitud. En Saint Albans, en Hertfordshire, unos 30 km. al norte de Londres, en lo que fue la ciudad romana de Verulamium, apareció en 1988 un anillo con la inscripción: *amoris seruus*, esclavo del amor. Tres años antes, en 1985, por lo tanto sin poder conocer la existencia de este anillo de cobre, Bryan Ferry publicó su canción *Slave to love*, esclavo del amor. Otra prueba más de que somos romanos, amigos.

La otra muestra de amor, en este caso del amor de la amistad, está inscrita en una teja ancha de terracota: Detfri, esclava de Herenio Satio y Amica, esclava de Herenio; los nombres de estas dos amigas, compañeras de esclavitud, puede leerse trazada en la teja mientras estaba fresca. Se descubrió en lo alto del templo de Pietrabbondante, en las montañas a 100 km. de Roma. Los nombres de las amigas están grabados en latín y en Osco, otro idioma nativo de Italia. No solo nos demostraron que sabían escribir y en dos idiomas, también dejaron grabadas las huellas de sus zapatos, uno frente al otro en el barro todavía húmedo. Si hablamos de romanos que no dejaron huella en la Historia, aquí tenemos el ejemplo de Amica y Detfri, esclavas, amigas, que dejaron literalmente su huella en una de las tejas que estaban instalando o fabricando en el siglo I a. C. Al final, va a resultar que Ramón Llull tenía razón cuando dijo a principios del siglo XIV que: «Amor es aquello que a los que están libres reduce a esclavitud, y a los esclavos pone en libertad».

X

SEXO, VICIO Y ROCANRÓL...

«Nemo sua sorte contentus»
(Nadie está contento con su suerte)

Proverbio romano.

«Si las autoridades advierten que el sexo es pecado, la lección a aprender es: no tengas sexo con las autoridades»

Matt Groening s. XXI

Suetonio fue, posiblemente, el autor romano más leído al menos desde el Renacimiento hasta el siglo XVIII. Su best seller fue la *Vida de los XII Césares*. Lo curioso es que la obra más famosa de Suetonio no era esta, sino una que por desgracia no ha sobrevivido pero que estoy seguro que habría vendido mucho más y que todavía se vendería bien. Hablo de su casi desconocida Biografía de Prostitutas Famosas titulada casualmente*Vida de meretrices célebres*, libro al que sin duda nos gustaría echar un vistazo para ver que chismes cuenta. ¿Quién sabe? A lo mejor aparece un manuscrito algún día en algún cofre de Pompeya... Bueno, hablemos de sexo. Dicen que el sexo en Francia es una comedia, en Gran Bretaña una tragedia, en España una fiesta, en Norteamérica un melodrama, en Italia una Ópera y en Alemania, una razón para hacerse filósofo... ¿Pero y en la Roma Cruda?

Hala, hasta aquí. Realmente, este capítulo no es sobre sexo, sorry, es sobre un poco de vicio, algo de música y sobre todo, prostitución. Lo que pasa es que el título quedaba mejor así y si ya has leído hasta aquí, seguro que pa' lo que queda…

Llegados a ello, debería empezar tal vez hablando de lo que eran las prostitutas o prostiputas, como las llamaba mi amigo Ángel, en la antigua Roma. Como el libro va sobre las personas que están más abajo en la escala social en Roma y que normalmente no salen en la Historia, me parece que las personas más under son las que se dedicaban voluntaria u obligadamente a la prostitución, el oficio más antiguo del mundo, dicen. Y yo aún diría más. Se ha descubierto que entre los pingüinos también hay prostitución. Al menos esa tesis defiende el Doctor Lloyd Spencer Davis, de la Universidad de Otago en Nueva Zelanda. Según su trabajo, a finales del breve verano austral del antártico, a medida que el clima se templa, los nidos construidos con simples piedras corren el riesgo de inundarse, así que las hembras salen en busca de las pocas piedras disponibles por ahí para mejorar y completar su casita y mantener el agua lejos de los niditos. Los robos de guijarros abundan y las peleas son constantes, así que las hembras han aprendido que es mejor ir a buscar los machos sin pareja que viven en los límites de las colonias. Como son solteros, tienen tiempo y ganas de ir a buscar chinas y guijarros a cambio de un poco de consuelo. Tal cual te lo cuento. Y por si fuera poco, en la misma investigación se llegó a la conclusión de que al menos la tercera parte de las pingüinas le ponen los cuernos a sus parejas, en muchos casos con miembros del mismo sexo… Y mientras el macho, incubando el huevo… No, sí uno ya no se puede fiar ni de estas aves tan de etiqueta…

En fin, antes de Roma, siempre está Grecia y créeme, allí también tenían prostitución. Solón de Atenas, el estadista del siglo VI a. C. (c. 638 a. C.-558 a. C.), no solo democratizó la ciudad, sino también el acceso al sexo. En su Atenas practicaban la prostitución medio mundo, desde libres a esclavos, exesclavos, hombres y mujeres por igual. Solón impulsó una ley para que el precio mínimo por "un servicio" fuera desde solo un óbolo, que viene a ser un sexto de dracma. Un óbolo era el sueldo de una jornada, así que todo perfecto. No me extraña que ganara todas las elecciones… Por cosas así, el poeta irlandés Brendan Behan, fallecido en 1964, decía que «la gran diferencia entre el sexo por dinero y el sexo gratis, es que el sexo por dinero, habitualmente cuesta mucho menos».

Cien años más tarde, no de Brendan de Irlanda, sino de Solón de Atenas, Apolodoro dejó muy claro según nos cuenta Demóstenes «que los griegos tenían cortesanas para el placer, amantes para la vida diaria y esposas para producir prole legítima y ser guardianes confiables de nuestra casa».

Pues querido Apolodoro, primero, no sé si te va a dar tiempo a todo, segundo si tú tienes amantes, no te extrañe que tu señora griega, que pasa todo el día sola mientras tú estás viendo a los muchachos en el gym, digo en la palestra, que se busque ella misma su consuelo. Y aunque una señora ateniense no vaya de paseo a un burdel, en casa seguramente tendrá esclavos para devolverte los cuernos. Porque evidentemente, el acceso sexual a las y los esclavos, como vimos, era el pan de cada día, ojo no solo en Grecia y Roma, en todas partes. Las prostitutas normales, llamadas *pornai* (de donde porno), se convirtieron en un producto asequible controlado por la ciudad, la polis (que no la police). Desde el punto de vista fiscal, al ser una profesión como otra, al menos para los de Hacienda, la ley obligaba a todos a pagar su IVA y tan contentos..., aunque seguramente habría alguna manera de no aceptar cash y cobrar en B; se aceptan joyas, bizum y oro al peso... En Grecia había incluso una ciudad, Corinto, famosa porque el templo de Afrodita era un inmenso burdel, bueno, un lugar donde había más de mil hetairas y chicos que ofrecían sus servicios sexuales a cambio de pasta para el templo. Prostitución Sagrada, la llamaban. La ciudad era muy visitada y rica (antes de que Roma la destruyera en el 146 a. C.). Estrabón, el geógrafo del siglo I dijo que en tiempos se decía que «No cualquiera atraca en Corinto», porque marineros y visitantes se dejaban hasta lo que no tenían, en los brazos del placer.

Apolodoro también dice que las hetairas, las prostis griegas de lujo, solían comprar esclavas muy jóvenes y monas para educarlas en el negocio familiar como aprendices, hasta que pudieran ganarse pasta por sí mismas y convertirse en el plan de pensiones de la dueña, ya mayor e idealmente retirada. No, si tontas no eran... Glycera, una cortesana griega del siglo IV a. C. dijo que: «No hay ninguna diferencia en que la juventud se corrompa por un filósofo o por una hetaira». Hubo cuatro prostis famosas casi en el mismo siglo con el mismo nombre, así que no sé cuál lo dijo, pero tenía razón la señora. Mejor sucumbir a la tentación que a la metafísica, sin duda.

Dicen que algunas de estas prostis de lujo que iban a domicilio o recibían en su casa, tenían unas sandalias con la suela grabada para que al pisar camino de su negocio se marcara a cada paso en la calle sin asfaltar la palabra: *akolothi*, que significa: "sígueme", y aquí tenemos un precedente de Instagram analógico y más de verdad. Y así seguimos, siguiendo. Desde Grecia hasta aquí.

El sexo en Roma, ya se sabe, solo era legal dentro del matrimonio, con tus esclavos/as o con prostitutas, lo cual convirtió a esa profesión en un boyante negocio en todas partes. —Cariño, está permitido, es legal, solo me fui a putas, no te pongas así, cari—. No sé, no lo intenten en casa, no creo que cuele y además las prostis ya no son como las que había en Roma, fijo. La prostitución era uno más de los regalos de la vida urbana y el sexo era más natural en Roma sin ninguna duda que ahora, que está cosificado y parece demasiado casual. Creo, como decía Balzac, que «si se bucea hasta el fondo del placer se saca más barro que perlas». Aunque la mujer pública, inmoral y activa estuviera mal vista por la sociedad hipócrita (como ahora), el oficio más viejo ofrecía a las mujeres pobres mayor grado de libertad que, por ejemplo, los de sus labores de la mujer casada. Recuerdo a la mujer de mi amigo Claudio que un día me contó que la postura favorita de su marido en la cama era la del pez. —¿La del pez?—pregunté y me contestó: —Sí, hombre, se da la vuelta y… nada—.

En la Roma clásica, el hijo que alguien pudiera tener con una prostituta no era nadie legalmente. Imaginemos que un tipo casado y rico se encapricha de una prosti… Pues aunque ella se quede embarazada y él quiera seguirla, la Sociedad, la República y el orden están a salvo. Ese hijo no puede heredar porque no es legítimo y el padre, aunque se divorcie de su señora oficial, no puede casarse con la prostituta, es totalmente ilegal, con lo que en Roma están a salvo los bienes de los hijos habidos en el matrimonio oficial, entre ciudadano y ciudadana, los demás, los hijos habidos fuera de ese matrimonio no son ciudadanos. Por mucho que el señor prefiera a la pelandusca. El patrimonio y herencia de la esposa, que no el mal trago, también quedan a salvo. Muy previsores los romanos. No por nada se decía que "un juramento hecho en la cama carece totalmente de validez y legalidad".

En Roma se llamaban *meretrices*, tal cual en latín, a las prostitutas femeninas registradas como tales ante el edil. La meretriz o eufemísticamente llamada *amica*, pagaba su impuesto a cambio de la *licencia stupri*, licencia que le entregaban y que demostraba que era libre y estaba disponible. Le decía al edil su seudónimo y su precio y quedaba apuntada para siempre. En su vida, aunque se retirara no se borraría su nombre de la lista, siempre se las consideraría sin fama, *infamis*..., pero eran mujeres libres que pagaban impuestos y para las que vender sexo era su profesión. Eran libres o libertas y, oye, peor pasar hambre que pasar vergüenza. Como dijo la Madam y celebrity americana (nacida en 1952) Sydney Biddle Barrows: «Una prostituta es simplemente alguien que odia la pobreza más de lo que odia el pecado». Algo tan cierto hoy como hace dos mil años. Ya Lucano, el poeta cordobés del siglo I había dicho que: «La pobreza es la madre de la humanidad; también la madre de la prostitución». Si las meretrices eran lo suficientemente elegantes y muy guapas, podían hacerse de oro en poco tiempo, eso sí, requiere una moral muy distraída el poder dedicarte libremente a esta profesión. La prostitutas casuales o sin registrar, eran llamadas *prostibulae* (singular *prostibula*) y eran, digamos, muchas más y más del montón. Estaríamos hablando como decía Marcial de: «Una joven de no demasiado buena fama, como las que residen en plena Subura». Resulta curioso que en las leyes romanas, según el jurista Ulpiano escribió a principios del siglo III, si una mujer ha aceptado dinero a cambio de acostarse una o dos veces con alguien, aunque sea con personas distintas, no será considerada una prostituta. Vamos, que un momento de flaqueza y de hambre lo tiene cualquiera. Recuerdo que cuando a Marilyn Monroe le preguntaron que por qué había posado desnuda de joven para un calendario, ella contestó: «¿Por qué? Porque cubría el alquiler». Por cierto, hace poco se vendió uno de esos calendarios, impresos en 1945, cuando Marilyn tenía 19 años, por algo menos de 85.000$. Ella cobró diez dólares la hora, un total de cincuenta pavos.

En Roma había prostitutas que trabajaban en burdeles, otras a domicilio y algunas tenían su propia casa, como *La Dama de las Camelias*. En las tabernas y casas de comidas, ya se dijo, la camarera solía estar en el menú. También las chicas, como siempre, se buscaban la vida por la calle. Entre otros sitios, las *prostibulae* podían encontrase en el mismo Foro y en la Vía Sacra, además de en los barrios chungos. Catulo dijo que saliendo del teatro de Pompeyo una mujer le enseñó sus pechos mientras él deambulaba buscando a un amigo. Se dice que también en las calles sinuosas de la parte vieja de Jerusalén era fácil encontrar una *ambulatrice* (lit. ambulante) o una de las muchas *scortae erraticae*, una "escort" paseante. Fíjate que yo siempre había pensado que escort era un anglicismo y resulta que es latín... Todos los caminos, hasta los del vicio, llevan a Roma. Dicen que bajo los arcos de la ciudad tres veces santa y a lo largo del Cardo Máximus, era por donde, sin duda, se te ofrecería compañía para no pasar la noche solo, que eso está muy mal. «No es bueno que el hombre esté solo», como dice Jehová en la Biblia (Génesis 2:18). Ni siquiera el moralista Cicerón estaba contra la prostitución, la consideraba lícita y aceptable. Dijo que: «Pues, ¿cuándo dejó de hacerse esto como cosa corriente? ¿Cuándo fue condenado? ¿Cuándo no consentido? ¿Cuándo, finalmente, se dio el caso de que lo que hoy se permite no se permitiera?». Y Publilio Siro, por completar este concepto decía: «Todo vicio trae siempre su consiguiente excusa».

Las más pobres, las más under, eran las *busturaias moechas*, las prostitutas que tenían su negocio entre las tumbas, en las carreteras cercanas a la ciudad. Sobre estas, Marcial casi sin querer, nos cuenta que se las permitía pasar a las termas cuando ya estaban cerradas y apagadas para poder bañarse. Se le escapa este dato, casi sin querer, en un epigrama en el que critica a una señora muy vieja (Vetustila) tan fea que la dejan entrar con ellas: «Cuando el bañero, apagadas las luces, te permite entrar mezclada con las prostitutas de los sepulcros (...)». Luego, siempre hay alguien que está peor, estaban las esclavas obligadas a prostituirse por sus dueños o dueñas, que ni siquiera veían el beneficio de su obligada violación continua. No se me ocurre peor vida. Hasta el comediante Plauto escribió sobre ellas en el siglo II a. C.: «Desechos escuálidos, sucios y enfermos que se sostienen de pie, casi desnudos, delante de su celda mugrienta, cuya entrada apenas tapa un resto de cortina». Me recuerdan mucho a las chicas del Este traídas a Occidente drogadas y engañadas para prostituirse hasta caer enfermas o muertas. No, me temo y me avergüenzo, que en esto tampoco hemos cambiado.

Para calcular los precios de una esclava que fuera a ser dedicada a la prostitución hay tres precios que nos importan: el precio por comprarla, el precio de sus servicios y el precio para redimirla. Se dice que los campesinos pobres de los alrededores de Constantinopla, ya en la época en la que el Imperio de Oriente era el único que quedaba, a veces vendían a sus hijas a los chulos por algunas monedas de oro. Comida, ropa y alojamiento sería a partir de ese momento su único salario. Lo que ganaran por acostarse con quien se presentara a su puerta no era suyo, era de su dueño y nunca sería mucha pasta, seguro que menos de un denario, 1/24 de un sólido. Redimirla, esto es, comprarla a su dueño para que fuera libre, en tiempos de Justiniano (Emperador de Bizancio 527-565) costaba por lo menos cinco sólidos de oro, poco menos que el precio de una mula, 5,15 sólidos y algo más que un camello 4,30 sólidos. Pero una mula o un camello eran recomprados más a menudo que una esclava prostituta. Para que su dueño ganara cinco sólidos la chica tenía que acostarse mínimo con doscientos cuarenta tipos. Asqueroso.

La actitud ante estas pobres esclavas de burdel era ambivalente, moralmente no eran consideradas personas, así que no deberían de dar más pena que los que mueren en la mina, eran necesarias para que los pobres más pobres también pudieran acceder al placer mercenario. Hablo más de las mujeres, que eran la gran mayoría, pero también había hombres prostitutos. Desde siempre. La sociedad romana no tenía problemas con que los hombres tuvieran relaciones con otros hombres, si eran sus esclavos o si eran prostitutos. Los más estigmatizados eran los prostis que actuaban en "el papel" de mujer, los pasivos, vaya. Los clientes de los burdeles eran casi exclusivamente hombres, los gigolos, que no sé si son un mito, no vivían en esas condiciones. Las carreras de los hombres dedicados a la prostitución solían ser muy cortas, más todavía que las de sus compañeras;

se les requería ser jóvenes, suaves y ágiles. En el *Satyricon* se incluye un ejemplo de prostituto guapo de estos:

> «Sin duda vanagloriado con tus atractivos, vendes tus favores y no los concedes. ¿Por qué tus cabellos están tan artísticamente rizados? ¿A qué ese rostro brillante, esos ojos de mirada lasciva, ese andar acompasado y ese aspecto majestuoso? ¿No indican que expones tus atractivos para prostituirte, vendiéndote al mejor postor?»

Ninguno podía seguir ejerciendo más allá de sus veintipocos años. Marcial se queja de la extrema juventud de algunos prostitutos esclavos, asunto que prohibió para siempre Domiciano (César del 81 al 96), junto con la castración de esclavos jóvenes con el mismo propósito de ser prostituidos: «El niño castrado por la maña de un avaro mercader de esclavos (ya) no se angustia por la afrenta de habérsele atrancado su virilidad». Y en otro epigrama cuenta: «Como si constituyera un agravio insignificante para nuestro sexo que los varones se prostituyeran para ser envilecidos por la gente, incluso tus cunas, Roma, pertenecían al chulo, de tal manera que el niño, arrancado del pecho materno, demandaba con su vagido unas roñosas monedas. Sus cuerpos sin madurar sufrían unos castigos monstruosos». Todo eso lo prohibió por fin y para siempre Domiciano. Es una barbaridad, sí, pero fuera del Imperio no regía ninguna ley al respecto. Y esto fue hace dos mil años. Por desgracia todavía hoy hay pederastas, aunque esté prohibido, aunque sea ilegal, aunque sea asqueroso.

Dos soldados fueron acusados, entre otros cuantos, de haber participado en un complot para matar a Domiciano. Cuando fueron interrogados, declararon que nadie les habría incluido en el complot ya que su condición de homosexuales pasivos, ampliamente conocida en la legión en la que militaban, les marginaba o les hacía de poco fiar y nadie había contado con ellos ni les habría explicado la conjura. Que sepamos, no tuvieron ningún castigo. No queda claro en la fuente si eran prostitutos dentro de su Unidad, lo que si se trasluce, aunque no fuera la intención del narrador, es que la homosexualidad, discreta, porque sin el complot no habría sido notoria, no estaba mal vista en el Ejército, aunque oficialmente no estuviera permitida. En el *Satyricon* de Petronio, la Historia principal narra las aventuras de Encolpio, Ascilto y Gitón, en teoría éste último amante del primero. Se trata de un trío de pícaros homosexuales que corren mil aventuras, a partir de que una sacerdotisa de Priapo maldice a Encolpio y le deja impotente, lo que incluso le llevará a prostituirse. «Créeme, querido; no creo ser ya hombre; no siento. Muerta se halla ya aquella parte de mi cuerpo que hasta hace poco hacía de mí un Aquiles». Solo se cura Encolpio cuando es sodomizado por una medio bruja con un consolador de piel aderezado con aceite, pimienta y ortigas. En ningún momento del libro hay ningún tipo de crítica al sexo o al amor, ni casi al triángulo amoroso que enhebra el relato:

> «Volví a mi albergue, dando rienda suelta a mi pasión por Gitón. Lo abracé amorosamente cubriéndolo de nuevas y cálidas caricias y mi dicha igualó a mis deseos. Fui verdaderamente digno de envidia. En lo más dulce de nuestra felicidad, Ascylto abrió la puerta con estrépito, y nos sorprendió prodigándonos las más tiernas caricias. Estalló nuestra sala con sus risas y aplausos estrepitosos. El pérfido levantó el manto que nos cubría y dijo: —¿Qué estás haciendo, hombre honestísimo? ¿Qué? ¿Los dos acostados y cubiertos con el mismo manto?».

No es el diálogo de una peli de Almodovar, es Petronio hace dos mil años. Se aprende más sobre la Roma under del siglo I en el *Satyricon* que leyendo toda la bibliografía del final de este libro que estás leyendo. El *Satyricon* está disponible gratis online. Si tenéis un rato, leerlo. No tiene desperdicio. Lo único malo es que no se conserva su final... Pero todo es muy ochentero e irreverente, por ejemplo, en la cena de Trimalchio, también en el *Satyricon* hablan de otro personaje, el difunto Chrysanto, de quien dicen que: «No creo que dejara tranquilo en casa ni a la perra, más aún, le iban también los jovencitos, era hombre de toda minerva y no se lo critico, que le quiten lo bailao». Hablar de manera soez no es moderno, tiene dos mil años por lo menos. Siempre que releo ese libro me acuerdo de un viejo chiste muy malo (ya lo advierto) que me contó mi amigo “Claudio” en México: —¿No te entra bien?, ¿Te duele por detrás? ¿Gritas cuando sale? ¿Te maltrata la punta?... Entonces, ese no es tu zapato.

Volvamos al sexo bello con menos vello. Las mujeres "perdidas" eran llamadas *probrasae* en general en Roma, se dedicaran o no al sexo pagado. La palabra *famosa*, que es latín puro, también se aplicaba a estas mujeres, que en el sentido de que eran "conocidas" por muchos y haciendo un juego de palabras con lo infame, sin fama, de su negocio. Como dijo un anónimo romano: «La muchacha a la que escribo y acepta mi mensaje es mi chica por derecho, pero si responde con un precio no es mi chica, sino la de todo el mundo». Las prostitutas eran fácilmente reconocibles en Roma básicamente porque vestían como visten a las romanas en las pelis de Hollywood. Ninguna romana decente vestiría así. Enseñan demasiada carne, van demasiado perfumadas y pintadas y a veces llevan incluso transparencias. Muchas llevan también demasiadas joyas encima. Tal vez todo su patrimonio. En el año 539, en Edesa (Urfa, Turquía), decidieron los munícipes pagar el rescate para liberar a sus ciudadanos capturados por los persas. Las prostitutas pusieron a disposición de la ciudad todas sus joyas para poder liberar a sus conciudadanos. Majas y solidarias.

¿Cuánto costaban los servicios, tan necesarios aunque poco respetables, de una *amica*? Pues en Roma o Pompeya, en el siglo I, podían costar desde dos ases, pero las había que cobraban dieciséis ases o incluso mucho más, pero esas eran tan privadas que desconocemos sus tarifas. En la Alejandría de principios del siglo VII, gracias al relato de *La vida de Juan el limosnero*, citado por Claudine Dauphin, de la Universidad de Dublín, sabemos hasta donde había llegado la inflación: el monje Vitalio, trabajando de albañil ganaba al día un keration (la vigésimo cuarta parte de un sólido). El keration se dividía en 72 folleis; con uno, el monje comía sus judías pintas. Con los otros setenta y uno folleis (vaya nombre), contrataba una prostituta, no para hacer nada con ella, sino para que ella no tuviera que hacer nada con nadie y se hiciera cristiana... Un keration es más o menos un denario, 16 ases, con lo que podemos deducir que una prostituta barata en el siglo VII costaba tanto como una de las caras en el siglo I. No sé para qué sirve esta tontería, pero bueno, también se hacen estudios en universidades extrañas sobre, por ejemplo, la utilidad de los orgasmos como descongestionadores nasales o la relación entre tasas de suicidio y horas de música country emitidas en emisoras de radio del Sur de USA.

El caso es que todo muy mal y muy mal visto moralmente y la infamia y todo eso, pero la ausencia de clientes durante unos pocos días, también podía significar hambre y más penuria todavía para una persona que lo único que tiene para vender es su cuerpo. San Simeón de Salos salvó a una prostituta de Emesa que solo tuvo agua durante tres días, llevándole un almuerzo caliente por caridad, con su pan y su vino. Espero que más de una vez...

Poetas romanos clásicos y pijos, como Ovidio, Catulo y Horacio escribieron sobre prostitutas. La franqueza y ubicuidad con la que el sexo, incluso el sexo mercenario es tratado en la literatura romana parece demostrar que la actitud romana al respecto era menos hipócrita que la nuestra, al fin y al cabo, desde su descubrimiento en el siglo XVIII los hallazgos "eróticos" de Pompeya y Herculano, cuando no eran destruidos, se guardaban en un "museo secreto" en Nápoles, que no se abrió al público en general, no fuera nadie a escandalizarse, hasta el año 2000. Sí, el 2000. Yo creo en cambio, y a pesar de lo que Hollywood nos ha enseñado, que los romanos eran tan hipócritas como nosotros. En el año 19 de nuestra Era, reinando Tiberio (César del 14 al 37) surgió un escándalo tremendo en Roma porque para evitar ser castigadas por adulterio, las mujeres que habían sido pilladas en sus aventurillas decidieron que apuntarse con el edil y obtener una *licencia stuprum*, vamos, autoproclamarse prostis, era una buena manera de saltarse la ley Iulia, que las habría condenado como poco al destierro. Se supone que las que se apuntaban ya tenían bastante con la deshonra como castigo y pena porque desde ese momento se consideraban "disponibles". El caso es que una mujer llamada Visitilia, de muy buena familia (hija de pretor, hermana de cinco cónsules), se apuntó donde el edil para evitar la condena por adulterio y entonces el Senado decidió que había que hacer algo para asegurar que: «La lujuria de las mujeres sea frenada», con lo que se hizo una ley prohibiendo a las mujeres cuyos maridos o padres fueran de la clase de los caballeros o superior, hacerse prostitutas legalmente, con lo que Vistilia, como ejemplo, fue desterrada a la isla miserable de Serifos, en el Egeo. Isla que aseguro no era como la de *Mamma Mía*. Por cierto, que lo de adulterio, *adulterium*, es lo mismo que adulterar, *adulterare*, falsear o alterar fraudulentamente algo. En este caso, el juramento del matrimonio. Curioso.

Los burdeles en Roma eran un negocio más y dentro de las muchas contradicciones del Imperio, no era raro encontrarlos cerca de alguna casa decente, templo o negocio normal. Se calcula que en el siglo IV había más de cuarenta burdeles en Roma (ya serían muchos más). Eran conocidos como *lupanar* (Plural *lupanaris*), todavía se les llama finamente lupanares, que sería literalmente algo así como guarida de lobas. Se les supone negocios muy concurridos y ocupados. Estas casas del rising sun las dirigía un *leno*, chulo o una madam *lena*, de donde viene lenocinio, que es mediar entre el negocio sexual de terceros. Los *lenones* se encargaban de ponerles mote a las chicas, ofrecer y vender sus servicios, fijar sus precios y cobrar sus honorarios, de los que se quedaban con una parte, claro. No está tan documentado si estaban decorados con arte erótico como sugiere alguno de Pompeya, más bien serían sitios más bien oscuros, demasiado perfumados para evitar otros efluvios y poco ventilados, a tenor de las "celdas" de algunos de los burdeles hallados en Pompeya, donde a veces el nombre de la chica y su precio se marcaba en tiza afuera del cubículo con cama de obra y cerrado solo por una cortina. Vamos, que hay que tener ganas.

Pero no todos los burdeles eran lugares lamentables y asquerosos. Plauto en una de sus comedias nos menciona que ya había burdeles de lujo en su época: «Hay que ver cómo tienen dispuesta toda la casa, con qué riqueza y qué lujo, todo nada más que para la perdición de quienes ahí se aventuran». En el barrio del Cerámico, en Atenas, se encontraron los restos de un "hotel del amor", con jardines, mosaicos en el suelo, termas y cenadores. Una de las famosas prostis griegas, una tal Alce, que a lo mejor trabajaba aquí, sabemos que fue "retirada" por su amante, un rico ateniense que le puso un pisito. Alguna historia sórdida puede terminar bien, y todavía no hemos hablado de Teodora..., sobre la compra-venta de sexo en el Imperio, a menos que gastaras demasiado en sexo o estuvieras interesado de más en una o más prostitutas hasta el punto de descuidar tus deberes familiares, nada pasaba, se consideraba normal, sobre todo si eras joven. Conocemos el caso de alguno de estos que perdió hasta la camisa por estar enamorado de una prosti, una de estas que, como cantaba Fito, «tenía el negocio entre las piernas». La bella se llamaba Novella Primigenia (nombre artístico sin duda, que quiere decir algo así como "nuevecita primorosa", vamos, like a virgin, que diría Madonna. La "nuevecita" vivía y trabajaba en el barrio de Venus de Nuceria, cerca de Pompeya. El enamorado le escribió en una pared de Pompeya: «Saludos para ti, Primigenia de Nuceria. Ojalá yo fuera la gema del anillo de sello que te regalé, aunque solo fuera durante una hora, para que cuando humedeces tus labios para sellar una carta te diera yo todos los besos que he puesto en él». Vamos, un cursi. Me recuerda a la carta que una prosti griega, Filomena, como lo de la nieve, le escribió a su amante y que se ha conservado, ya la cité en *Somos Romanos* pero es que aquí viene a huevo, seguro que la respuesta de Primigenia fue algo parecida: «¿Por qué me escribes cartas tan largas? Lo que necesito son cincuenta monedas de oro y no tus epístolas. Si me quieres, págame; si prefieres tener tu dinero que tenerme a mí, deja de molestarme».

En la ciudad de Scythopolis, (parece cachondeo pero se pronuncia Excitópolis), la actual Beit She'an, en Israel, el prostíbulo situado en la calle Mayor, era un edificio magnífico, una exedra con las habitaciones en dos plantas, abiertas al patio. La planta baja tenía puertas traseras para salir del local, o entrar, discretamente. Cuando no estaban ocupadas, las chicas se exhibían en el pórtico, atrayendo a quienes salieran de las cercanas termas, mostrando lo bien que se lo podían pasar, ya que estaban limpitos, ensuciando su conciencia. Como dijo Woody Allen: «No sé la pregunta, pero la respuesta, definitivamente, es sexo». En el *Satyricon* hay un capítulo en el que Encolpio se pierde en una ciudad que no conoce:

> «Después de dar muchas vueltas, volví, sin darme cuenta, al mismo punto de partida. Por fin, extenuado de fatiga, inundado de sudor, abordé a una viejecita que vendía legumbres. —¿Querrías decirme, madrecita, le dije, dónde vivo?—. Sonrió la vieja al oír mi estulta pregunta. —¿Cómo no? —contestó. Levantose y comenzó a andar ante mí. La consideré adivina; y al llegar en una calleja oscura, ante una casucha vieja, abrió la puerta. —Aquí, creo debes habitar—, dijo. Como yo no conocí la casa, comencé a protestar, y mientras discutíamos, se presentaron a mi vista ciertos personajes misteriosos deambulando entre meretrices desnudas. Aunque tarde, comprendí dónde me había conducido la maldita vieja, y tapándome la cara con el manto, huí del lupanar, atravesándolo de un extremo a otro, aturdido».

La vieja creyó que le preguntaba la dirección de algún burdel... Normal, si es que los jóvenes no piensan en otra cosa... Como dijo Lord Chesterfield en el siglo XVIII, antes de fabricar tabaco: «Sexo; el placer es momentáneo, la posición, ridícula y el gasto, condenable». Bueno, tú mismo. Se conoce una historia, la de Kyria Porfiria, que era una *lena* de un burdel de Tiro (en el Líbano) que se convirtió al cristianismo y convenció a sus pupilas de reformar el lupanar y hacer de su capa un sayo y del burdel un convento del que ella se autonombró abadesa, y dicen que tan bien.

Según el código de leyes recopilado por Justiniano en el siglo VI, una camarera no podía ser condenada por adulterio aunque estuviera casada, porque se presuponía que era una prostituta. Dicen que fue para evitar tentaciones eróticas, como estas chicas que poblaban los mesones y posadas, por lo que los monjes comenzaron a crear "albergues de peregrinos", posadas específicamente para cristianos que no quieren caer en la tentación, sino pasar la noche con veinte tíos a los que les huelen los pies, vamos, mucho más diver.

El dinero de los impuestos que pagaban las prostitutas al principio iba al erario como cualquier otro impuesto, pero Alejandro Severo (César del 222 al 235) nos salió mojigato y ordenó, aconsejado por su madre y abuela, que ese impuesto del sexo se dedicara únicamente al mantenimiento de los edificios públicos, con lo que consiguió que las trabajadoras romanas del sexo "mantuvieran firmes" los pilares del Imperio. Bien pensado. Profesional, muy profesional.

He leído por ahí que en algún momento del Imperio se ordenó que las prostis se tiñeran de rubio, quizás por aquello de que *los caballeros las prefieren rubias*. Realmente es un mito que se basa, creo, en la Sátira VI de Juvenal, que dice (cotilleo puro, no creer) que Mesalina, la esposa de Claudio (el Emperador, no mi amigo), que la "emperatriz meretriz" como él la llamaba, salía de palacio por las noches disfrazada para venderse como prosti o *scortum* en cualquier burdel y su disfraz incluía una peluca rubia. Aparte de esto, no se dice nada parecido en ninguna fuente salvo Juvenal que dice que las prostis se teñían, pero no dice de qué color y desde luego no dice que nadie las obligara a hacerlo: «Id a buscarlas vosotros, los que gustáis de estas lobas de pintados cabellos, pero este rústico es de otro parecer». Aun así internet está lleno de notas que indican, incluso en sitios muy serios, que los romanos obligaron (¿cuándo, quién?) a las *scortae* a teñirse de rubio o llevar pelucas rubias. Falso. Más falso que la falsa moneda. Mola que añaden algunos, más imaginativos todavía, que esa obligación provocó que las mujeres decentes se tiñeran también de rubio, para parecer más sexys. Me temo que también falso. Non e vero, se ben trovato. Lo de que las ropas de las chicas debieran teñirse de azafrán y que de *rufus*, que significa rojo deviniera *rufulana* y de ahí fulana, puequé, igual que dicen que en sus casas había que poner una rama o un ramo (*ramus*) y de ahí evolucionara el nombre de su oficio al de ramera, otro de los mil nombres de la mujer del vicio. Puequé. Lo de "rubias" pues no parece.

Lo del farolillo rojo en la puerta del Club puede que tenga un origen bíblico. Resulta que en la ciudad de Jericó habitaba una prosti de nombre Rahab, que atendía y recibía en su casa junto a las murallas. En el libro de Josué se nos cuenta que escondió y luego ayudó a escapar a los espías de los judíos en la ciudad. Como señal para que en el asalto enemigo su casa fuera respetada, los espías antes de escapar le dijeron que colgara en su ventana "un cordón rojo". Y cuando la ciudad, tras los paseos con las cornetas, cayó, Josué ordenó que (Josué 6:17): «Y será la ciudad anatema a Jehová, con todas las cosas que están en ella; solamente Rahab la ramera vivirá, con todos los que estén en casa con ella, por cuanto escondió a los mensajeros que enviamos». Así que este cordón rojo podría ser el antecedente de los farolillos rojos en la calle que anuncian que dentro no encontrarás tu media naranja, sino la fruta prohibida.

Luego esta señora es curiosamente mencionada también en el Evangelio según San Mateo, cuando se enumera la genealogía de Cristo, citándola como tatarabuela del Rey David (San Mateo 1:5): «Salmón engendró, de Rahab, a Booz; Booz engendró, de Rut, a Obed; Obed engendró a Jesé, Jesé engendró a David, el rey (...)». Así que en todas las familias hay un garbanzo negro..., hasta en la de Jesucristo, descendiente, según San Mateo, de una mujer de vida alegre de Jericó. ¿Nadie ha revisado esto?

En el Imperio romano de Oriente hubo una historia, un cuento de hadas con una *amica* como prota, que ríete tú de *Pretty Woman*. Ya hemos mencionado a Justiniano el Grande, Emperador del siglo VI, creo que verdaderamente el más grande que tuvo Bizancio. Mediante su política de *Recuperatio Imperi*, reconquistó Italia, partes de Hispania, partes de África... Fue el canto del cisne de Roma en Occidente. Si detrás de un gran hombre hay una mujer sorprendida, el caso de Teodora da para una serie, pero como ahora todo lo que ponen en la tele es tan mojigato... en todas las series hacen el amor en sujetador; es como los años setenta, creo sinceramente que estamos involucionando... El caso es que había una niña en Constantinopla a finales del siglo V, que se llamaba Teodora. Su madre era una actriz que puso a sus tres hijas a trabajar en papeles demasiado liberales en el teatro y, al menos a una de ellas, le gustó. Como dijo Sempronia, la mujer de Escipión en el siglo I a. C.: «No hay nada de menor valor para ella que su virtud y su castidad». Parecido a lo que dijo Mae West: «Mi historia es la de una chica que perdió su reputación y nunca la echó en falta». Pues Teodora, tampoco. A Teodora y a esta clase de chicas, se les solía llamar *scenicae*, que es en el fondo otra manera de decir prostituta. En español, según la tesis de Miguel Casas Gómez, de la Universidad de Cádiz, hay 891 sinónimos de la palabra "prostituta" en español.

El caso es que Teodora era muy buena en lo suyo. Parece ser que antes de su pubertad ya trabajaba en el burdel, pero solo como *cularae*. No hace falta traducción. De acuerdo con Procopio de Cesaréa, historiador que nos cuenta la historia de Teodora, cuando ya fue mujer volvió a los escenarios y «se desvestía ante todo el pueblo que la contemplaba y así se paseaba desnuda entre ellos». Como ni tocaba ningún instrumento (ejem) ni cantaba, se convirtió en una prosti del montón hasta que una vez se desnudó despacito frente a la audiencia y se tumbó en el escenario. Entraron unos esclavos que vertieron cubos de alpiste en sus partes y soltaron unos gansos que comieron el grano para deleite, según esto, de Teodora y del respetable, en este caso no tan respetable. Se hizo famosa y la contrataban en las mejores cenas para hacer su numerito y dicen que luego se acostaba con los comensales. Se hizo amante de uno que nombraron gobernador de Pentápolis en la moderna Libia, pero se aburrió nada más llegar y viajó por Alejandría y todo Oriente hasta regresar a Constantinopla. Conoció y encandiló a Justiniano, que entonces era "solo" príncipe. El muchacho elevó a Teodora al rango de Patricia y esperó a que falleciera su tía, la emperatriz Sofía, que nunca habría permitido una chica tan "alegre" en la Corte, para convencer a Justino I de que aboliera la ley que prohibía a los senadores casarse con chicas de moral distraída. Su tío le dio el capricho y cuando Justiniano accedió al poder tras pasar Justino I a mejor vida, se casó con Teodora, la asoció al trono y la convirtió en emperatriz. ¡Taachaaan!. Tampoco hay que estar muy seguro de todo esto, porque la fuente principal es Procopio de Cesarea, que escribió su famosa *Historia Secreta,* según él mismo dice, para contar todos los escándalos que no pudo contar antes. Ya. Pone a caer de un burro a Justiniano, a Teodora, a quien llama la emperatriz que vino del burdel, y también deja como chupa de dómine al General Belisario y a su mujer Antonina. Vamos, un tipejo de poco fiar. Además, solo se conservaba un manuscrito de esta obra en el Vaticano, y se publicó en 1623. Robert Graves, que era muy de tomar al pie de la letra las fuentes, hizo una novela basándose en este panfleto. La novela, *El Conde Belisario*, es muy entretenida pero lo que cuenta es tan real como *Juego de Tronos*, me temo. Es lo que pasa con las fuentes. Pocas y no fiables.

El caso de Teodora me recuerda el de Joan Crawford, actriz, estrella de Hollywood, ganadora de un Óscar en 1946 y considerada por el American Film Institute entre las diez mayores estrellas de la Historia del Cine. Nació con el nombre de Lucille Le Sueur en San Antonio, Texas, en 1904, y en 1920 ya estaba recorriendo Norteamérica intentando hacerse un hueco en los escenarios y en donde hiciera falta. Parece que se financiaba su carrera vendiéndose por horas y en 1922 fue arrestada por ejercer la prostitución en Detroit, donde también grabó al menos una peli porno (bailando charlestón desnuda) y así hasta 1925 cuando pudo por fin, después de unas cuantas pruebas en la MGM, poner rumbo a Hollywood. Recibió este telegrama de la Metro: «Estás dentro con un contrato de cinco años empezando a 75$ la semana (tampoco mucho). Sal de inmediato para Culver City, California. Contacta la oficina de MGM en Kansas para los gastos del viaje». El cine todavía era mudo, pero ella daba el Do de pecho. El cine sonoro la amaba todavía más. Había nacido una estrella. Se casó cuatro veces y adoptó cuatro hijos, aunque dicen le daba a pelo y a pluma. Fue enemiga acérrima de Bette Davis, quien dijo de la Crawford: «Se ha acostado con todo el mundo en la Metro Goldwyn Mayer, excepto con Lassie». Protagonizaron juntas *¿Qué fue de Baby Jane?*, aunque mi peli favorita con la Crawford en la pantalla es *Johnny Guitar*, de 1954. Im per di ble.

Evidentemente la Historia de Joan Crawford o de Teodora, o de Vivian Ward, el personaje de Julia Roberts en *Pretty Woman*, son de las pocas o casi ninguna excepciones en esto de darle la vuelta a la tortilla (o a las sábanas). Es más fácil lo de Maria de Alejandría, que dejó la profesión y se convirtió en eremita en el desierto de Judea, o lo de la madam que reconvirtió su burdel en un convento o lo de tantas chicas que se retiraron cuando dejó de serles rentable el triste negocio o, con mucha suerte, que lo dejaron cuando alguien las retiró, enamorado de la mujer de verdad debajo de este trabajo denigrante.

Se conserva una lápida de una *lena* llamada Vibia Calybenis, que en su epitafio presumió de su trabajo que se ganó la vida «sin engañar a otros». Otra probable lápida de una *famosa*, es la de Allia Potestas, cuyo epitafio comienza pareciendo el de una matrona y termina diciendo que era muy limpia y cobraba mucho más que la mayoría de las prostitutas del Foro. En Broomfield, Reino Unido, se encontró un anillo de bronce con la inscripción: *veni futuue*, literalmente: ven folla.

Hay muchas inscripciones y pintadas referidas a la prostitución en Pompeya; una junto al dibujo de un falo pone: «manéjese con cuidado». Otra en la pared de la llamada Casa del Menandro nos habla de nuestra querida Novellia Primigenia, la del noviete cursi y el sello y los besos y eso: «Si vas a Nuceria pregunta en el barrio de Venus por Novellia Primigenia». Novellia tenía mucha competencia, como la de «Menandro, buenas maneras, cuesta dos ases». Junto a un banco de piedra, otra pone: «Quien se siente aquí, que lea esto: si quieres follar, busca a Attis; la puedes tener por un denario». De este precio estaba también en el mercado Drauca: «Arphocras folló bien aquí con Drauca por un Denario» y así podríamos seguir todo el día, terminando tal vez con el romance del siglo de Oro de Castillo Solorzano, que nos cuenta sobre una dama licenciosa y avariciosa:

> «Flora, ambiciosa mujer, / que fue con todo mancebo / si garduña de las almas, /de las bolsas arañuelo; / tan solícita buscona, / que dio al gaticino gremio, / en la ciencia de arañar, / sutilísimos preceptos».

Todo esto viene porque en algún momento de nuestra evolución, inventamos el sexo recreativo, que no procreativo y vimos que era diver. Lo más diver que existe. Reconozcámoslo. Plinio el Viejo anotó lo que Demócrito ya había dicho sobre los que utilizan el sexo solo como un medio de procreación. Plinio dijo: «Por Hércules, cuanto menos trates el sexo solo como una herramienta para procrear, mucho mejor. Cura el dolor de espalda, la pérdida de visión, la melancolía y la depresión». Pero claro, en la carta de San Pablo a nosotros los romanos (Rom. 7:25) se dice: «Yo mismo con la mente sirvo a la ley de Dios, mas con la carne a la ley del pecado». Y luego ya en las Constituciones apostólicas del siglo IV, todo el sexo genital no procreativo quedó prohibido por la Iglesia, ya fuera este anal, frontal, oral o escrito, y el arte de las prostitutas y su negocio consiste precisamente en utilizar técnicas que aumenten el placer de sus clientes, no que las dejen embarazadas. Lo único bueno es que, a pesar de que el cristianismo fuera la religión oficial del Imperio desde el año 380, tampoco le hemos hecho mucho caso nunca a las normas que marca la Iglesia. Si no, la prostitución habría desaparecido de la faz de la tierra hace un montón de siglos. Y con ella, el sexo recreativo mercenario en general. La mitad de las canciones de Sabina no se habrían escrito. Como dijo Jose Luis Sampedro: «Aunque el Vaticano sostenga que la castidad es el valor supremo, en cualquier caso, me parece la aberración sexual más grande».

Todo esto venía mejor explicado en la versión original de la Biblia, en la que todavía deja ver alguna incoherencia porque con el corta-pega hubo errores curiosos. Veamos el Génesis tal y como está escrito en la Biblia. Era el sexto día de la creación y en Génesis 1:26 se dice:

> «Hagamos al hombre a nuestra imagen, conforme a nuestra semejanza; y señoree en los peces del mar, en las aves de los cielos, en las bestias,

> en toda la tierra, y en todo animal que se arrastra sobre la tierra. Y creó Dios al hombre a su imagen, a imagen de Dios lo creó; varón y hembra los creó. Y los bendijo Dios, y les dijo: Fructificad y multiplicaos».

"Varón y hembra los creo". Es decir hizo de cero al hombre y a la mujer, a los dos a imagen y semejanza de Dios, que juntos deben "fructificar" y todo eso. Pero si avanzamos un poco más en el primer libro de la Biblia, dice más pa'lante (Gen 2:21):

> «Entonces Jehová Dios hizo caer sueño profundo sobre Adán, y mientras este dormía, tomó una de sus costillas, y cerró la carne en su lugar. Y de la costilla que Jehová Dios tomó del hombre, hizo una mujer, y la trajo al hombre».

¿Cómo, otra mujer? ¿Y la del capítulo anterior, la de Génesis 1:26? ¿La que fue creada a la vez que el hombre el sexto día? ¿Ahora cómo explicamos esta chapuza? Pues… resulta que efectivamente la primera mujer creada por Dios era igual al hombre y eso dicen que no le moló nada a Adán, que era un machista y la primera mujer se fue del paraíso echando leches. Toda esa parte se borró del Génesis. Y claro, luego hizo Dios a Eva de una costilla, para que estuviera, esta sí, sujeta al hombre y se dedicara a darle hijos, no como la otra, que se dedicaba a tener y dar placer.

Esa primera mujer se llamaba Lilith y, antes de en La Biblia, ya se la había mencionado en la precuela, *la Epopeya de Gilgamesh* y en el *Huluppu Tree*, un poema épico sumerio de hace cuatro mil años. En algún momento se habló de ella en la Biblia, pero luego se la canceló. No muy bien, porque también se la menciona, y con su nombre, en Isaías (34:14): «Se juntarán gatos salvajes con hienas, los sátiros se llamarán entre sí; allí descansará Lilit, se hará con una guarida. Allí anidará la serpiente». En varias versiones de la Biblia se dieron cuenta del desliz y se sustituyó el nombre de Lilit o Lilith por el de "monstruo nocturno", "lamia" y chorradas así, pero en la Biblia en Hebreo y en algunas buenas traducciones, queda Lilith con su nombre en el libro de Isaías, reivindicando que fue hecha a imagen de Dios y a la vez que el hombre. Lo que está claro en la

Biblia que tenemos es que Dios hizo a dos mujeres, una el sexto día y otra más adelante, con la creación terminada. Lilith también sobrevivió en el *Talmud de Babilonia* y en *el alfabeto de Ben Sirác*, posiblemente del siglo VIII, donde por fin aparece una explicación de la cancelación de Lilith. En el libro se dice que Lilith y Adán discutieron por la postura (entonces solo se había inventado el misionero) y que ella no quería debajo y se piró volando y le dejó ahí al otro con la serpiente, mano a mano... Vamos un desastre. Lilith representa el sexo recreativo, el sexo por el sexo, el placer entre iguales y Eva, la mujer sometida y sumisa, capaz de escuchar a la serpiente y condenar a la humanidad a parir con dolor y a trabajar con el sudor de la frente. Todo mal. En fin, dejemos el Talmud y vayamos a Roma a hablar de música y demás vicios.

Juvenal, que es un cascarrabias, se queja de todo, de las mujeres que buscan negocio por la calle y también de la música: «Hace mucho tiempo que el Oronte, río de Siria, desagua en el Tíber, trayendo el lenguaje y las costumbres de ese país. El arpa de cuerdas oblicuas, los tañedores de flauta, los tamboriles exóticos y la fémina belleza descarriada que paseando por las proximidades del Circo vende su belleza».

Igual que sexo, drogas y rocanról, los moralistas romanos se quejaban de que en Roma había demasiado sexo, vino y flautas, porque los que no están en un burdel, están en una taberna o cenando en casa de alguien y en esas cenas solía haber música, al menos de flauta. Del famoso flautista romano Canus, del siglo I, se decía que su música podía quitar la pena, aumentar la felicidad e incluso encender el amor. Desde luego, todos tenemos canciones que al escucharlas nos generan emociones y eso, ya pasaba en Roma, amigos. Marcial invita a cenar a un amigo prometiéndole que habrá música:

> «Humilde es mi pobre cena –¿quién puede negarlo?–, pero no tendrás que fingir nada ni escucharás nada fingido y te recostarás en paz a la mesa. Y el dueño de la casa no te leerá un grueso volumen, ni las mozas de la licenciosa Cádiz harán vibrar ni menear sin fin sus lascivas caderas con un temblor entrenado, sino que sonará la flauta del joven Condilo, tocando algo que no sea ni pesado ni sin gracia».

Estaría bien estar en esa cena y escuchar la música que escuchaban en la Roma clásica... Acerca de las "chicas de Cádiz", las *puellae gaditanae* ya he hablado creo que en casi todos mis libros, esas chicas que bailaban con velos transparentes alzando los brazos con castañuelas y al son de la *cithara* sus ritmos gaditanos... Sí, parece el antecedente de algo, pero bailarinas las había de todas partes, Horacio habla de chicas de Siria, a las que llamaban *ambubaie* (derivado de *ambut*, flauta en cananeo), que amenizaban los banquetes bailando y tocando la flauta. Incluso los romanos que podían permitírselo organizaban conciertos privados en sus casoplones. En el capítulo de la noche ya se dijo algo. A estas audiciones las llamaban *symphoniaci*. Dicen que el Cónsul del año 58 Lucio Calpurnio Pisón, era muy dado a estas fiestuquis con música en directo; se decía que su casa resonaba con cantos y címbalos, desde lejos. Vamos, que fastidiaba a los vecinos. Lo de la música a estos niveles pijos dejaba de estar bien visto porque se consideraba que la música corrompía a los tíos. Por ejemplo, Epaminondas, el general del siglo IV a. C. de la guerra del Peloponeso, era considerado negativamente porque de él se decía que era muy hábil bailando y cantando. Ganó las batallas de Leuctra y de Mantinea, fue el mejor estratega de su siglo y Pausanias escribió en su epitafio:

> «Por mis consejos fue Esparta privada de su gloria,
> y la santa Mesenia recibió por fin a sus hijos.
> Con los brazos de Tebas fue Megalópolis rodeada de muros,
> y toda Grecia ganó la independencia y la libertad».

Pero bailaba rocanról, así que tampoco sería para tanto... Plutarco dijo que en Tebas, la patria de Epaminondas, la flauta se impulsó para ayudar a relajar la impetuosa naturaleza de los adolescentes, vamos, que la música amansa a las fieras; pues no será lo que escuchan ahora, que ni es música ni es na...

Como ocurre con todo, los romanos tenían una enorme contradicción en lo que sentían sobre la música; por una parte, Cicerón creía que la música era capaz de ennoblecer al populacho y desde luego había música sacra, como se vio cuando hablamos de la huelga de los flautistas en el capítulo sobre los *proletarii*, y también sabemos que Augusto encargó una poesía para ser cantaba por un coro infantil, el *Carmen saeculare*, interpretada el 31 de mayo del 17 a. C. en los juegos seculares. Se trata de un himno en honor a Diana y Apolo y secundariamente a Júpiter y Juno pidiéndoles la protección eterna sobre Roma. Todo muy solemne. Pero luego estaba la música popular. El clima y forma de ser mediterráneos favorecen el estar en la calle, los festivales sin música, no son festivales, ni fiestas, ni ferias, ni coches de choque (tirolirolirolíro). En Roma no gustaban las tragedias griegas al público pero sí las charangas tocando en cualquier sitio y los músicos actuando entre los distintos actos de las comedias en el teatro. Los bailes, música y poesía declamada en las calles solían ser interpretados por extranjeros o por libertos más que por ciudadanos, pero no por ello dejaban de disfrutar los romanos en la calle de, por ejemplo, los cantantes que iban de bar en bar como la Tuna o se instalaban en las fiestas en algunas plazas o, si ya eran famosos, en Teatros y auditorios musicales, como el llamado Odeón de Pompeya.

Los foniatras de esta época se llamaban *phonascus* y se dedicaban a mejorar y entrenar las voces de aquellos que habían convertido el canto en su medio de vida, como Julius Ecclesiae. Les enseñaban a vocalizar y, según Quintiliano, el abstenerse de sexo (no como Julius Ecclesiae) también era muy importante para mantener un chorro de voz funcionando. Sobre todo en una época sin micros, ni autotune, ni zarandajas.

Cicerón o Séneca pensaban que la música podía "feminizar" a los hombres (se ve que no conocían el heavy) y las mujeres músicas eran mucho más respetadas que los hombres que se dedicaban al bel canto, considerados estos unos perdidos. El que las mujeres casadas o mayores gustaran de la música, salvo para interpretar aburridos cánticos muy castos, tampoco estaba bien visto por los moralistas de siempre. Y ojo con la juventud, que la música les puede corromper, como dijo Cicerón:

> «Estoy de acuerdo con Platón en que no hay nada que penetre tan fácilmente en las mentes impresionables y jóvenes como las notas variadas de la escala musical; es difícil expresar lo extenso de su poder de una u otra manera. La música anima al indolente y calma al angustiado; causa que los espíritus se relajen en un momento y los excita al siguiente. Muchos Estados de Grecia consideraron importante con-

> servar el antiguo estilo de su música, pero la moral cambió junto con sus canciones y los deslizó como resultado, a su decadencia. O bien fueron corrompidos por la suave seducción de la música, como algunos piensan, o su moralidad, minada por otros vicios, hizo que sus oídos y mentes cambiaran, haciendo sitio para este cambio también en la música».

Vamos, que la música corrompe a la juventud, que la música de antes era más decente y que la decadencia de la sociedad es culpa de la música, nada distinto a lo que decía cualquier cura cuando yo era pequeño o joven. Nada nuevo, tampoco en esto, hay bajo el sol. Y ya de bailar, ni hablamos. El obispo Jacobo de Saruj (Turquía) en el siglo VI ya advertía de que «los espectáculos de danza en el teatro son la madre de toda la lascivia que incita con sus gestos licenciosos a llevar a cabo actos odiosos». Odiosos lo serán para él. Al resto, que nos dejen en paz.

Seis siglos antes Tiberio desterró del Imperio a los músicos y a los cómicos por culpa de un asesinato que se cometió durante una obra de teatro, igual que cerraron el Rockola por un muerto que hubo en la puerta, lo que explica la decadencia de la Movida y que el reinado de Tiberio fuera desde entonces muy aburrido y la gente se dedicara a hablar mal del Emperador. Calígula trajo de nuevo los conciertos, músicos y comediantes y vinieron para quedarse; Claudio y Nerón, como es sabido, gustaban de la música a tope. Para meterse con Calígula y Nerón, como vimos que se había hecho con Epaminondas, es por lo que Suetonio dice que tanto Calígula como Nerón cantaban muy bien. Suetonio es un chismoso.

Baco es el dios del teatro, el baile, la música, la fertilidad y el vino, no es extraño que fuera de los favoritos de los romanos de la Roma under, se le asociaba a todas las fiestas y a pasarlo bien en general. Clemente de Roma, teórico tercer Papa, dice en el siglo III que: «La mayoría de los hombres se abandonan en tiempos de festivales y días sacros y se arreglan para ir de fiesta y beber, y se entregan completamente a las gaitas y flautas y distintas clases de música y en todos los aspectos se abandonan a la borrachera y a la indulgencia». Pues claro, estamos de Verbena. Envidia cochina.

La lascivia, del latín *lascivitas*, es el deseo ardiente a la vez que censurable, mientras que la lujuria viene de *luxuria*, palabra que significa exuberancia, exceso, extravagancia y sería algo así como amor por el exceso, normalmente exceso de ganas de sexo. Ninfómana viene de "ninfa", que es como se llaman las divinidades menores de la naturaleza y también los labios menores de la vulva y "manía" que significa locura. "Loca del c..." tiene la misma etimología. Sátiro era la otra divinidad de la naturaleza, semihumano, que siempre estaba intentando tener sexo con las ninfas. Nietzsche decía: «Prefiero ser un sátiro que un santo». Y yo, ya se sabe, nunca discuto con un sabio. Tampoco, decía G. Bernard Shaw (1856-1950), «no hay que pelearse nunca con un cerdo; tú te ensucias y además a él, le gusta». Y esto es aplicable también en las redes sociales.

Además del sexo y la música, los vicios romanos eran sobre todo el juego y el alcohol; Plinio y Séneca ya opinaban que el alcohol podía causar problemas del estilo de aumentar la criminalidad, el cansancio, la hipersexualidad, el frenesí y que puede causar impotencia e incluso la muerte. Por eso es mejor el sexo que el abuso de sustancias, nunca nadie se ha muerto por tener sexo, que yo sepa, y si se ha ido, se ha ido contento... También conocían los romanos el cánnabis y los opiáceos. El cannabis se supone que solo lo utilizaban como medicamento, en pastelillos, pero tenía efectos secundarios; según Galeno y Dioscórides daña la cabeza, provoca que el deseo sexual desaparezca, causa impotencia y puede provocar vómitos. Vamos, las drogas son malas. Deja las drogas, pasamos a buscarlas.

El opio se utilizaba también como medicamento, pero con muy chungos efectos secundarios, empezando por la adicción que podía llevar a una sobredosis. Galeno y otros, pensaban que podía causar la ceguera y la muerte. Sabían destilar morfina, que se usaba como narcótico en casos graves de insomnio. En los ritos de Mitra se utilizaba la bebida alucinógena conocida como Haoma, que, claro, les hacía ver al dios, a los elefantes rosas y a la Era de Acuario, de paso. La utilización de drogas en ritos religiosos da para otro libro. Mejor hablemos de otras cosas.

Oscar Wilde decía que «todo en el mundo es sobre el sexo menos el sexo, que el sexo va sobre el Poder». No lo sé, lo que sí sé es que sobre el

Poder o para el Poder, desde siempre, también desde Roma, han existido unos funcionarios que por definición están muy undergound, los agentes secretos.

Pues sí, también había Agentes Secretos en Roma. Pocos aspectos de nuestra civilización no tienen su origen allí. Lo que seguro no había era un agente 007, porque el cero no era utilizado por los romanos. El cero, como concepto en el sentido moderno, de ausencia, parece ser que fue inventado por los hindúes, y no aparece escrito hasta fecha tan tardía como el año 683 (1436 desde la fundación de Roma) en una inscripción de Angkor Wat, en la actual Camboya. Por ese motivo a nuestro año primero antes de Cristo no le sigue el año cero, le sigue el año primero después de Cristo, y por eso nuestros milenios, siglos y décadas empiezan también con el «uno», siendo el reciente año 2000, como sabemos, el último del siglo XX, no el primero del siglo XXI que fue, lógicamente, el año 2001.

Agentes Secretos, tipo *Mortadelus et Filemonem*, los había desde siempre, encargados del espionaje al enemigo y del control de la opinión en el interior. Se cuenta que Sila, quien llegara a ser *Dictator* en el 81 a. C., había en su juventud actuado como espía entre los cimbrios y teutones, pueblos germanos. El caso es que en la República ya se sabía que el conocimiento es poder y que es necesario que la información fluya a los órganos de "Inteligencia" para que el Gobierno pueda tomar las medidas correspondientes. En la antigüedad romana, los funcionarios del servicio postal cubrían esa misión, de recopilar información y hacerla llegar a Roma, donde llegan todos los caminos.

Estos funcionarios eran algo así como *El correo del zar* es decir, carteros militares y se les denominaba *frumentarii* (singular *frumentarius*) ya que antes de encargarse de este servicio postal y de información, habían sido los encargados de conseguir el trigo/grano (*frumentus*) para abastecer a las legiones. Se les daba paga doble y eran considerados miles *principalis*, algo así como "soldados de primera". Dependían del Prefecto de los Pretorianos, no de ninguna Legión.

Su misión, al menos desde el Alto Imperio, consistía en llevar las órdenes del Emperador a los funcionarios de las provincias y, ya de paso, a intentar enterarse de lo que se cocía, leyendo también las cartas que los senadores se enviaban entre sí, acudiendo a lugares donde se sospechara que se urdieran traiciones...

Desde al menos la época de Julio César, se utilizaban códigos secretos en la escritura de las cartas para que no pudieran ser leídas por cualquiera, e incluso tintas invisibles, con lo que desde hace más de dos mil años era necesario romper el código como todavía hacen los espías, sobre todo los de las pelis. Eso del "código secreto" y las contraseñas, también viene de lejos.

Pero en caso de guerra, no eran los *frumentarii* los que actuaban como espías, sino soldados elegidos para ello, normalmente sin formación especial, aunque evidentemente con conocimientos del idioma del enemigo suficientes para pasar desapercibidos y utilizando disfraces y toda la parafernalia del buen espía. En Britania existía un cuerpo especial de *Arcani* (literalmente: "secretos"), ¡toma Underground!, cuya misión era obtener información de las tribus enemigas al norte del muro de Adriano y también se sabe que Trajano utilizó al menos en una ocasión, en las guerras dacias, a un "comando", como un grupo de fuerzas especiales, encargado de penetrar en el campamento enemigo y secuestrar al rey de los otros. Llegaron hasta la cocina o, mejor dicho, hasta la habitación del rey, que viéndose atrapado se suicidó, con lo que los comandos le cortaron la cabeza y regresaron a las líneas romanas tan panchis. La cabeza del rey finalmente fue enviada a Roma y arrojada por las escaleras gemonias, que es donde se arrojaban los cuerpos de los ajusticiados.

También se conoce el caso de otro comando cuyo comandante mató en combate singular al jefe germano al que habían ido a eliminar, y aun en otra ocasión en que los comandos se hicieron pasar por esclavos intentando controlar un "caballo desbocado" en el campamento enemigo, caballo que casualmente les llevó a poder comprobar las defensas de los enemigos y así completar con éxito su misión. Si conocemos estas misiones "secretas" es que hubo muchas más, evidentemente...

Los enemigos también tenían sus propios espías y comandos; se conoce al menos el caso de unos desertores romanos que fueron enviados a infiltrarse de vuelta con la misión de asesinar a Trajano, fueron descubiertos por su comportamiento bastante sospechoso, silbando y tal, y ejecutados tras su confesión, tal y como nos contó Dión Casio. Siglos más tarde, Amiano Marcelino nos cuenta cómo en Siria fue detenido un supuesto legionario que intentaba entrar en el campamento romano y que se halló que era un persa disfrazado, asunto en el que los romanos también tenían experiencia, este de mandar soldados disfrazados con uniformes enemigos al otro lado. También hubo otros espías militares encargados incluso de exploración a los confines del mundo. Nationalis Geographicus (jajaja). Sabemos que algunos de estos exploraron el Nilo hasta Sudan, porque nos lo contó Plinio en su Historia Natural, o que otros desembarcaron en las heladas islas del norte de Britania, según contó Plutarco.

Y por supuesto, había espías encargados del orden interior, una especie de STASI o Gestapo salvando las distancias, y a partir de las reformas de Diocleciano, los *frumentarii*, militares, pasaron a ser *agentes in rebus*, civiles, dependiendo ya no del Pretorio, sino del Superintendente, es decir, del *magister officiorum* (encargado también de la guardia imperial y, cómo no, el servicio postal, tal y como nos cuenta labrujulaverde.com). Lo que no sabemos es si el Superintendente se llamaba Vicente... El caso es que desde entonces, el servicio se pareció más a la CIA moderna, por ejemplo, cuyos miembros y estructura son civiles. Sus turbios tentáculos se extendían por todo el Imperio y estos agentes se encargaban de obtener información principalmente de la vigilancia de la burocracia administrativa, además de todo lo que suele encargarse un agente secreto. Se les menciona por primera vez en el año 319.

Agentes es el plural de *Agens*, el que actúa y estos *agentes in rebus* parece que se ocuparon más de la disidencia interior que de espiar al enemigo exterior. Amiano Marcelino nos cuenta una anécdota en la que el anfitrión de la cena, cuando el vino ya corría a raudales, no tuvo mejor ocurrencia que decir que cuando era pequeño un adivino le había pronosticado que llegaría a ser emperador, los demás rieron la ocurrencia, el susodicho anunció además que, si llegara a reinar, se encargaría de que no hubiera "agentes" husmeando por todas partes. El Emperador a la sazón era Constancio y entre los invitados precisamente había un agente, qué mala suerte, que informó de la cuestión y en una semana se encargó de que arrestaran, por traición, a todos los asistentes a esa cena... Pocas bromas... Por fin Juliano el apóstata (emperador del 355 al 363) limitó el número de agentes a 17 y encargó a esclavos el trabajo de chivato. La última mención a un *agens* es en Oriente y del año 678, pero quién sabe si siguieron existiendo..., como eran secretos...

Bueno, esto se acaba y ha quedado un capítulo con alguna palabra curiosa tratándose de sexo y vicio. Tuvimos a Pasion en el capítulo de la mujer y en este hemos tenido al chico Atimeto, las monedas folleis, la ciudad Excitópilis, ambulatrices... vamos, solo nos ha faltado poner aquí un farolillo rojo. Bueno, antes de terminar quería dejar por aquí otra frase de la canción Roma Cruda que a lo mejor tiene que ver algo con este capítulo, que espero haya estado tan entretenido como los otros anteriores. Solo nos queda el epílogo, como a otros siempre les quedaría París. Gracias por leerme.

> «Desnuda como la belleza, tan grande como Roma,
> Santa y disoluta, Roma ama y no perdona».

EPILOGUS

«La vida es bella. Los feos somos nosotros».

Anónimo, da igual el siglo.

«¿Qué impide decir la verdad con humor?»

Horacio, siglo I

Hasta aquí hemos llegado. Pensando en Roma, en la Roma que no sale en las postales, en la tele, ni en los libros, ni en la Historia, pensando en los nombres de personas como nosotros que hemos encontrado garabateados en trozos de cerámica, en papiros salvados por la casualidad, en cartas escritas en el norte o en el desierto, más allá del tiempo. En esqueletos sin nombre, en las esquinas y bordes de los libros, en los epitafios de las lápidas de los que se durmieron un día con alguien a su lado que les quiso y les recordó. Creo que para buscar en la Historia hay que buscar donde están las cosas, no donde hay más luz. Si no sabes dónde se cayeron tus llaves, busca donde pienses que cayeron aunque esté oscuro, no debajo de la farola porque haya más luz. En Historia muchas veces nos fiamos demasiado de las fuentes, de los focos, porque es más fácil. Pero me temo que hay que buscar en lo oscuro, en lo under, más abajo, más profundo.

Me pongo muy serio, parece, pero he intentado contarlo todo con humor, porque creo que a la Historia hay que acercarse así, con una sonrisa, no estirados como si estuviéramos en una recepción en Bizancio. Herodoto, el padre de la Historia, dijo en el siglo V a. C.: «Si un hombre insiste siempre en estar serio y nunca se permite un poco de diversión, se volverá loco o inestable sin saberlo». Yo no estoy loco, un poco inestable sí, lo sé, pero por eso procuro reírme. George Bernard Shaw dijo que «no dejas de reír cuando envejeces. Envejeces cuando dejas de reír» y yo este año cumplo sesenta, así que ya me estoy riendo para ir frenando el tiempo. «Para volver a ser joven, yo haría cualquier cosa en el mundo excepto ejercicio, levantarme temprano o ser respetable», decía Oscar Wilde. Más fácil es reír. Prefiero Astérix que Mommsen y prefiero reírme de la hipotética solemnidad de los historiadores atados a las mismas fuentes manidas y retocadas, esos que afirman categóricamente que saben algo, cuando amigo, nadie tenemos ni idea. Creo que fue Cicerón el que dijo que «los hombres son como los vinos: la edad agria los malos y mejora los buenos». Y como no estoy seguro de ser de los buenos, prefiero seguir riéndome.

Me río de verme tan bella en este espejo. No sé por qué tenemos que tomarnos en serio la Historia, si la Historia son solo historias, relatos, cuanto más antiguos, menos distintos de la literatura. Nadie se acerca a una novela con la solemnidad que nos acercamos a los libros de Historia. Por eso nació la novela histórica, creo, para acercar lo maravilloso que es la Historia a la gente, que evidentemente no se traga un libro de historiadores aburridos ni de broma. Por eso también nació la divulgación, de *divulgare*, decirle al vulgo, al pueblo… y el pueblo somos nosotros. Y no queremos libros aburridos. Ni de Historia ni de nada. La realidad, la investigación, la verdad, no tienen por qué estar reñidas con la divulgación ni con el entretenimiento. Al contrario. Si solo tú sabes algo, estás mal. Como decía Boecio en el siglo VI, «un hombre contento con irse al cielo solo, nunca irá al cielo». Lo que sabemos, poco o mucho, con errores o con lagunas, es para ser dicho, para ser comunicado, para esparcirse como se esparce la semilla. Para llamar la atención y que cuanta más gente mejor se acerque a conocer nuestra Historia. Proyectos como *Gestas de España* se merecen la corona de los mejores, por acercar nuestra Historia a los jóvenes, por crear afición. Luego ya los que descubran las curiosidades y las leyendas, seguramente se quedarán de este lado, ahora sí del lado de los buenos, conociéndose mejor, conociéndonos mejor y pasándolo bien, que la Historia es lo mejor que nos ha pasado…

Como no nos va a dar tiempo a leer todos los libros publicados, hay que escoger bien los que nos leemos. Espero que hayas acertado con este.

Yo he intentado, como siempre, hacer afición. Atraer a la gente a Roma, a su Historia, a la vida cotidiana de sus pobladores y, en este caso, acercarnos a los rincones de la Historia, a conocer un montón de peña que está al fondo, debajo, atrás, y de la que normalmente no se habla mucho. Son buena gente, hasta a los malos merece la pena conocerlos. Si nos quedamos en los monumentos y en los héroes, no conoceremos nunca Roma. Y como dijo Heidegger: «La Humanidad del hombre civilizado es todavía su Romanidad». Frase muy gorda pero que no sé si lo que quiere decir, simplemente, es que todavía somos romanos. Si no conocemos Roma, no nos conoceremos a nosotros los romanos. Hans Christian Andersen opinaba que «Roma es como un libro de fábulas, en cada página te encuentras con un prodigio». Pero Roma es todo y también una contradicción. Santa y libertina, descendiente de una princesa y de una prostituta, de un asesino y de un dios, de un ladrón y de la Fortuna, conservadora y cosmopolita, legalista y libre, esclava y sacerdotisa. Grande e infantil, la Luz del mundo y la oscuridad de sus noches, criminal y disciplinada. A lo mejor nos atrae la idea de Roma porque es como cada uno de nosotros, contradictoria. Y nos gustan nuestras contradicciones. Nos gusta bailar y cantar, nos gusta criticar y cotillear. Nos gusta rebuscar en los callejones y hablar mal de las matronas. Nos gusta perdernos y a veces, algunas veces, encontrarnos.

¿Qué hemos hecho los romanos por nosotros? Esta es la manera en la que en *La Vida de Brian* debería de figurar ese diálogo famoso. Lo curioso es que encontré una versión original más antigua, una charla entre dos rabinos de Jerusalén que se parece y mucho a esa escena, solo que es de verdad, la realidad imita al arte: en el Talmud discuten dos rabinos y uno, «el Rabbi Judah observa: —Que maravillosas son las obras de los romanos. ¡Han hecho calles, han construido puentes, han erigido baños!—. El Rabbi Simeon ben Yohai le contestó diciendo: —Todo lo que han hecho, lo han hecho para ellos, construyen mercados para poner rameras en ellos, baños para rejuvenecerse, puentes para cobrar peajes que cobran». Es una cita del Talmud de Babilonia del siglo v según Claudine Dauphin y no me vais a negar que es muy *Vida de Brian* y lo de qué han hecho los romanos por nosotros… habría que darle las gracias a nosotros los romanos, con tanto que hemos hecho por nosotros. Viva nosotros.

El caso es que hay muchos ecos como este de los rabinos parodiando a los Monty Python en la Historia. Cosas como lo del anillo que pone esclavo del amor y que aparece tres años después de que Bryan Ferry, otro Bryan, saque la canción. Python también era el hijo de Apolonio que recibe un préstamo que sale en el capítulo IX… Hay demasiadas cosas en las que somos romanos, demasiados reflejos de lo poco que hemos cambiado y una es que la inmensa mayoría de la población no contamos ahora para nada, igual que no contábamos antes. No se acuerdan de nosotros ni los políticos, salvo quince días antes de las elecciones. Y nos da igual. Bastante tenemos con lo nuestro, como los pobres del capítulo II.

En vez de excavar en la dura tierra under the ground buscando tesoros y obras de arte de la Antigua Roma para encontrarnos, para encontrar a todo el mundo, porque todos somos Undergound, no sé a dónde hay que ir, a qué oscuridad deberíamos dirigirnos para sacar a lo más iluminado de nuestro siglo de las luces, no ya la Historia de los que no tienen historia, sino algunos rastros de nuestra inconsciencia, de nuestras contradicciones, pero también de los ratos que fuimos felices y los que lo seremos, de las veces que sonreímos, las veces que besamos, que nos enamoramos. Las veces que escuchamos esa canción que nos recordaba algo. No, no vamos a pasar a la Historia con mayúsculas, ni falta que hace. Cada quien que amueble su rincón, que procure hacer feliz a quien le acompañe en este camino, que agarre el día y que no se te escape ni uno de esos días sin decir te quiero y sin reírte.

Somos un soplo, ceniza en el viento, palabras en un wasap, un recuerdo borroso al fondo de una foto y solo podemos aspirar a que ese recuerdo sea placentero entre los que queremos, entre la gente con la que nos cruzamos en este aeropuerto del que un día todos nos iremos algún día. En Roma decían que la palabra, una vez dicha, vuela y no regresa, somos dueños de nuestros silencios y esclavos de nuestras palabras. Publilio Siro dijo que se había arrepentido muchas veces de lo que había dicho, pero nunca de lo que había callado. Pues si encima escribes tus errores, como hago yo, ni te cuento. No hay que tener miedo a equivocarse. Deja tu huella entre los tuyos, como las dos esclavas que pisaron la teja y anotaron sus nombres. Ese día rieron, seguro. Ese día fueron héroes. No podemos aspirar a más. Mientras tanto, siempre podemos pensar y soñar en Roma, eterna, Imperial, tan como nosotros, tan ideal. Tan cabrona. En la canción de Piotta *Roma Cruda, 7 vizi capitale*, cada frase se adapta a un capítulo, a un pensamiento:

> «Pero eres como todos los demás, caras cansadas en la parada
> Ojos bajos, manos en el bolsillo, repasa mentalmente tu día
> Todo lo que tienes, tienes que sudarlo»

Y a veces, uno encuentra la mejor definición de cómo es la gente de la Roma Underground de hace mil novecientos años, escuchando una canción, en este caso un rap de 2015 que utilizan de banda sonora en una serie que, como es lógico, se llama Suburra pero no va sobre la Antigua Roma. Esa Roma está detrás de cada esquina y debajo de cada adoquín, pero también en cada pensamiento. En cada calle. Muchas veces cuando camino, si no estoy pensando en mis cosas, miro a ver si encuentro una sola calle por las que paso en Madrid, donde vivo, que no tenga algo de Roma. Y lo curioso es que en la mayoría de las calles por las que camino hay algo romano..., unas veces es un restaurante, Flavia, Villa, Coliseo, otras veces un monumento, Neptuno, otras veces una óptica, Roma, un paso de cebra, una panadería con nombre romano, la acera ni la cloaca ni las fuentes de beber no las cuento, claro, tiene que ser algo más llamativo, un cartel de Aquarius en una tienda, unas zapatillas Victoria en un escaparate, un Seat Tarraco estacionado o un Audi, o un Astra, Aura, Aveo, Captiva, Carina, Clío, Corolla, Corsa, Croma, Delta, Exeo, Focus, Máxima, Micra, Modus, Nova, Orion, Prius, Puma, Stella, Supra, Thema, Verso, lo de los coches voy a tener que dejar de usarlo, hay demasiados con marcas romanas, sin contar cualquier Fiat, y eso por no hablar de vinos... En algunas calles hay una tienda de jerséis que se llama Punto Roma, en el cine, además de *Megalópolis*, están reponiendo *Ad Astra*, si hay una librería, tendrán algún libro de Roma, fijo, al menos un Astérix, en la heladería hay Magnum, en el súper mermelada Helios, las chicas dejan sus piernas suaves gracias a Venus, que se vende en esa droguería... Cerca hay una *Pharmacia*, con el símbolo de Esculapio en la puerta, en el portal, una placa anuncia una empresa con nombre en latín, enfrente una pizzería Little Caesar's ... Mejor me voy a la taberna a tomarme un cyathus para celebrar que no hay que excavar para caminar por Roma, que la Ciudad está en donde estemos nosotros. La canción sigue:

> «Entonces levanta los ojos, mira Roma
> y quienquiera que viva esta ciudad,
> recupera el significado de todo»

No sé si Roma es el significado de todo, pero desde luego, alguien tendría que averiguar por qué pensamos en Roma todo el rato. Unos dicen que es algo que hacen los tíos todos los días; pensar en el Imperio, y añaden que es por la masculinidad perdida por lo que los tíos pensamos en el Imperio romano anhelando una época en la que ser machote molaba e incluso podías tener esclavas/os. Yo francamente no creo que esto de pensar en el Imperio romano sea un eufemismo o un algo que tenga que ver con el hecho de que los tíos, al menos hasta cierta edad, pensamos en sexo más de lo que es educado admitir en voz alta. ¿Pero tiene que ver con Roma?, no amigos, llevamos pensando en Roma mucho tiempo, casi desde que desapareció el Imperio de Occidente y no es por eso. Me temo que es un asunto incluso más serio que el sexo. El maestro Juan Eslava Galán dijo que «la añoranza de volver a ser Roma ha presidido la historia europea desde entonces: primero en el Imperio Bizantino, después en el Sacro Imperio romano germánico, incluso en Napoleón». Y todavía ahora. Todos los meses salen libros, de ensayo y de ficción, basados, ambientados o referidos a Roma, todos los años hay series y películas que tengan a Roma como inspiración. Roma recibe al año unos treinta y cinco millones de turistas, todos queremos volver a Roma física y figuradamente y no es por los fetuccini del restaurante Alfredo; la Historia de Occidente es el intento continuo de recuperar, al menos, la idea de Roma. Lo he dicho más veces, el Renacimiento, la Ilustración y el Neoclasicismo, la República Norteamericana, el Imperio de Napo, hasta la torpe y ruin aventura mussoliniana y seguimos para Bingo, son intentos de volver a empezar, de *Beguin the beguine*. El deseo inherente a los occidentales de recuperar Roma, de levantarla de nuevo, fuerza y honor.

Hernán Cortés, como bien sabe mi amigo Juanjo de Lama, que es su alter ego en X, llevaba los *Comentarios a la guerra de las Galias* en la mochila. Y en la de sus soldados, llegando a acuerdos con los nativos de aquellas tierras, se construyó un Imperio bastante a imagen y semejanza del romano. Con leyes romanas iguales para todos, con ciudades trazadas según los ideales romanos y muchas veces con nombres romanos, lo que explica que haya muchas más ciudades con nombres romanos hoy que en pleno apogeo del Imperio romano, con una religión, la aprobada por nuestro Emperador Teodosio para ser la única autorizada en el Imperio, con un alfabeto que es el romano más la eñe, con un idioma que es una evolución del latín. Etc. etc. Roma es universal porque la llevamos más allá, *plus ultra*, en el tiempo y en el espacio. Y también, porque los sajones se creen romanos. No vamos a quitarles las ganas, yo también, si descendiera de peludos tipos pintados de azul y que no sabían construir ni una cabaña en condiciones, preferiría ser romano. Además gracias a eso se preocupan, mucho más que nosotros, en desenterrar, organizar y poner a disposición del mundo lo que encuentran sobre Roma. Ya no son tan bárbaros. Y los americanos fundaron su Independencia a imagen y semejanza de la República Romana. Hasta llaman El Capitolio a la colina donde está su Congreso, como si fuera una de las colinas de Roma. Y la declaración de derechos es la del ciudadano: We the people. Nosotros el pueblo.

Pues de "nosotros el pueblo" va este libro. Oscar Wilde decía que «lo menos frecuente en este mundo es vivir. La mayoría de la gente existe, eso es todo». Me parece un poco de cinismo. La mayoría de la gente hacemos lo que podemos y ya es mucho. Yo he intentado dejar claro que en la Antigua Roma ni las casas se incendiaban y caían todo el rato, ni salir de noche era sinónimo de ser asesinado por una banda latina de las de verdad, ni las mujeres vivían sojuzgadas y, desde luego, podían beber vino y actuar en el teatro como actrices, ni los políticos romanos eran tan corruptos, ni los gladiadores morían cada vez que combatían, ni los romanos tenían en alta estima la virginidad, ni las mujeres tenían un solo nombre, ni las prostitutas eran obligadas a teñirse de rubio. Por favor, no cojamos el rábano por las hojas. Pero da igual, en Roma ya se decía que los hombres generalmente creen lo que quieren creer *Fere libenter homines id quod volunt credunt.* Internet es una cámara de eco, donde cualquier chorrada se repite hasta la saciedad, donde cualquier cita de un autor romano se saca de contexto histórico y se aplica al Imperio de Trajano aunque se refiera a tiempos anteriores a la República o donde lo que diga Suetonio va a misa, cuando Suetonio lo que hacía era escribir el *Diez Minutos* de su época, por eso era más famoso por las biografías de meretrices famosas que por su otro libro que sobrevivió. Si se hubieran conservado ambos, no lo tendría tanta gente en un altar. Los rumores crecen viajando, *Fama crescit eundo*, que decíamos hace dos mil años. Y los rumores, viajando por el tiempo, crecen una barbaridad. Así que como dijo Horacio, Pobre, pero endeudado solo conmigo mismo, es hora de ir cerrando este intento de acercar lo oculto de Roma a la luz y taquígrafos de hoy. Como dijo Augusto y como proclama el lema de Tabarnia, *Acta est fabula*, el cuento se ha acabado.

Postdata

No tengo ninguna duda que la poesía del gran Octavio Paz, romano de México *Hablo de la ciudad* se refiere a todas las ciudades, por tanto, se refiere a Roma. Y me parece oportuno traer aquí alguno de sus versos:

> «Novedad de hoy y ruina de pasado mañana, enterrada y resucitada cada día, convivida en calles, plazas, autobuses, taxis, cines, teatros, bares, hoteles, palomares, catacumbas,
>
> la ciudad enorme que cabe en un cuarto de tres metros cuadrados inacabable como una galaxia,
>
> la ciudad que nos sueña a todos y que todos hacemos y deshacemos y rehacemos mientras soñamos,
>
> la ciudad que todos soñamos y que cambia sin cesar mientras la soñamos,
>
> la ciudad que despierta cada cien años y se mira en el espejo de una palabra y no se reconoce y otra vez se echa a dormir,
>
> la ciudad que brota de los párpados de la mujer que duerme a mi lado y se convierte,
>
> con sus monumentos y sus estatuas, sus historias y sus leyendas, en un manantial hecho de muchos ojos y cada ojo refleja el mismo paisaje detenido,
>
> antes de las escuelas y las prisiones, los alfabetos y los números, el altar y la ley:
>
> el río que es cuatro ríos, el huerto, el árbol, la Varona y el Varón vestido de viento
>
> —volver, volver, ser otra vez arcilla, bañarse en esa luz, dormir bajo esas luminarias,
>
> flotar sobre las aguas del tiempo como la hoja llameante del arce que arrastra la corriente,»

Nada hay más impresionante que la poesía para cantar la grandeza de Roma, arrastrada por la corriente, camino de la laguna Estigia… Cuando fallecías, si tenías moneda para pagarle a Caronte el cruce de la Estigia, llegabas al Hades. Si no tenías ni esa moneda que tus allegados tenían que haberte guardado en la boca antes de incinerarte o enterrarte, entonces te podían pasar varias cosas, la menos mala es que Caronte te hiciera esperar doscientos años antes de pasarte a la otra orilla. En cualquier caso, una vez allí en el Hades todavía tenías que cruzar otro río, el Leto, y, al cruzarle, perdías la memoria de tu vida anterior. Si no habías sido un héroe o alguien superimportante para la Historia que entonces te mandaban a los Campos Eliseos, o en cambio un criminal terrible que entonces ibas al Tártaro, entonces se te destinaba al campo de Asfódelos, un prado muy chulo con sus colinas y unas flores que eran tu comida donde descansa la inmensa mayoría de las almas; aquí están los de la Roma under, en estos prados sin fin… Conforme pasara la eternidad, que al final se hace muy larga, iban dejando de recordarte en la tierra e ibas perdiendo tu identidad de la que, además, no te acordabas apenas. Cuando alguien en el mundo de los vivos dice tu nombre te insufla un poco de vida, por eso ponemos los romanos las tumbas en los caminos, para que los viajeros que van por la tierra lean los nombres de los que van por el Hades. Si nadie te recuerda ni dice tu nombre, te vas convirtiendo poco a poco en una hierba de ese prado, algo así como un espárrago que solo se agita al viento si alguien dice tu nombre del que hasta tú te habrás olvidado. En este libro, hemos salvado a unos cuantos por simplemente haber leído su nombre. A lo mejor tienes hasta tu favorito entre ellos y les has contado su historia a otros, mejor todavía. Mi favorita es Varia, la niña de Alcalá de Henares del principio, la que escribió su nombre en la pared… Aquí he recopilado todos juntos, los nombres de los romanos de la Roma under que nos han acompañado en estas páginas. No hace falta que los leas de nuevo, simplemente quería juntar a los soldados con los esclavos, con los pobres, con las prostitutas, con las personas de las que no sabemos nada, con los vadinienses, con algún enamorado, con las chicas de la Teja…

Por orden de aparición, son: Varia, la niña de Complutum, muchos bebes sin nombre, el crucificado de Inglaterra, el trabajador del Teatro de Cádiz, Tiberio Claudio Secundo, liberto, Átalo, esclavo, Magontio, Iunia Bacula, Tito Flavio Faedro, Aper, el herrero, Cupicia Florentina, Januario Primitivo, Quinto Egnacio Blando, Minucia Urbana, Fabro, Todos los Vadinienses, Tureno, Bodo, Visalo, Doidero, Canives, Caldacus, Madugeno, Ampuramo, Brgetino, Aravo, Abilo, Negalo, Calacao, Marco Vulio, Tridio, Frontón, Junio, Abilio, Vado Biracidegino, Anemido, Lugua, Noreno, Magnentia, el esclavo sin nombre de Panocio, Claudio Terenciano, Lucio Trebio Ruso, Marcus Papirius, Tapea, Carpinio, Gayo Veturio Gemelo, Gayo Longio Prisco, Gayo Julio Máximo, ---- Lucio Segundo, Gayo Julio Saturnino, Marco Antonio Valente, Lucio Vitelio Tancino, Brigonio, Cayo Valerio Avito, Marco Celio, Privatus, Thiaminus, Publio Celio, Marco Septicio, Lucio Maximino, Lucio Gaetulico, Trifón, Laeta, Gayo Julio Scaena, Lucio Julio, Cayo Lurio, Ario Lurio, legionarios sin nombre, Tito Cominio, Cayo Cominio, Julio Gemelo, Masculo, Flavio Agrícola, Alba Faustina, Vivio Marciano, Januaria Martina, Regina, Barates, Lucio Sempronio Flavinio, Badubio Severo, Lucio Ducio Rufino, Vitalinio Felix, Gayo Julio Reburro, Lucio Pompeyo Reburro Fabro, Terencio Reburro, Reburro Piganco, Lucio Valerio Reburro, Marco Ulpio Reburro, otros Reburro, Licinio Rufo, Popilio Piganco, Valeria Calliste, Januario Voseno, dos esqueletos sin nombre de Canterbury, los catorce esqueletos sin nombre de Valencia, Tabethea, Lucio Julio Basso, Julio Juliano, Julio Basso, Julio Valeriano, Apronia, Mesia de Sentino, Ida, esqueletos sin nombre de Buckinghamshire, Heliodora, esqueleto con grilletes de Rutland, el hombre arrojado a un pozo en Londinium, el esqueleto sin lengua de Northamptonshire, Calaeto, Eguesi, Acnon, Lucio, Iulia de Cádiz, Iula Saturnina, Tais, Lecania, Hartotes, Tahaunes, Aunes, Los Pausirios padre e hijo, Memmio, Asclepio, Peculiaris, Communis, Firmino, Servatus el fontanero, Virilis, Alio, Lucio, Atrecto el cervecero, Lucco, Verecundo Libario, Pudens Libario, Terencio Neo, panadera sin nombre, Metrobio, Claudio Esopo, Quinto Roscio Galo, Stephanio, Hylas, Pylades, Batilo de Alejandría, Mnester, Ecloga, Fabia Arete, Bassilia, Herakleides, el lavandero desconocido de Pompeya, Marduk-nasir, Quartulus, Septimia Estratonice, Asellina, Fortunata, Glycera, Foebe, Caprasia, Iunia, Lollia, Petronia, Statipero, Secundilla, Clovatia

Irena, Fabia Cellaria, Fabia Tertula, Pontiena Novella, Briseis, la ama de cría sin nombre de Conímbriga, Afrodisias, bebés expuestos sin nombre, Chairemonis, Sokrates, Sarapion, Seutes, Pasion, Iulia Maiana, Prima Florencia, Restuto Piscinensis, Prima Restituta, Appia Annia Regilla, Aelia Apra, Paetina Paterna, Tancorix, Iucunda, Nigela, Mantinia Maerica, Candida Barita, Marco Aurinio Simno, Atimeto, Lalago, Satura, Atela, Cresto, Martina, Publilia, Licinia, Cinthia, Docimedis, Solino, Tercia Marcia, Anniano, Matutina, Tito Ignacio Tyrano, Publio Cicereio Felix, Tácita, Vibia, Aurelia, Lucio, Vincenzo Zarizo, Marco Sempronio Maxumo, Ivencio Sabino, Lossio Veda, Vepogeno, Cintísimo, Restituta, Asellina, Livio Andrónico, Hispana, Senicio y cuatro enterramientos sin nombre de Carmona, Tito Flavio Marcialis, los colatinos, Domicio Isquilino, Python, Apolonio, Aristokles, Heracleides, Megisto, el esqueleto de mujer negra de Sussex, los del cementerio de Leicester, Fausto, Suave, Sardaeus, P… el cuchillero de Londres, Passia, Una mujer esclava sin nombre, Apalaustus, Fortunata, Demetrio, Epicteto, Flavio Josefo, Antistia Plucia, Detfri, Amica, la prostituta hambrienta sin nombre, Novella Primigenia, Kyria Porfiria, Vibia Calybenis, Allia Potestas, Menandro, Attis, Drauca, Arphocras…

Y ahora sí, me despido con estos versos de Francisco de Quevedo:

> «¡Oh Roma en tu grandeza, en tu hermosura, huyó lo que era firme
> y solamente lo fugitivo permanece y dura!».

Como siempre, solo me queda invitaros a enviarme vuestras opiniones, críticas y comentarios, los recibiré con todo el cariño del mundo. También acepto cash, bizum y chistes aunque sean malos. Debería decirte *Vale*, que es adiós, pero prefiero saludarte, ahora que ya nos conocemos.

Ave, te saludo.

Paco Álvarez

Bibliographia

Álvarez, Paco: *Somos Romanos*, EDAF, Madrid, 2019.

—*Romanos de Aquí*, Esfera, Madrid, 2021.

—*Crónica Rosa Rosae*, Larousse, Barcelona, 2023.

Anónimo: *Historia Augusta*. Trad. J. Velaza, Cátedra, Madrid, 2022.

Apuleyo, Lucio: *La metamorfosis o el Asno de Oro*, Trad. de D. López de Cortegana, Calpe, Madrid, 1929.

Atkins, Margaret & Osborne, Robin (editors): Poverty in the Roman World, Cambridge University Press, 2009.

Beard, Mary: SPQR; Una historia de la antigua Roma, Planeta, Barcelona, 2016.

—La Risa en la Antigua Roma, Alianza, Madrid, 2022.

Carcopino Jérome: *La vida cotidiana en Roma en el apogeo del Imperio*, Temas de Hoy, Madrid, 2001.

Cesarea de, Procopio: *Historia Secreta*, Trad. J. Signes Codoñer, Gredos, Madrid, 2016.

Cuatrecasas, Alfonso: *Amor y sexualidad en la antigua Roma*, Difusión, Madrid, 2009.

Dando-Collins, Stephen: *Legiones de Roma*, La esfera de los libros, Madrid, 2018

De Nisa, Gregory: *Homilies on Ecclesiastes*, De Gruyter, Berlin, 1990.

Dauphin, Claudine: *Prostitution in the Byzantine Holy Land*, Centre National de la Recherche Scientifique, Paris, Classics Ireland ,University College Dublin, Ireland, 1996

Ekirch, Roger: *At Day's Close: A History of Nighttime*, W.W Norton & Co. New York, 2006.

Fernández Uriel, Pilar: *Historia de Roma*. vol. II, UNED, Madrid, 2001.

Flaco, Cayo Valerio: *Las Argonáuticas*, Akal, Madrid, 1996.

Gomez, Francisco J. (Coord): *Historia Militar de la Antigua Roma*, Nowtilus, 2023, Madrid.

Gosciny, René y Uderzo, Albert: *Astérix legionario*, Bruguera, Barcelona, 1969.

—*La Residencia de los Dioses*, Grijabo Dargaud, Barcelona, 1981.

—*Les Lauriers de César*, Dargaud, París, 1972.

Grimal, Pierre: *La civilización romana*, Juventud, Barcelona, 1965.

Hallett, Judith P. y Skinner, Marilyn B. (ed.): *Roman Sexualities*, Princeton University Press, Princeton, 1997.

Horacio Flaco, Quinto: *Odas y Epodos*, Trad. Manuel Fernández-Galiano y Vicente Cristóbal, Cátedra, Madrid, 2004

Knapp, Robert: *Invisible Romans*, Profile Books, London, 2011.

Lane Fox, Robin: *El Mundo Clásico*. Crítica. Barcelona, 2007.

León Izquierdo, Alba: *La prostitución en Roma en el siglo I*, TFG, Universidad de Cádiz, Cádiz, 2021.

Livio, Tito: *Historia de Roma desde su fundación*. Editorial Gredos. Madrid, 1978.

Linn, Jason: *The Dark Side of Rome: A Social History of Nighttime in Ancient Rome*, University of California, Santa Bárbara, 2014.

Lucian: *The Downward Journey or The Tyrant*, Trad. A.M. Harmon, Harvard University Press, Cambridge, 1915.

Mamolar Sánchez, Idoia Ed.: *Saber reírse; El humor desde la Antigüedad hasta nuestros días*, Liceus, Madrid, 2013.

Marcial, Marco Valerio: *Epigramas*, Trad. José Guillán, Editorial Fernando el Católico, Zaragoza, 2003.

—*Epigramas II*. Trad. de Fernández Valverde y Ramírez De Verger, Gredos, Madrid, 2001.

Matyszak, Philip: *Legionario: el manual del soldado romano*, Akal, Madrid, 2010.

Mommsen, Theodor: Historia de Roma. Trad. de A. García Moreno, Turner, Madrid, 2003.

Montanelli, Indro: *Historia de Roma*. Plaza y Janés. Barcelona, 1961.

Nieto Sánchez, José A.: *Historia de Roma*. LIBSA. Madrid, 2006.

Olson, Kelly: *Dress and the Roman Woman*. Routledge. Nueva York, 2008.

Ovidio Nason, Publio: *El arte de amar*. Editorial Mestas. Madrid, 2007.

Pavón, Pilar (ed. :*250 mujeres de la Antigua Roma*, Universidad de Sevilla, 2022, Sevilla.

Peratoner, Amancio: *Museo epigramático*. Espasa. Barcelona, 1890.

Petronio Arbitro, Cayo: *Satiricón*. Akal. Madrid, 1996.

Plauto, Tito Maccio: *Comedias*. Cátedra. Madrid, 2007.

Plinio Secundo, Gayo: *Cartas*, (Trad. Julián González Fernández, Gredos, Madrid, 2005.

Pomeroy, Sarah: *The murder of Regilla: a case of domestic violence in antiquity*, Harvard University Press, Cambridge, 2007.

Sánchez Montes, Ana Lucía: *la casa urbana privada en la ciudad romana de Complutum*, Tesis Doctoral. 1987, UAM_Biblioteca

Santamarta del Pozo, Javier: *Siempre estuvieron ellas*, edaf, Madrid, 2018.

Séneca, Lucio Anneo: *Epístolas Morales*. Trad. F. Navarro y Calvo, Luis Navarro Editor, Madrid, 1884.

Sewell, Jane & Smout, Clare: *The Palgrave Handbook of the History of Women on Stage*, Palgrave MacMillan, London, 2019.

Suetonio, Cayo: *Los doce césares*, Editorial Iberia, Barcelona, 1963.

Tácito, Cayo Cornelio: *Germania*, Losada, Buenos Aires, 2007.

—*Anales*, Trad. Carlos Coloma, Imprenta Central, Madrid, 1879.

Temin, Peter: *The Roman Market Economy*, Princeton University Press, Princeton, 2012.

Terencio Africano, Publio: *Comedias*, Cátedra, Madrid, 2001.

Toner, Jerry; *Sesenta millones de Romanos*, Editorial Crítica, Barcelona, 2020.

—*Infamia. El crimen en la antigua Roma*, Desperta Ferro, Madrid, 2020.

—*Popular Culture in Ancient Rome*, Polity, Cambridge, 2009.

VV.AA.: *Ab Urbe Condita; La Roma de la Gens Valeria*, EDAF, Madrid, 2020.

Valerio Máximo, Publio, *Hechos y dichos memorables*, Gredos, Madrid, 2003.

Varron, Marco Terencio: *On the Latin Language*. Trad. R. Grubb, Heinemann, Londres, 1938.

Vegecio Renato, Flavio: *De Re Militari, Eucharius Silber, Roma, 1487*. (Fondo Antiguo Universidad Salamanca). https://www.cervantesvirtual.com/obra/de-re-militari-0/

Virgilio, Publio Maron, *La Eneida*, Mestas Ediciones, Madrid, 1999.

Whetstone Johnston: Harold: *The Private Life of the Romans,* Scott, Foresman And Company, Chicago, 1909.

RECURSOS

Hispania Epigraphica www.eda-bea.es

Roman Inscriptions of Britain https://romaninscriptionsofbritain.org

Sobre el crucificado de Cambridgeshire: https://www.cam.ac.uk/stories/romancrucifixion

Sobre la mujer y la infancia

https://www.worldhistory.org/trans/es/2-2423/el-parto-en-la-antigua-roma/

https://www.vindolanda.com/blog/roman-women-and-children-part-5

https://lacasadelrecreador.com/es/blog/125-la-muerte-infantil-en-roma

https://www.natalben.com/en-el-embarazo/desmontando-mitos-hay-mas-partos-los-dias-de-luna-llena

https://historia.nationalgeographic.com.es/a/ser-madre-en-roma-un-deber-y-un-peligro-para-la-vida-de-la-mujer_18458

https://arqueotimes.es/infantia-algunos-juegos-y-juguetes-en-epoca-romana/

https://depts.washington.edu/hrome/Authors/boogieon/FeminaeRomanaeTheRoleofWomeninAncientRome/pub_zbarticle_view_printable.html

https://www.imperivm.org/los-nombres-de-las-mujeres-romanas/?utm_content=cmp-true

https://www.haaretz.com/archaeology/2021-11-30/ty-article/largest-collection-of-ancient-graffiti-ever-found-in-pompeii-some-are-hysterically-funny/0000017f-dc01-d856-a37f-fdc1f53a0000

Sobre amuletos

https://www.jerez.es/fileadmin/Image_Archive/Museo/AMULETOS_FALICOS_ROMANOSRedu.pdf

Sobre vivienda

https://historia.nationalgeographic.com.es/a/alquiler-antigua-roma-caro-y-sin-comodidades_17192

https://www.reddit.com/r/AskHistorians/comments/105a17h/how_did_poor_romans_pay_for_housing/?rdt=54556&onetap_auto=true&one_tap=true

https://historiasdelahistoria.com/2020/10/11/aqui-no-hay-quien-viva-version-roma

Sobre Marketing y publicidad

https://imperiumromanum.pl/en/article/advertising-in-ancient-rome/

https://premium-ancient-coins.com/en-de/blogs/news/ancient-advertising-how-romans-marketed-their-products

Sobre juego y apuestas

https://www.despertaferro-ediciones.com/2020/el-juego-y-las-apuestas-en-la-antigua-roma/

https://historia.nationalgeographic.com.es/a/el-juego-mucho-mas-que-un-pasatiempo-para-los-romanos_19332

Sobre oficios

https://historia.nationalgeographic.com.es/a/descubren-herramientas-carpintero-sacrarium-pompeya_21491

https://www.worldhistory.org/trans/es/2-816/los-collegia-la-estabilidad-y-la-vox-populi/

https://www.worldhistory.org/trans/es/2-816/los-collegia-la-estabilidad-y-la-vox-populi/

https://www.muyinteresante.com/historia/62008.html

https://www.smcculloch.com/secession-flute-players

https://oficiodelactor.blogspot.com/p/para-los-romanos-el-teatro-pasa-ser-un.html

https://arraonaromana.blogspot.com/2016/10/fullonicae-y-tinctoriae-en-la-roma.html

Sobre prostitución:

https://quo.eldiario.es/ser-humano/g38339/prostitutas-famosas/

https://simonmercieca.com/2024/03/18/sex-and-sexual-morals-in-ancient-rome/

https://www.muyinteresante.com/historia/36578.html

https://www.historyhit.com/the-worlds-oldest-profession-prostitution-in-ancient-rome/

https://www.haaretz.com/archaeology/2022-03-09/ty-article/a-brief-history-of-prostitution-in-ancient-greece-and-rome/0000017f-e2a1-d804-ad7f-f3fbe5400000

https://europe.factsanddetails.com/article/entry-406.html

https://www.tastesofhistory.co.uk/post/dispelling-some-myths-was-yellow-the-colour-of-prostitution

https://www.abc.es/historia/mil-formas-llamar-prostitutas-espana-edad-media-20230306173712-nt.html

Sobre la milicia

https://www.britishmuseum.org/exhibitions/legion-life-roman-army

https://es.wikisource.org/wiki/Manual_sobre_el_ej%C3%A9rcito:_Libro_1

https://amodelcastillo.blogspot.com/2018/02/vitis-simbolo-de-autoridad-instrumento.html

https://quod.lib.umich.edu/cgi/i/image/image-idx?&view=entry&subview=detail&cc=apis&entryid=X-2444&viewid=1

https://www.bbc.com/news/magazine-12752497

Sobre más epitafios

https://cremenes.wordpress.com/historia/2601-2/

https://llatibi.wordpress.com/2015/08/25/epitafios-latinos/

https://arqueovigo.blogspot.com/2009/02/normal-0-21-false-false-false.html

https://losfuegosdevesta.blogspot.com/2015/09/epitafios-romanos-v.html

Sobre grafiti

https://almacendeclasicas.blogspot.com/2010/09/recopilacion-de-graffiti-pompeyanos_22.html

Sobre esclavitud

https://astrofella.wordpress.com/2022/10/26/aulos-kapreilios-timotheos-slave-trader-m-i-finley/

https://dhial.org/diccionario/index.php?title=TRATA_DE_ESCLAVOS;_El_Calvinismo_anglicano

https://www.britishmuseum.org/exhibitions/slavery-ancient-rome

https://www.bbc.co.uk/history/ancient/romans/slavery_01.shtml

https://blogs.kent.ac.uk/lucius-romans/2018/02/13/misconceptions-of-roman-slavery/

https://www.blackpast.org/global-african-history/perspectives-global-african-history/roman-slavery-and-question-race/

https://www.cambridge.org/core/journals/britannia/article/written-in-bone-new-discoveries-about-the-lives-and-burials-of-four-roman-londoners/F464D9E93FCE96341DDD7774C4C8CA10

https://brill.com/view/journals/lega/87/4/article-p356_1.xml

https://lizgloyn.wordpress.com/2022/10/10/discoveries-detfri-and-amica/

Sobre pobreza

https://thepetrifiedmuse.blog/2015/02/

Sobre empleos

https://factsanddetails.com/world/cat56/sub408/entry-6380.html

https://www.smcculloch.com/secession-flute-players

https://www.legendsandchronicles.com/ancient-civilizations/ancient-rome/ancient-roman-jobs/

Sobre la vida nocturna

https://www.lavanguardia.com/historiayvida/historia-antigua/20210110/6169393/peligrosa-vida-nocturna-antigua-roma.html

https://sites.google.com/site/estudiosclasicos53/juvenal-s%C3%A1tira-iii

Sobre crímenes

https://exhibitions.kelsey.lsa.umich.edu/galleries/Exhibits/textiles/texts/pmich1363.html

https://caminandoporlahistoria.com/asesinato-en-la-antigua-roma/

https://www.abc.es/historia/abci-estas-fueron-severas-penas-antigua-roma-para-delitos-corrupcion-existen-202005290119_noticia.html

https://llatibi.wordpress.com/2020/04/11/valerio-maximo-dichos-y-hechos-memorables-ix-2/

https://brewminate.com/corruption-in-ancient-rome/

Sobre vermú

https://abemus-incena.blogspot.com/2018/04/absinthium-o-el-vermut-de-los-romanos.html

Sobre música

https://imperiumromanum.pl/en/roman-art-and-culture/roman-music/

https://factsanddetails.com/world/cat56/sub399/entry-6333.html

REVISTAS

Alfaro Giner, Carmen. «La mujer y el trabajo en la Hispania prerromana y romana». Mélanges de la Casa de Velázquez. Pp. 15-38. No. 40-2 (2010) Universidad Complutense. https://journals.openedition.org/mcv/3540

Blázquez Martínez, José María. «Poblado de esclavos mineros en Fuenteobejuna». Revista de Arqueología 3, 7-12. marzo (1981).

Díaz Fernández, Alejandro. «Tito Labieno ¿Traidor o traicionado?». Desperta Ferro 87. Pags. 58-61 Enero (2025).

Domingo, Rafael. (2017). «The Roman Law of Delicts. An Overview».SSRN Electronic Journal.10.2139/ssrn.2989077.

Feraudi-Gruenais, Francisca. «Autorrepresentación sepulcral de las clases bajas: observaciones sobre las inscripciones en monumentos funerarios romanos urbanos del período imperial», en: G. Alföldy - S. Panciera (ed.), Monumentos inscripcionales como medios de autorrepresentación en el mundo romano, Habes 36, 121-124 (2001) Stuttgart.

García Mercado, Miguel Ángel. «El problema de la Esclavitud en Aristóteles», Departamento de Filosofía (IES Manuel de Falla. Puerto Real. Cádiz). Seminario Conciliar de San Bartolomé (Cádiz), Pensamiento, vol. 64, núm. 239, pp. 151-165, (2008)

González Rodríguez, María Cruz. «Los santuarios del territorio en las ciuitates de la Asturia augustana: el ejemplo del deus Vagus Donnaegus». Santuarios suburbanos y del territorio de las ciudades romanas. Monografía del Instituto universitario de investigación en Ciencias de la Antigüedad de la Universidad Autónoma de Madrid. (2014).

González Rodríguez, Mª Cruz y Francisco Marco Simón. «Divinidades y devotos indígenas en la tarraconensis: las dedicaciones colectivas». Acta Palaeohispanica X Palaeohispanica 9 pp. 65-81 Institución Fernando el Católico, Zaragoza (2009).

Hernández Pérez, Ricardo. «El epitafio de la citareda Jucunda (ae 2007, 805: Segobriga). Nueva lectura e interpretación». HABIS 46, pags. 187-213. Universidad de Sevilla. (2015)

Jiménez Delgado, José Miguel. «A propósito de la etimología de δουλοσ esclavo». Philologia Hispalensis 23. Pags.217-224 (2009).

Kaše, Vojtěch et alii. «Division of labor, specialization and diversity in the ancient Roman cities: A quantitative approach to Latin epigraphy». PLoS One. 2022; 17(6): e0269869. https://www.ncbi.nlm.nih.gov/pmc/articles/PMC9202948/

Lyding Will, Elizabeth: «Women in Pompeii». Archaeology, Vol. 32, No. 5, pp. 34-43 Published by: Archaeological Institute of America (September/October 1979) Stable URL: http://www.jstor.org/stable/41726375.

Musso Arratia, Benjamín. «Nisi si quid vi aut iure prohibetur». Universidad del Desarrollo, Santiago de Chile. Actualidad Jurídica n.° 46 - Julio (2022).

"P.Mich.inv. 5390."In the digital collection Advanced Papyrological Information System (APIS UM). https://quod.lib.umich.edu/a/apis/x-2444/1. University of Michigan Library Digital Collections.Accessed September 03, 2024.

"P.Mich.inv. 5401.In the digital collection Advanced Papyrological Information System (APIS UM). https://quod.lib.umich.edu/a/apis/x-2455/1. University of Michigan Library Digital Collections.Accessed September 03, 2024.

"P.Mich.inv. 1717; Recto."In the digital collection Advanced Papyrological Information System (APIS UM). https://quod.lib.umich.edu/a/apis/x-1512/1717r.tif. University of Michigan Library Digital Collections.Accessed September 12, 2024.

"P.Mich.inv. 1266; Recto."In the digital collection Advanced Papyrological Information System (APIS UM). https://quod.lib.umich.edu/a/apis/x-1349/1266r.tif. University of Michigan Library Digital Collections. Accessed September 12, 2024.

Pershina, Y. «The system of punishments in the Ancient Rome». Modern European Researches, 1, 78-86. https:// nbn-resolving.org/urn:nbn:de:0168-ssoar-50274-4 (2017).

Protic, Ivana.«Roman Slavery: The Daily Life of a Roman Slave» TheCollector.com, August 18, (2022), https://www.thecollector.com/roman-slavery-slaves-daily-life/.

Ragel Sánchez, Luis Felipe. «Evolución histórica de los derechos de la mujer» Universidad de Extremadura. https://dehesa.unex.es/bitstream/10662/15101/4/0213-988X_12-13_313.pdf

Sage, Evan T. «Advertising among the romans». The Classical Weekly, Vol. 9, No. 26 (May 6, 1916), pp. 202-208. John Hopkins University Press.

Varios autores. «Los bajos fondos en Roma». Arqueología e Historia No. 2. (Agosto 2015) Desperta Ferro Ediciones. Madrid.

Varios autores. «La destrucción de Valentia por Pompeyo (75 a. C.)». Quaderns De Difusió Arqueològica No. 6. (2009) Valencia.

Vigneron, Roger Et Gerkens, Jean-François. «Société Fernand de Visscher pour l'Histoire des Droits de l'Antiquité». Université de Liège. La Belgique. https://orbi.uliege.be/bitstream/2268/57927/1/EmancipationORBi.pdf

Zaera García, Ana Belén. «El negocio de las rentas inmobiliarias en Roma: la explotación de la insula». Revista de Estudios histórico-jurídicos Número 24 (2002) Valparaiso, Chile.

PODCASTS Y BLOGS

- http://historiayromaantigua.blogspot.com
- https://gladiatrixenlaarena.blogspot.com
- Gloria de Roma.
- El Centinela Romano.
- Ser Historia.
- La Biblioteca Perdida.
- Historiae.
- El Centinela del Misterio.
- https://imperioromanodexaviervalderas.blogspot.com/
- https://portalhistoriareenactment.com/